1148

Estado Socioambiental
e Direitos Fundamentais

E79   Estado socioambiental e direitos fundamentais / Andreas J. Krell ... [et al.]; Ingo Wolfgang Sarlet, org. – Porto Alegre: Livraria do Advogado Editora, 2010.
188 p.;   23 cm.
ISBN 978-85-7348-685-8

1. Meio ambiente. 2. Direitos e garantias individuais. I. Krell, Andreas J. II. Sarlet, Ingo Wolfgang, org.

CDU – 349.6

Índices para o catálogo sistemático:
Meio ambiente   349.6
Direitos e garantias individuais   342.7

(Bibliotecária responsável: Marta Roberto, CRB-10/652)

Ingo Wolfgang Sarlet
(organizador)

Estado Socioambiental e Direitos Fundamentais

Andreas J. Krell
Carlos Alberto Molinaro
Ingo Wolfgang Sarlet
James Salzman
Klaus Bosselmann
Linda Jansen van Rensburg
Louis J. Kotzé
Michael Kloepfer
Tiago Fensterseifer

livraria
DO ADVOGADO
editora

Porto Alegre, 2010

©
Andreas J. Krell, Carlos Alberto Molinaro,
Ingo Wolfgang Sarlet, James Salzman,
Klaus Bosselmann, Linda Jansen van Rensburg,
Louis J. Kotzé, Michael Kloepfer, Tiago Fensterseifer
2010

Capa, projeto gráfico e diagramação
Livraria do Advogado Editora

Revisão
Rosane Marques Borba

Direitos desta edição reservados por
Livraria do Advogado Editora Ltda.
Rua Riachuelo, 1338
90010-273 Porto Alegre RS
Fone/fax: 0800-51-7522
editora@livrariadoadvogado.com.br
www.doadvogado.com.br

Impresso no Brasil / Printed in Brazil

Sumário

Apresentação – Ingo Wolfgang Sarlet 7

1 – Estado socioambiental e mínimo existencial (ecológico?): algumas aproximações
Ingo Wolfgang Sarlet e Tiago Fensterseifer 11

2 – A caminho do Estado Ambiental? A transformação do sistema político e econômico da República Federal da Alemanha através da proteção ambiental especialmente desde a perspectiva da ciência jurídica
Michael Kloepfer 39

3 – Direitos Humanos, Meio Ambiente e Sustentabilidade
Klaus Bosselmann 73

4 – Uma reflexão crítica sobre as dimensões socioeconômicas do direito sul-africano ao meio ambiente
Louis J. Kotzé e Linda Jansen van Rensburg 111

5 – Um campo de verde? O passado e o futuro de serviços ecossistêmicos
James Salzman 137

6 – Têm os animais direitos? Um breve percurso sobre a proteção dos animais no direito alemão
Carlos Alberto Molinaro 155

7 – A relação entre proteção ambiental e função social da propriedade nos sistemas jurídicos brasileiro e alemão
Andreas J. Krell 173

Apresentação

A Constituição Federal de 1988, pelo menos é isto que – a despeito da controvérsia que se verifica até mesmo em torno da terminologia mais adequada – se assume como premissa, é, também e acima de tudo, a Constituição de um Estado Socioambiental e Democrático de Direito, compreendido, em linhas gerais, como um Estado comprometido com o respeito, proteção e promoção tanto da dignidade humana, quanto da dignidade da vida em geral. Nesta mesma perspectiva, trata-se de um Estado que tem como fim e como tarefa o desenvolvimento e a sustentabilidade, sendo esta estruturada a partir dos três pilares do social, do econômico e do ambiental, portanto, de um Estado que respeita, protege e promove os direitos sociais de todas as dimensões como um conjunto integrado e que se reforça (mas também se limita) reciprocamente, na perspectiva de que todos os direitos fundamentais são, de certo modo, "ambientais", não sendo à toa que já se disse que "verdes são os direitos do Homem" (Vasco Pereira da Silva). Não sendo o caso de, nesta quadra, ampliar a discussão e aprofundar qualquer um dos inúmeros aspectos que a matéria implica, o que nos move é sublinhar que com a reunião dos textos que integram a presente coletânea pretende-se oferecer um leque diferenciado de contribuições abordando tanto aspectos mais gerais, ligados ao perfil e aos princípios estruturantes do Estado Constitucional Socioambiental (ainda que não seja esta a terminologia adotada por todos os autores), quanto questões mais específicas, mas igualmente imprescindíveis para o futuro do Estado, da Sociedade e dos Direitos.

Assim, partindo do geral para o particular, inicia-se com texto da lavra de INGO WOLFGANG SARLET e TIAGO FENSTERSEIFER versando sobre o "Estado Socioambiental e mínimo existencial (ecológico?): algumas aproximações", seguindo-se contribuição de MICHAEL KLOEPFER tratando da evolução para o Estado Ambiental, com destaque para a experiência na Alemanha. Na sequência, KLAUS BOSSELMANN nos brinda com reflexão sobre o tema "Direitos Humanos, Meio Ambiente e Sustentabilidade", ao passo que LOUIS KOTZÉ e LINDA JANSEN VAN RENSBURG promovem reflexão crítica sobre as dimensões socioeconômicas do direito sul-africano em matéria ambiental, demonstrando que a perspectiva da socioambientalidade tem encontrado receptividade também no direito comparado, designadamente no âmbito de países do tipo periférico e onde o conflito entre a dimensão social e ambiental segue sendo extremamente agudo. JAMES SALZMAN, por sua vez, apresenta a sua visão a respeito das possibilidades e limites dos assim chamados "serviços ecossistêmicos", dialogando fortemente com a noção de sustentabilidade. Cuidando de temática mais específica, CARLOS ALBERTO MOLINARO oferece análise sobre a evolução alemã em termos de proteção dos animais, seguido de ANDREAS KRELL, cujo texto sobre a relação entre a proteção ambiental e a função social da propriedade no Brasil e na Alemanha fecha a presente coletânea.

Importa consignar que as contribuições dos autores estrangeiros referem-se a conferências ministradas em atividades promovidas, com a colaboração de outros parceiros, por iniciativa do Programa de Pós-Graduação em Direito da PUCRS (Mestrado e Doutorado) e pelo Grupo de Estudos em Direitos Fundamentais (PUCRS-CNPq). Os professores Louis Kotzé, Klaus Bosselmann e James Salzman participaram do I Seminário Internacional sobre o Estado Socioambiental, em maio de 2007 (seminário do qual também participaram os coautores Andreas Krell, Carlos Molinaro e Ingo Sarlet), ao passo que Michael Kloepfer participou de atividades junto ao Mestrado e Doutorado em Direito em duas oportunidades. O Professor Klaus Bosselmann também ministrou curso – na condição de Professor Visitante – no Programa de Mestrado e Doutorado da PUCRS, sobre Direitos Humanos e Fundamentais e Meio Ambiente, sob os auspícios da Escola de Altos Estudos da CAPES. Assim, considerando a relevância do fomento obtido, formulamos também um agradecimento a FINEP, FAPERGS (Seminário sobre o Estado Socioambiental) e CAPES (vinda do Prof. Klaus Bosselmann), cujos aportes e aval científico foram decisivos para a realização das atividades acima referidas. Da mesma forma, agradecemos aos seguintes parceiros e apoiadores, cujas contribuições foram igualmente indispensáveis para viabilizar o Seminário Internacional sobre o Estado Socioambiental e, em outro momento, a vinda do Prof. Michael Kloepfer: Consulado dos EUA em São Paulo, Escola Superior da Magistratura do RS (AJURIS), Instituto Goethe, Procuradoria-Geral do Município do Rio de Janeiro, Procuradoria-Geral do Município de Porto Alegre, Escola Superior de Advocacia Pública da Associação dos Procuradores do Estado do Rio Grande do Sul (ESAPERGS), Fundação Escola Superior do Ministério Público do Rio Grande do Sul (FMP), Associação dos Juízes Federais do Rio Grande do Sul (AJUFERGS), Escola Superior da Magistratura Federal (ESMAFE), Escola Superior de Direito Municipal (ESDM), Associação dos Magistrados do Trabalho da 4ª Região (AMATRA 4), Escola Francisco Juruena de Gestão e Controle do Tribunal de Contas do Rio Grande do Sul, Instituto o Direito por um Planeta Verde.

Além de agradecer aos autores pela sua generosa disponibilidade no sentido de ceder seus textos para viabilizar a presente publicação, não há como deixar de formular o merecido voto de gratidão aos Mestres Sérgio Osborne Moreira Alves, Phillip Gil França e Ivar Hartmann, assim como ao tradutor e intérprete Luís Marcos Sander pela tradução e revisão da tradução dos textos em inglês (Klaus Bosselmann, Louis Kotze e Linda van Rensburg, bem como de James

Salzman). Da mesma forma o nosso especial agradecimento ao Prof. Dr. Carlos Alberto Molinaro pela tradução do texto de Michael Kloepfer, assim como a equipe da Livraria do Advogado Editora pela habitual agilidade e eficiência.

Por outro lado, nunca é demais lembrar que a seleção de textos ora efetuada, teve como critério central tanto a temática quanto a circunstância de se tratar de contribuições enviadas por participantes das atividades acima narradas, assegurando-se, ao mesmo tempo, um saudável pluralismo.

Por derradeiro, esperamos que a coletânea venha a contribuir para o avanço das discussões sobre o Estado Socioambiental e os direitos fundamentais (em especial, a relação entre ambos) e desejamos a todos uma proveitosa leitura.

Prof. Dr. Ingo Wolfgang Sarlet
Titular da Faculdade de Direito da PUCRS,
Coordenador do Programa de Mestrado e Doutorado da PUCRS
e Coordenador Científico do Seminário Internacional sobre o Estado Socioambiental

— 1 —

Estado socioambiental e mínimo existencial (ecológico?): algumas aproximações

INGO WOLFGANG SARLET

Doutor em Direito pela Universidade de Munique. Estudos em Nível de Pós-Doutorado nas Universidades de Munique (bolsista DAAD), Georgetown e junto ao Instituto Max-Planck de Direito Social Estrangeiro e Internacional (Munique), como bolsista do Instituto, onde também atua como representante brasileiro e correspondente científico. Pesquisador visitante na Harvard Law School. Coordenador do Programa de Pós-Graduação em Direito da PUC/RS. Professor de Direito Constitucional nos cursos de Graduação, Mestrado e Doutorado da PUC/RS e da Escola Superior da Magistratura do RS (AJURIS). Professor do Doutorado em Direitos Humanos e Desenvolvimento da Universidade Pablo de Olavide (Sevilha), Professor Visitante (bolsista do Programa Erasmus Mundus) da Universidade Católica Portuguesa (Lisboa). Coordenador do NEDF – Núcleo de Estudos e Pesquisa de Direitos Fundamentais da PUC/RS (Sistema de Grupos de Pesquisa do CNPq), vinculado ao Mestrado e Doutorado em Direito da PUC/RS. Juiz de Direito de Entrância Final (RS).

TIAGO FENSTERSEIFER

Mestre em Direito Público pela PUC/RS (Bolsista do CNPq). Membro do NEDF – Núcleo de Estudos e Pesquisa de Direitos Fundamentais da PUC/RS (CNPq). Professor da Especialização em Direito Constitucional da PUC/SP. Defensor Público (SP). Autor da obra: *Direitos fundamentais e proteção do ambiente*. A dimensão ecológica da dignidade humana no marco jurídico-constitucional do Estado Socioambiental de Direito, Porto Alegre: Livraria do Advogado Editora, 2008.

Sumário: 1. Considerações iniciais; 2. A proteção ambiental e a simultânea e harmônica realização dos direitos sociais, econômicos, culturais e ambientais como fim e tarefa do Estado Constitucional – Socioambiental! - de Direito contemporâneo; 2.1. Do Estado Liberal ao Estado Socioambiental de Direito; 2.2. Desenvolvimento sustentável e Economia Socioambiental de Mercado?; 3. Fundamentos jurídico-constitucionais de um direito fundamental ao mínimo existencial socioambiental: a tutela integrada do ambiente e dos direitos sociais como premissa do desenvolvimento sustentável; 4. Considerações finais: mínimo existencial ecológico, democracia e justiça ambiental;.

1. Considerações iniciais

"Existem problemas novos convivendo com antigos – a persistência da pobreza e de necessidades essenciais não satisfeitas, fomes coletivas (...) e ameaças cada vez mais graves ao nosso meio ambiente e à sustentabilidade de nossa vida econômica e social".[1]

O presente ensaio aborda a temática da proteção ambiental a partir das lentes da *teoria dos direitos fundamentais*, identificando uma *dimensão ecológica* a conformar (juntamente com as dimensões social, histórico-cultural, etc.) o conteúdo do princípio da dignidade da pessoa humana. A degradação ambiental e todos os demais riscos ecológicos (como, por exemplo, a contaminação química e o aquecimento global) que operam no âmbito das relações sociais (agora socioambientais!) contemporâneas comprometem significativamente o bem-estar individual e coletivo. De tal sorte, objetiva-se enfrentar alguns aspectos vinculados a tais questões, inserindo a proteção do ambiente na teia normativa construída a partir dos direitos (e deveres) fundamentais, do princípio da dignidade (da pessoa) humana, assim como dos demais princípios estruturantes do que se pode designar de um Estado Socioambiental.[2] Para além de um bem-estar individual e social, as construções jurídico-constitucionais caminham hoje no sentido de garantir ao indivíduo e à comunidade como um todo o desfrute de um *bem-estar ambiental*, ou seja, de uma vida saudável com qualidade ambiental, o que se apresenta como indispensável ao pleno desenvolvimento da pessoa e ao desenvolvimento humano no seu conjunto.

Na última quadra do século XX, várias Constituições pelo mundo afora,[3] influenciadas pelo ordenamento internacional, na esfera do qual se formou toda uma rede de convenções e declarações sobre a proteção ambiental,[4] assim como receptivas à emergência da cultura ambientalista e dos valores ecológicos no espaço político-jurídico contemporâneo, consagraram o direito a um ambiente equilibrado ou saudável como direito humano e fundamental, reconhecendo o caráter vital da qualidade ambiental para o desenvolvimento humano em níveis compatíveis com a dignidade que lhe é inerente. Dessa compreensão, pode-se conceber a exigência de um patamar mínimo de qualidade ambiental para a concretização da vida humana em níveis dignos, para aquém do qual a dignidade

---

[1] SEN, Amartya. *Desenvolvimento como liberdade*. São Paulo: Companhia das Letras, 2000, p. 9.

[2] Importa consignar que embora a opção aqui adotada (Estado Socioambiental) ao longo do texto haverá referências a outras terminologias, que, todavia, correspondem à opção dos diversos autores referidos em termos terminológicos, sem que se vá adentrar o debate sobre eventual equivalência substancial entre a concepção de Estado adotada por cada autor.

[3] Como é o caso, por exemplo, das Constituições portuguesa (1976) e espanhola (1978), assim como da Constituição Brasileira de 1988. Mais recentemente, merece destaque a nova Constituição do Equador (2008).

[4] Cfr., especialmente, a Declaração de Estocolmo das Nações Unidas sobre Meio Ambiente Humano (1972), a Declaração do Rio de Janeiro sobre Meio Ambiente e Desenvolvimento (1992), a Convenção-Quadro das Nações Unidas sobre Mudança do Clima (1992), a Convenção sobre Diversidade Biológica (1992) e a Declaração e Programa de Ação de Viena, promulgada na 2ª Conferência Mundial sobre Direitos Humanos (1993).

humana estaria sendo violada no seu núcleo essencial. A *qualidade ambiental* deve, portanto, ser reconhecida como elemento integrante do conteúdo normativo do princípio da dignidade da pessoa humana, especialmente em razão da sua imprescindibilidade à manutenção e à existência da vida e de uma vida com qualidade, sendo fundamental ao desenvolvimento de todo o potencial humano num quadrante de completo *bem-estar existencial*.

Trata-se, em verdade, de agregar num mesmo projeto político-jurídico, tanto as conquistas do Estado Liberal e do Estado Social, quanto as exigências e valores que dizem respeito ao assim designado *Estado Socioambiental* de Direito contemporâneo.[5] A adoção do *marco jurídico-constitucional socioambiental* resulta, como se verá ao longo do presente estudo, da convergência necessária da tutela dos direitos sociais e dos direitos ambientais num mesmo projeto jurídico-político para o desenvolvimento humano em padrões sustentáveis, inclusive pela perspectiva da noção ampliada e integrada dos *direitos econômicos, sociais, culturais e ambientais* (DESCA). O enfrentamento dos problemas ambientais e a opção por um *desenvolvimento sustentável* passam necessariamente pela correção do quadro alarmante de desigualdade social e da falta de acesso, por parte expressiva da população brasileira, aos seus direitos sociais básicos, o que, é importante destacar, também é causa de aumento – em determinado sentido – da degradação ambiental. Em vista de tais considerações, é possível destacar o surgimento de um *constitucionalismo socioambiental* (ou ecológico, como preferem alguns) – ou, pelo menos, da necessidade de se construir tal noção – avançando em relação ao modelo do um *constitucionalismo social*, designadamente para corrigir o quadro de desigualdade e degradação humana em termos de acesso às condições mínimas de bem-estar.

No ordenamento jurídico brasileiro, a proteção ambiental foi "constitucionalizada" em capítulo próprio, inserido no Título da assim designada "Ordem Social" da Constituição Federal brasileira[6] de 1988 (art. 225), além de outros dispositivos constitucionais em matéria de proteção ambiental, relacionando a tutela ecológica com inúmeros outros temas constitucionais de alta relevância.[7] A CF88 (artigo 225, *caput*, c/c o art. 5º, § 2º) atribuiu à proteção ambiental e – pelo menos em sintonia com a posição prevalente no seio da doutrina e jurisprudência - o *status* de direito fundamental do indivíduo e da coletividade, além de consagrar a proteção ambiental como um dos objetivos ou tarefas fundamentais do Estado – Socioambiental – de Direito brasileiro, sem prejuízo dos deve-

---

[5] Sobre os contornos normativos do *Estado Socioambiental de Direito*, v. FENSTERSEIFER, Tiago. *Direitos fundamentais e proteção do ambiente*: a dimensão ecológica da dignidade humana no marco jurídico-constitucional do Estado Socioambiental de Direito. Porto Alegre: Livraria do Advogado, 2008, p. 93-142.

[6] A Constituição Federal brasileira de 1988 será doravante referida como CF88.

[7] Quanto aos dispositivos constitucionais que relacionam a temática ambiental com outros temas e direitos fundamentais, podem-se destacar, de forma exemplificativa: arts. 7º, XXII, e 200, VIII, (direito do trabalho); art. 170, VI (ordem econômica e livre iniciativa); art. 186, II (direito de propriedade); art. 200, VIII (direito à saúde); art. 216, V (direitos culturais); art. 220 § 3º, II (comunicação social); art. 225, § 1º, VI (direito à educação); e art. 231, § 1º (direitos indígenas).

res fundamentais em matéria socioambiental. Há, portanto, o reconhecimento, pela ordem constitucional, da *dupla funcionalidade* da proteção ambiental no ordenamento jurídico brasileiro, a qual toma a forma simultaneamente de um *objetivo e tarefa estatal* e de um *direito (e dever) fundamental* do indivíduo e da coletividade, implicando todo um complexo de direitos e deveres fundamentais de cunho ecológico, muito embora a controvérsia em torno da existência de um autêntico direito subjetivo ao meio ambiente equilibrado e saudável e, em sendo o caso, da natureza de tal direito (ou direitos) subjetivo, aspecto que aqui não será desenvolvido.[8]

Na linha de um *constitucionalismo socioambiental*, afinado com o tratamento conferido pela nossa Lei Fundamental à proteção do ambiente, é nosso objetivo traçar uma primeira reflexão sobre o direito fundamental ao *mínimo existencial ecológico* (ou *socioambiental*), demarcando algumas possibilidades em termos conceituais e de justificação normativa, ou seja, de matriz jurídico--constitucional, além de identificar e comentar, em caráter necessariamente sumário e ilustrativo, aspectos ligados ao problema de sua inserção no contexto mais amplo da justiça (socio)ambiental e do "Estado Socioambiental". Nesta perspectiva, importa rastrear pontos de contato normativo entre os direitos fundamentais sociais e o direito fundamental ao ambiente, explorando a noção de um mínimo existencial de cunho socioambiental. Para além dos direitos já identificados doutrinariamente como "possíveis" integrantes da noção de um mínimo existencial (reconhecidamente controversa, a despeito de sua popularidade), como é o caso de uma moradia digna, da saúde básica, do saneamento básico, da educação, de uma renda mínima, de assistência social, de uma alimentação adequada, entre outros, é nosso intento sustentar a inclusão nesse elenco da *qualidade ambiental*, objetivando a garantia de uma *existência humana digna e saudável*, especialmente no que diz com a construção da noção de um bem-estar existencial que tome em conta também a qualidade do ambiente.

---

[8] Reconhecendo, na perspectiva constitucional, a existência de um autêntico direito subjetivo, ao menos em algumas das suas dimensões, v. CANOTILHO, José Joaquim Gomes. "O direito ao ambiente como direito subjetivo". In: CANOTILHO, José Joaquim Gomes. *Estudos sobre direitos fundamentais*. Coimbra: Coimbra Editora, 2004, p. 177-189; ECHAVARRÍA, Juan José Solozábal. "El derecho al medio ambiente como derecho publico subjetivo". In: *A tutela jurídica do meio ambiente (presente e futuro) - Boletim da Faculdade de Direito da Universidade de Coimbra* (STVDIA IVRIDICA, n. 81). Coimbra: Editora Coimbra, 2005, p. 31-45; ROCA, Guillermo Escobar. *La ordenación constitucional del medio ambiente*. Madrid: Dykinson, 1995, p. 65-109; e, privilegiando um dimensão jurídico-objetiva, PEREIRA DA SILVA, Vasco. *Verde cor de direito: lições de Direito do Ambiente*. Coimbra: Almedina, 2002, p. 84-106. Em sentido manifestamente contrário, KLOPFER, Michael. "A caminho do Estado Ambiental: a transformação do sistema político e econômico da República Federal da Alemanha através da proteção ambiental, especialmente desde a perspectiva esclarecedora da ciência jurídica". Trad. de Carlos Alberto Molinaro e revisão de Ingo Wolfgang Sarlet. (publicado na presente coletânea). No tocante à doutrina brasileira, há, em linhas gerais, consenso a respeito do reconhecimento de posições jurídicas subjetivas no âmbito de um direito fundamental à promoção e tutela do meio ambiente.

2. A proteção ambiental e a simultânea e harmônica realização dos direitos sociais, econômicos, culturais e ambientais como fim e tarefa do estado constitucional – Socioambiental! – de Direito Contemporâneo

2.1. Do Estado Liberal ao Estado Socioambiental de Direito

O Relatório *Nosso Futuro Comum* (ou Relatório Bruntdland), datado de 1987, da Comissão Mundial sobre Meio Ambiente e Desenvolvimento da Organização das Nações Unidas, na antessala da Conferência das Nações Unidas sobre Meio Ambiente e Desenvolvimento (1992), reconheceu a nossa dependência existencial em face da biosfera e destacou o quadro de desigualdade social na base do projeto de desenvolvimento econômico e social levado a cabo até então no cenário mundial, revelando que uns poucos países e comunidades no mundo consomem e esgotam boa parte dos recursos naturais, ao passo que outros, em um número muito maior, consomem muito pouco e vivem na perspectiva da fome, da miséria, da doença e da morte prematura.[9] De lá para cá, tanto a degradação do ambiente quanto a desigualdade social apenas foram agravadas. O enfrentamento dos problemas ambientais e a opção por um *desenvolvimento sustentável* passam, portanto, necessariamente, pela correção do quadro alarmante de desigualdade social e da falta de acesso de expressivas partes da população aos seus direitos sociais básicos, o que, importa referir, também é causa de degradação ambiental. A realização dos direitos sociais, além de não ter atingido níveis satisfatórios na maior parte dos casos, necessitando, portanto, de contínuo investimento, de há muito reclama seja agregado um novo desafio existencial, no caso, a proteção do ambiente. Diante dos novos desafios postos no mundo contemporâneo para a sociedade, o Estado e o Direito, Benjamin destaca que o surgimento do direito ambiental está justamente vinculado às dificuldades do Estado (e dos cidadãos de um modo geral) de enfrentar uma nova e complexa situação posta no seio da sociedade industrial: a degradação ambiental.[10]

Neste contexto e desde logo, considerando o modelo de Estado *(Constitucional) de Direito* que se manifesta no horizonte jurídico-constitucional contemporâneo, registra-se a preferência dos autores pela expressão *Estado Socioambiental*, embora a existência de outros termos, tais como *Estado Pós-social*,[11] *Estado Constitucional*

---

[9] *Nosso Futuro Comum/Comissão Mundial sobre Meio Ambiente e Desenvolvimento.* 2.ed. São Paulo: Editora da Fundação Getúlio Vargas, 1991, p. 29.

[10] BENJAMIN, Antônio Herman. "Função ambiental". In: BENJAMIN, Antônio Herman (Coord.). *Dano ambiental: prevenção, reparação e repressão.* São Paulo: Revista dos Tribunais, 1993, p. 15.

[11] Cfr., adotando a expressão *Estado Pós-Social*, PEREIRA DA SILVA, Vasco. *Verde cor de direito*: lições de Direito do Ambiente. Coimbra: Almedina, 2002, p. 24; PUREZA, José Manuel. *Tribunais, natureza e sociedade:* o direito do ambiente em Portugal. Lisboa: Cadernos do Centro de Estudos Judiciários, 1996, p. 27; e SARMENTO, Daniel. "Os direitos fundamentais nos paradigmas Liberal, Social e Pós-Social (Pós-modernidade constitucional?)". In: SAMPAIO, José Adércio Leite (Coord.). *Crise e desafios da Constituição*: perspectivas críticas da teoria e das práticas constitucionais brasileiras. Belo Horizonte: Del Rey, 2003, p. 375-414.

Ecológico,[12] *Estado de Direito Ambiental*,[13] *Estado do Ambiente*,[14] *Estado Ambiental de Direito*,[15] *Estado Ambiental*[16] e *Estado de Bem-Estar Ambiental*.[17] A preferência pelo adjetivo *socioambiental* resulta, como se verá ao longo do presente estudo, da necessária convergência das "agendas" social e ambiental num mesmo projeto jurídico-político para o desenvolvimento humano. O Estado contemporâneo, pelo menos como aqui compreendido, não é de ser reduzido a um Estado "Pós-Social", precisamente em virtude da circunstância de que o projeto de realização dos direitos fundamentais sociais longe está de uma realização satisfatória, ainda mais considerando a privação, até mesmo na esfera de um patamar minimalista, do acesso aos bens sociais básicos para um expressivo número de seres humanos.

A partir de tal premissa, há que ter em conta a existência tanto de uma *dimensão social* quanto de uma *dimensão ecológica* da dignidade (da pessoa) humana, sendo que somente um projeto que contemple ambas as dimensões se revela como constitucionalmente adequado. Embora não se refira à noção de um Estado Socioambiental, vale registrar a lição de Häberle, quando afirma que os objetivos estatais do Estado Ambiental, assim como do Estado Social, são, em seu conteúdo fundamental, consequências do dever jurídico-estatal de respeito e proteção da dignidade humana, no sentido de uma "atualização viva do princípio", em constante adaptação à luz dos novos valores humanos que são incorporados ao seu conteúdo normativo, o que acaba por exigir uma medida mínima de proteção ambiental.[18]

A consagração constitucional da proteção ambiental como tarefa estatal, como pontua Garcia, implica a imposição de deveres de proteção ao Estado que lhe retiram a sua "capacidade de decidir sobre a oportunidade do agir", obrigando-o também a uma adequação permanente das medidas às situações que care-

---

[12] CANOTILHO, José Joaquim Gomes. "Estado Constitucional Ecológico e democracia sustentada". In: SARLET, Ingo Wolfgang (Org.). *Direitos fundamentais sociais*: estudos de direito constitucional, internacional e comparado. Rio de Janeiro/São Paulo: Renovar, 2003, p. 493-508.

[13] MORATO LEITE, José Rubens. *Dano ambiental*: do individual ao coletivo extrapatrimonial. São Paulo: Revista dos Tribunais, 2000, p. 33-45; e MORATO LEITE, José Rubens. "Estado de Direito do Ambiente: uma difícil tarefa". In: MORATO LEITE, José Rubens (Org.). *Inovações em direito ambiental*. Florianópolis: Fundação Boiteux, 2000, p. 13-40.

[14] HÄBERLE, Peter. "A dignidade humana como fundamento da comunidade estatal". In: SARLET, Ingo Wolfgang (Org.). *Dimensões da dignidade*: ensaios de filosofia do direito e direito constitucional. Porto Alegre: Livraria do Advogado, 2005, p. 128.

[15] NUNES JUNIOR, Amandino Teixeira. "Estado ambiental de Direito". In: *Jus Navigandi*, n. 589, fevereiro/2005. Disponível em: http://www1.jus.com.br/doutrina/texto.asp?id=6340. Acesso em: 22 de fevereiro de 2005.

[16] KLOPFER, Michael. "*A caminho do Estado Ambiental*: a transformação do sistema político e econômico da República Federal da Alemanha através da proteção ambiental, especialmente desde a perspectiva esclarecedora da ciência jurídica". Trad. de Carlos Alberto Molinaro e revisão de Ingo Wolfgang Sarlet. (No prelo).

[17] PORTANOVA, Rogério. "Direitos humanos e meio ambiente: uma revolução de paradigma para o Século XXI". In: BENJAMIN, Antônio Herman (Org.). *Anais do 6º Congresso Internacional de Direito Ambiental* (10 anos da ECO-92: o Direito e o desenvolvimento sustentável). São Paulo: Instituto O Direito por um Planeta Verde/Imprensa Oficial, 2002, p. 681-694.

[18] HÄBERLE, "*A dignidade humana como fundamento...*", p. 130.

cem de proteção, bem como a uma especial responsabilidade de coerência na auto-regulação social.[19] Em outras palavras, pode-se dizer que os deveres de proteção ambiental conferidos ao Estado vinculam os poderes estatais de tal modo a limitar a sua liberdade de conformação na adoção de medidas atinentes à tutela do ambiente. No caso especialmente do Poder Executivo, há uma clara limitação do seu poder-dever de discricionariedade, de modo a restringir a sua margem de liberdade na escolha no âmbito das medidas protetivas do ambiente, sempre no intuito de garantir a maior eficácia possível do direito fundamental ao ambiente. Na mesma vereda, Benjamin identifica a redução da discricionariedade da Administração Pública como benefício da "constitucionalização" da tutela ambiental, pois as normas constitucionais impõem e, portanto, vinculam a atuação administrativa no sentido de um permanente dever de levar em conta o meio ambiente e de, direta e positivamente, protegê-lo, bem como exigir o seu respeito pelos demais membros da comunidade estatal.[20]

Na configuração do Estado Socioambiental de Direito, a questão da *segurança ambiental* toma um papel central, assumindo o ente estatal a função de resguardar os cidadãos contra novas formas de violação da sua dignidade e dos seus direitos fundamentais por força do impacto ambiental (socioambiental) produzido pela *sociedade de risco* (Beck[21]) contemporânea.[22] Nesta perspectiva, há quem afirme a incapacidade do Estado de Direito atualmente existente de enfrentar os riscos ambientais gerados pela sociedade de risco contemporânea, de modo especial pelo fato de que a esfera pública convencional do Estado Democrático representativo tornou-se incapaz de lutar adequadamente contra a escalada de riscos e incertezas com que é confrontada, ao mesmo tempo em que o projeto do Estado Providência teria esgotado as suas energias utópicas.[23] O Estado de Direito, a fim de promover a tutela da dignidade humana frente aos novos riscos ambientais e insegurança gerados pela *sociedade tecnológica* contemporânea, deve ser capaz de conjugar os valores fundamentais que emergem das relações sociais e, através das suas instituições democráticas, garantir aos cidadãos a segurança necessária à manutenção e proteção da vida com qualidade ambiental, vislumbrando, inclusive, as consequências futuras resultantes da adoção de determinadas tecnologias.

---

[19] GARCIA, Maria da Glória F. P. D. *O lugar do direito na proteção do ambiente*. Coimbra: Almedina, 2007, p. 481.

[20] BENJAMIN, Antônio Herman. "Constitucionalização do ambiente e ecologização da Constituição brasileira". In: CANOTILHO, José Joaquim Gomes; MORATO LEITE, José Rubens (Orgs.). *Direito constitucional ambiental brasileiro*. São Paulo: Saraiva, 2007, p. 75.

[21] Sobre a sociedade de risco, v. a teorização paradigmática de BECK, Ulrich. *La sociedad del riesgo: hacia una nueva modernidad*. Trad. de Jorge Navarro, Daniel Jiménez e Maria Rosa Borras. Barcelona, Paidós, 2001.

[22] Neste sentido, BODIN DE MORAES (BODIN DE MORAES, Maria Celina. *Danos à pessoa humana*: uma leitura Civil-Constitucional dos danos morais. Rio de Janeiro/São Paulo: Renovar, 2003, p. 61.) destaca que "as novas questões, postas pelas manipulações genéticas, pela reprodução assistida, pela energia nuclear, pelas agressões ao meio ambiente, pelo desenvolvimento da cibernética, configuram 'situações-problema' cujos limites não poderão ser decididos internamente, estabelecidos pelos próprios biólogos, físicos ou médicos, mas deverão ser resultantes de escolhas ético-político-jurídicas da sociedade".

[23] GOLDBLAT, David. *Teoria social e ambiente*. Trad. de Ana Maria André. Lisboa: Instituto Piaget, 1996, p. 237.

Com efeito, especialmente por meio da concretização dos *deveres de proteção*[24] para com os direitos fundamentais e a dignidade humana, o Estado contemporâneo deve ajustar-se (e, se necessário, remodelar-se) a cada novo passo histórico no sentido de enfrentar como tarefa estatal as novas ameaças e riscos ecológicos que fragilizam a existência humana, tendo em vista, como refere Häberle, um "processo dialético posto em marcha",[25] que se renova constantemente no horizonte do projeto político-jurídico da comunidade estatal. Nessa perspectiva, é certeira a afirmação de Häberle sobre a necessidade de um desenvolvimento mais reforçado de deveres e obrigações decorrentes da dignidade humana em vista do futuro humano, o que se justifica especialmente nas dimensões comunitária e ecológica da dignidade humana. Como refere o constitucionalista alemão, tal afirmativa já foi contemplada no âmbito constitucional alemão (art. 20a da Lei Fundamental de 1949), que, reconhecendo os "limites do crescimento" do Estado Social de Direito, tornou necessária a proteção do ambiente, enquanto um reforço da proteção da dignidade humana.[26] Tal perspectiva também está contemplada na ordem constitucional brasileira, conforme dá conta o disposto nos artigos 170 (*caput* e inciso VI), 186 (inciso II) e 225, todos da CF88, implicando um modelo jurídico-político-econômico em sintonia com o *princípio (e dever) do desenvolvimento sustentável*.

A edificação do *Estado Socioambiental de Direito*, é importante consignar, não representa uma espécie de "marco-zero" na construção da comunidade político-jurídica estatal, mas apenas mais um passo de uma caminhada contínua, embora marcada por profundas tensões, conflitos, avanços e retrocessos, iniciada sob a égide do Estado Liberal, muito embora suas origens sejam, em grande parte, mais remotas. O novo modelo de Estado de Direito objetiva uma salvaguarda cada vez maior da dignidade humana e de todos os direitos fundamentais (de todas as dimensões), em vista de uma (re)construção histórica permanente dos seus conteúdos normativos, já que, como refere Häberle, ao destacar a importância histórica da Revolução Francesa, em 1789, existe uma eterna peregrinação, constituída de inúmeras etapas, em direção ao Estado Constitucional.[27] Nessa mesma linha, Pureza refere que o modelo de Estado de Direito Ambiental revela a incorporação de uma nova dimensão para completar o elenco dos objetivos fundamentais do Estado de Direito contemporâneo, qual seja, a proteção do ambiente, que se articula dialeticamente com as outras dimensões já plenamente consagradas

---

[24] Sobre o tema dos deveres de proteção (ou imperativos de tutela) para com os direitos fundamentais depositados pela ordem constitucional na figura do Estado, à luz da jurisprudência do Tribunal Constitucional Federal alemão, DIMOULIS e MARTINS afirmam que esses foram identificados na hipótese do dever conferido ao ente estatal de tomar medidas no sentido de controlar os riscos e perigos derivados do desenvolvimento tecnológico, em razão do comprometimento dos direitos fundamentais à vida, à saúde e ao equilíbrio ambiental. Há, na hipótese, um dever estatal de garantia da segurança ou de prevenção de riscos. DIMOULIS, Dimitri; MARTINS, Leonardo. *Teoria geral dos direitos fundamentais*. São Paulo: Revista dos Tribunais, 2007, p. 123.

[25] HÄBERLE, Peter. *Libertad, igualdad, fraternidad*: 1789 como historia, actualidad y futuro del Estado constitucional. Madrid: Editorial Trotta, 1998, p. 53.

[26] HÄBERLE. *A dignidade humana como fundamento...* p. 102.

[27] HÄBERLE. *Libertad, igualdad, fraternidad...* p. 58.

ao longo do percurso histórico do Estado de Direito, designadamente a proteção dos direitos fundamentais, a realização de uma democracia política participativa, a disciplina e regulação da atividade econômica pelo poder político democrático e a realização de objetivos de justiça social.[28]

Tal perspectiva, por sua vez, guarda sintonia com a tese – ora assumida como correta - da indivisibilidade e interdependência dos direitos humanos e fundamentais.[29] As dimensões dos direitos humanos e fundamentais, na sua essência, materializam as diferentes refrações do *princípio da dignidade da pessoa humana*, pilar central da arquitetura constitucional contemporânea, portanto, do Estado Socioambiental,[30] reclamando uma compreensão integrada, desde logo incompatível com um sistema de preferências no que diz com a prevalência, em tese, de determinados direitos em relação a outros.

O Estado de Direito (Socioambiental) contemporâneo – a despeito da divergência na seara terminológica – apresenta, de acordo com a lição de Canotilho, as seguintes dimensões fundamentais, integradas entre si: juridicidade, democracia, sociabilidade e sustentabilidade ambiental,[31] de modo que a qualificação de um Estado como Estado (Socio) Ambiental traduz-se em – pelo menos - duas dimensões jurídico-políticas relevantes: a) a obrigação do Estado, em cooperação com outros Estados e cidadãos ou grupos da sociedade civil, de promover políticas públicas (econômicas, educativas, de ordenamento) pautadas pelas exigências da sustentabilidade ecológica; e b) o dever de adoção de comportamentos públicos e privados amigos do ambiente, dando expressão concreta à assunção da responsabilidade dos poderes públicos perante as gerações futuras,[32] mas sem descurar da necessária partilha de responsabilidades entre o Estado e os atores privados na consecução do objetivo constitucional de tutela do ambiente, consoante, aliás, anunciado expressamente no art. 225, *caput*, da nossa Lei Fundamental.

---

[28] PUREZA. *Tribunais, natureza e sociedade...*, p. 27.

[29] Nesse prisma, merece destaque a Declaração e Programa de Ação de Viena (1993), promulgada na 2ª Conferência Mundial sobre Direitos Humanos, a qual estabeleceu no seu art. 5º que "todos os direitos humanos são universais, indivisíveis, interdependentes e inter-relacionados", reconhecendo que as diferentes dimensões de direitos humanos conformam um sistema integrado de tutela da dignidade humana. Sobre o tema, v. WEIS, Carlos. *Direitos humanos contemporâneos*. São Paulo: Malheiros, 2006, 117-121; e SCHÄFER, Jairo. *Classificação dos direitos fundamentais*: do sistema geracional ao sistema unitário. Porto Alegre: Livraria do Advogado, 2005.

[30] Com o olhar voltado para tal perspectiva, diante de possíveis conflitos entre os direitos fundamentais de diferentes dimensões, PEREIRA DA SILVA alerta para que "os valores ético-jurídicos da defesa do ambiente não esgotam todos os princípios e valores do ordenamento jurídico, pelo que a realização do Estado de Direito Ambiental vai obrigar à conciliação dos direitos fundamentais em matéria de ambiente com as demais posições jurídicas subjetivas constitucionalmente fundadas, quer se trate de direitos da primeira geração, como a liberdade e a propriedade, quer se trate de direitos fundamentais da segunda geração, como os direitos econômicos e sociais (o que, entre outras coisas, tem também como consequência que a preservação da natureza não significa pôr em causa o desenvolvimento econômico ou, ironizando, não implica o 'retorno à Idade da Pedra')".PEREIRA DA SILVA, *Verde cor de direito...*, p. 28.

[31] CANOTILHO, José Joaquim Gomes. *Estado de Direito*. Cadernos Democráticos, n. 7. Fundação Mário Soares. Lisboa: Gradiva, 1998, p. 23.

[32] Idem, p. 44.

Assim, pode-se dizer que a razão suprema de ser do Estado reside justamente no respeito, proteção e promoção da dignidade dos seus cidadãos, individual ou coletivamente considerados, devendo, portanto, tal objetivo ser continuamente concretizado pelo Poder Público e pela própria sociedade. Os deveres de proteção do Estado veiculam o compromisso de tutelar e garantir nada menos do que uma vida digna aos indivíduos, o que passa pela tarefa de promover a realização dos direitos fundamentais, afastando possíveis óbices à sua efetivação e impondo medidas de cunho protetor e promocional.[33]

2.2. Desenvolvimento sustentável e Economia Socioambiental de Mercado?[34]

Tanto as ideologias liberais quanto as socialistas, como bem acentua Morato Leite, não souberam lidar com a crise ambiental, tampouco inseriram a agenda ambiental no elenco das prioridades do respectivo projeto político, considerando que ambos, respectivamente, o capitalismo industrialista e o coletivismo industrialista, colocaram em operação um modelo industrial agressivo aos valores ambientais da comunidade.[35] O quadro contemporâneo de degradação e crise ambiental é fruto, portanto, dos modelos econômicos experimentados no passado, não tendo sido, além disso, cumprida a promessa de bem-estar para todos como decorrência da revolução industrial, mas sim, instalado um contexto de devastação ambiental planetária e indiscriminada.[36] No mesmo sentido, Pereira da Silva destaca que o Estado Social "desconhecera em absoluto" a problemática ambiental, por estar imbuído de uma "ideologia otimista" do crescimento econômico, como "milagre" criador do progresso e de qualidade de vida.[37] Somente com a crise do modelo de Estado Social ou de Providência, surgida no final dos anos 60 e cujos sintomas mais agudos só foram sentidos nos anos 70, com a denominada "crise do petróleo", que se obrigou a uma tomada generalizada de consciência acerca dos limites do crescimento econômico e da esgotabilidade dos recursos naturais.[38] Também data desse período os relatórios do Clube de Roma sobre os limites do crescimento econômico.

O modelo do Estado Socioambiental difere substancialmente do Estado Liberal, já que, como refere Canotilho, "o 'Estado do Ambiente' não é um Estado liberal, no sentido de um Estado de polícia, limitado a assegurar a existência

---

[33] PEREZ LUÑO, Antonio E. *Los derechos fundamentales*. 8.ed. Madrid: Editorial Tecnos, 2005, p. 214.

[34] A referência a uma economia socioambiental de mercado, como modelo de política econômica e de ordem constitucional econômica possivelmente adequada à concepção de Estado Socioambiental, inspira-se na já conhecida formulação de uma economia social de mercado (*soziale Marktwirtschaft*) engendrada na Alemanha após a Segunda Grande Guerra e sob a égide do Estado Social e Democrático de Direito consagrado pela Lei Fundamental de Bonn de 1949.

[35] MORATO LEITE, "*Dano ambiental...*", p. 22.

[36] Idem, p. 22.

[37] PEREIRA DA SILVA, "*Verde cor de direito...*", p. 18.

[38] Idem, p. 17-18.

de uma ordem jurídica de paz e confiando que também o livre jogo entre particulares – isto é, uma 'mão invisível' – solucione os problemas do ambiente".[39] Pelo contrário, o Estado Socioambiental cumpre um papel ativo e promocional dos direitos fundamentais, especialmente no que tange à tutela ambiental. Nesta perspectiva, Teixeira propõe, à luz do conteúdo normativo expresso na CF88 (art. 225), que o Estado deve levar em conta a crise ambiental e posicionar-se diante da sua tarefa de defesa do ambiente, cumprindo um papel intervencionista, comprometido com a implantação de novas políticas públicas para dar conta de tal tarefa.[40] O Estado Socioambiental aponta para a compatibilidade da atividade econômica com a ideia de desenvolvimento (e não apenas crescimento!) sustentável, de modo que a "mão invisível" do mercado seja substituída necessariamente pela "mão visível" do Direito, já que, como salienta López Pina, em prólogo à obra de Häberle, "el mercado no es un fin en si mismo, un espacio libre del Derecho extramuros del Estado e de la ética. La economía solo tiene servicio al servicio del Hombre, debiendo encontrar en ella su lugar no menos la 'visible hand' del Derecho Constitucional que la 'invisible hand' del mercado".[41]

Há, portanto, uma tensão dialética permanente entre o objetivo da proteção ambiental e o desenvolvimento econômico. Em face do forte conteúdo econômico inerente à utilização dos recursos naturais, e, consequentemente, das pressões de natureza político-econômicas que permeiam, na grande maioria das vezes, as medidas protetivas do ambiente, Bessa Antunes pontua que não se pode entender a natureza econômica da proteção jurídica do ambiente como um tipo de relação jurídica que privilegie a atividade produtiva em detrimento de um padrão de vida mínimo que deve ser assegurado aos seres humanos, mas que a preservação e a utilização sustentável e racional dos recursos ambientais devem ser encaradas de modo a assegurar um padrão constante de elevação da qualidade de vida, sendo, portanto, o fator econômico encarado como desenvolvimento, e não como crescimento.[42] O conceito de desenvolvimento transcende, substancialmente, a ideia limitada de crescimento econômico. Nesse sentido, a Declaração sobre Direito ao Desenvolvimento, da qual o Brasil é signatário, no § 1º do seu art. 1º, dispõe que "o direito ao desenvolvimento é um direito humano inalienável, em virtude do qual toda pessoa e todos os povos estão habilitados a participar do desenvolvimento econômico, social, cultural e político, a ele contribuir e dele desfrutar, no qual todos os direitos humanos e liberdades fundamentais possam ser plenamente realizados". Tal entendimento também está presente no pensamento de Amartya Sen, que identifica o desenvolvimento como expressão da própria liberdade do indivíduo, de tal sorte que o desenvolvimento deve necessariamente resultar na

---

[39] CANOTILHO, José Joaquim Gomes. "Privatismo, associacionismo e publicismo no direito do ambiente: ou o rio da minha terra e as incertezas do direito público". In: *Textos "Ambiente e Consumo"*, Volume I. Lisboa: Centro de Estudos Jurídicos, 1996, p. 156.

[40] TEIXEIRA, Orci Paulino Bretanha. *O direito ao meio ambiente ecologicamente equilibrado como direito fundamental*. Porto Alegre: Livraria do Advogado, 2006, p. 104.

[41] PINA, Antonio López. Prólogo à obra de HÄBERLE, *Libertad, igualdad, fraternidad...*", p. 15.

[42] ANTUNES, Paulo de Bessa. *Direito ambiental*. 7.ed. Rio de Janeiro: Lúmen Júris, 2005, p. 23.

eliminação da privação de liberdades substantivas (leia-se: bens sociais básicos, como, por exemplo, alimentação, tratamento médico, educação, água tratada ou saneamento básico),[43] rol que deve ser acrescido da qualidade do ambiente.

Assim, o Estado *Socioambiental* de Direito, longe de ser um Estado "Mínimo", é um Estado regulador da atividade econômica, capaz de dirigi-la e ajustá-la aos valores e princípios constitucionais, objetivando o desenvolvimento humano e social de forma ambientalmente sustentável.[44] O princípio do desenvolvimento sustentável expresso no art. 170 (inciso VI) da CF88, confrontado com o direito de propriedade privada e a livre iniciativa (*caput* e inciso II do art. 170), também se presta a desmitificar a perspectiva de um capitalismo liberal-individualista em favor da sua leitura à luz dos valores e princípios constitucionais socioambientais. Com relação à pedra estruturante do sistema capitalista, ou seja, a propriedade privada, os interesses do seu titular devem ajustar-se aos interesses da sociedade e do Estado, na esteira das funções social e ecológica que lhe são inerentes. A ordem econômica constitucionalizada no art. 170 da Carta da República, com base também nos demais fundamentos constitucionais que lhe constituem e informam, expressa uma opção pelo que se poderia designar de um *capitalismo socioambiental* (ou *economia socioambiental de mercado*)[45] capaz de compatibilizar a livre iniciativa, a autonomia privada e a propriedade privada com a proteção ambiental e as justiças ambiental e social, tendo como norte normativo, "nada menos" do que a proteção e promoção de uma vida humana digna e saudável (e, portanto, com qualidade ambiental) para todos os membros da comunidade estatal.[46]

Apenas para ilustrar tal processo, mediante a referência a um dos instrumentos disponibilizados para a realização do projeto socioambiental, verifica-se que o *estudo prévio de impacto ambiental* (art. 225, § 1º, IV, da CF) exigido para a instalação de obra ou atividade causadora ou potencialmente causadora de significativa degradação ambiental é um mecanismo jurídico de ajuste e regulação da atividade econômica, bem como constitui um *dever fundamental* que limita o

---

[43] SEN, Amartya. *Desenvolvimento como liberdade*. São Paulo: Companhia das Letras, 2000, p. 18.

[44] Discorrendo, nesta perspectiva, sobre um Estado regulador Democrático de Direito, vinculando tal modelo ao desenvolvimento sustentável, v., por último, FRANÇA, Phillip Gil. *O controle da Administração Pública*: tutela jurisdicional, regulação econômica e desenvolvimento. São Paulo: Revista dos Tribunais, 2008, especialmente p. 113 e ss. e 191 e ss.

[45] Como fonte de inspiração, toma-se aqui a conhecida fórmula da economia social de mercado (*soziale Marktwirtschaft*) desenvolvida na Alemanha sob a égide da Lei Fundamental de 1949, e que marcou também o modelo do Estado Social e Democrático de Direito germânico do Segundo Pós-Guerra, em que pese a crise e as transformações experimentadas nos últimos tempos.

[46] Em sintonia com o marco jurídico-constitucional do desenvolvimento sustentável, o Supremo Tribunal Federal, no julgamento da ADPF 101, ocorrido em 24.06.2009, a respeito da importação de pneus usados, no voto da Relatora Ministra Cármen Lúcia Antunes Rocha, fez consignar que "o argumento (...) de que haveria afronta ao princípio da livre concorrência e da livre iniciativa por igual não se sustenta, porque, ao se ponderarem todos os argumentos expostos, conclui-se que, se fosse possível atribuir peso ou valor jurídico a tais princípios relativamente ao da saúde e do meio ambiente ecologicamente equilibrado preponderaria a proteção desses, cuja cobertura, de resto, atinge não apenas a atual, mas também as futuras gerações". Na decisão do Plenário do Supremo Tribunal Federal, reconheceu-se a constitucionalidade da legislação que proíbe a importação de pneus usados, na mesma medida em que, na via transversa, se entendeu que a importação de pneus usados viola a proteção constitucional conferida ao ambiente.

direito de propriedade e a livre iniciativa dos atores econômicos privados, conformando o princípio constitucional do desenvolvimento sustentável. Nesta perspectiva, Derani pontua que o "espírito" da avaliação de impacto ambiental incorpora um processo de planejamento para a "sustentabilidade" das atividades econômicas, integrado por um conjunto de ações estratégicas em vista de uma melhoria (e também melhor distribuição) da qualidade de vida.[47] No mesmo contexto, como bem lembra Teixeira, não se pode desconsiderar crescente relevância do poder de polícia como instrumento conferido ao Estado para viabilizar a intervenção na economia, de modo a fiscalizar e regulamentar as atividades poluidoras ou potencialmente poluidoras.[48]

Considerando que a incorporação da proteção ambiental como objetivo fundamental do Estado não é incontroversa, de modo especial por implicar uma reorientação radical das funções econômicas e sociais do Estado, é preciso ter em mente – de acordo com a lição de Pureza – que, diferentemente da lógica limitativa que estava em jogo no embate entre o Estado Liberal e o Estado Social, a questão decisiva para o Estado de Direito Ambiental não é a intensidade da intervenção econômica do Estado, mas sim o primado do princípio do destino universal dos bens ambientais, o que impõe o controle jurídico do uso racional do patrimônio natural.[49] O mesmo Pureza agrega que o Estado Ambiental (para nós, reitera-se, Socioambiental!) assume abertamente o patrimônio natural e o ambiente como bens públicos, objeto de utilização racional (controlada, por exemplo, através de instrumentos fiscais ou administrativos), impondo balizas jurídicas que orientem toda a atividade econômica para um horizonte de solidariedade substancial.[50] O art. 225, *caput*, da CF88, guarda perfeita sintonia com tal compreensão, visto dispor ser o ambiente "bem de uso comum do povo".

À luz de tal perspectiva, Mateo assevera que o conceito de *desenvolvimento sustentável* vai mais além de uma mera harmonização entre a economia e a ecologia, incluindo valores morais relacionados à solidariedade,[51] o que indica o estabelecimento de uma nova ordem de valores que devem conduzir a ordem econômica rumo a uma produção social e ambientalmente compatível com a dignidade de todos os integrantes da rede social. O desenvolvimento econômico deve estar vinculado à ideia de uma melhoria substancial e qualitativa (e não apenas quantitativa em termos de crescimento econômico) da qualidade de vida. A partir da mesma ideia de solidariedade, inclusive considerando a sua inerente dimensão intergeracional, Milaré alerta para a relação entre "direito" e "dever" consubstanciada no princípio do desenvolvimento sustentável,[52] na medida em que tal comando constitucional

---

[47] DERANI, Cristiane. *Direito ambiental econômico*. 3.ed. São Paulo: Saraiva, 2008, p. 158.
[48] TEIXEIRA, *"O direito ao meio ambiente..."*, p. 92.
[49] PUREZA, *"Tribunais, natureza e sociedade..."*, p. 27.
[50] Idem, p. 28.
[51] MATEO, Ramón Martín. *Manual de derecho ambiental*. 3.ed. Navarra: Editorial Thomson/Aranzadi, 2003, p. 38.
[52] MILARÉ, Édis. "Princípios fundamentais do direito do ambiente". In: *Revista dos Tribunais*, São Paulo: RT, n. 756, 1998, p. 64.

impulsiona, para além do direito individual e coletivo de viver e desenvolver-se em um ambiente ecologicamente equilibrado, a ideia de responsabilidade e dever das gerações humanas presentes em preservar e garantir condições ambientais favoráveis para o desenvolvimento adequado da vida das futuras gerações.

Os princípios que regem o desenvolvimento ambiental e socialmente sustentável devem orientar e vincular as condutas públicas e privadas no seu trânsito pela órbita econômica. Na linha defendida por Derani, consideradas as prescrições constitucionais operantes no que diz com a ordem econômica, em razão da vinculação da garantia da propriedade privada ao desempenho de uma função social (arts. 5º, XXIII, e 170, III), estaríamos diante de uma espécie de *capitalismo social*[53] (ou Socioambiental, de maneira afinada com a concepção de Estado ora advogada) ao passo que o desenvolvimento econômico encontra limites no interesse coletivo, devendo servir apenas como meio (e não um fim em si mesmo) de realização dos valores fundamentais do Estado de Direito Contemporâneo. É com razão, portanto - e a lição se revela perfeitamente compatível com o nosso próprio modelo -, que Perez Luño aponta para a opção constitucional espanhola de tutela ambiental, objetivando um modelo de desenvolvimento econômico e humano de resgate do "ser" (qualitativo) em detrimento de um modelo predatório do "ter" (quantitativo), não sendo à toa que a garantia de uma existência digna foi erigida à condição de objetivo maior da ordem econômica na CF88.[54]

Não sendo viável maior desenvolvimento do ponto, importa frisar, todavia, que toda e qualquer prática econômica contrária à proteção do mínimo existencial socioambiental deverá ser qualificada como constitucionalmente ilegítima, já que, como bem pontua Antunes Rocha, a CF88 traz o bem-estar social e a qualidade de vida como "princípios-base" da ordem econômica, sendo que a ordem social (aí também incluída a proteção ambiental), que era relegada a um plano secundário antes de 1988, ganhou "foro e título próprios" no novo texto constitucional.[55] Pode-se dizer, portanto, em apertada síntese, que o constituinte brasileiro delineou no texto constitucional, para além de um capitalismo social, um *capitalismo socioambiental* (ou *ecológico*), consagrando a proteção ambiental como princípio matriz da ordem econômica (art. 170, inciso VI, da CF88).[56]

---

[53] DERANI. *Direito ambiental econômico...*, p. 09.

[54] À luz do texto constitucional espanhol, PEREZ LUÑO pontua, ainda, que "con la protección de 'un medio ambiente adecuado para el desarrollo de la persona' se hace eco de la inquietud contemporánea por ofrecer una alternativa al modelo, de signo puramente cuantitativo, del desarrollo económico y humano. La opción constitucional representa un expreso rechazo de la lógica del 'tener', centrada en la acumulación exclusiva y excluyente de los productos de una explotación ilimitada de los recursos humanos y naturales; a favor del modelo del 'ser', que exige el goce compartido (o inclusivo) de los frutos de un progreso selectivo y equilibrado. De que tal propósito no sea traicionado, o relegado al limbo de las buenas intenciones, depende el inmediato futuro de nuestra calidad de vida". PÉREZ LUÑO, Antonio Enrique. *Derechos humanos, Estado de Derecho y Constitución*. 5.ed. Madrid: Editorial Tecnos, 1995, p. 478.

[55] ANTUNES ROCHA, Cármen Lúcia. "Constituição e ordem econômica". In: FIOCCA, Demian; GRAU, Eros Roberto (Orgs.). *Debate sobre a Constituição de 1988*. São Paulo: Paz e Terra, 2001, p. 12.

[56] "Art. 170 (...) VI – a defesa do meio ambiente, inclusive mediante tratamento diferenciado conforme o impacto ambiental dos produtos e serviços e de seus processos de elaboração e prestação."

Nessa perspectiva, além da necessidade de uma compreensão integrada do regime jurídico dos *direitos fundamentais econômicos, sociais, culturais e ambientais*, de modo a contemplar uma tutela ampla e qualificada da dignidade da pessoa humana, tanto sob a perspectiva individual quanto coletiva, a própria noção de sustentabilidade deve ser tomada a partir dos *eixos econômico, social e ambiental*. Tais eixos, contudo, devem ser concebidos e aplicados de forma isonômica e equilibrada, refutando-se, consoante já frisado, toda e qualquer hierarquização prévia, notadamente pelo fato de que é no conjunto que tais dimensões se prestam à promoção de uma existência digna.

3. Fundamentos jurídico-constitucionais de um direito fundamental ao mínimo existencial socioambiental: a tutela integrada do ambiente e dos direitos sociais como premissa do desenvolvimento sustentável

Identificadas algumas das principais dimensões do Estado Socioambiental de Direito, inclusive mediante referência à *dimensão ecológica* incorporada ao conteúdo do princípio da dignidade humana, é o caso, neste segmento, de investir mais neste tópico. O reconhecimento da *jusfundamentalidade* do direito ao ambiente ecologicamente equilibrado, nesse quadrante, opera no sentido de agregar elementos ao conteúdo do mínimo existencial social, abrindo caminho para a noção de uma dimensão ecológica do direito ao mínimo existencial, que, em virtude da necessária integração com a agenda da proteção e promoção de uma existência digna em termos sócio-culturais (portanto, não restrita a um mínimo vital ou fisiológico) há de ser designada pelo rótulo de um mínimo existencial socioambiental, coerente, aliás, com o projeto jurídico, político, social, econômico e cultural do Estado *Socioambiental* de Direito. A preocupação doutrinária de se conceituar e definir, em termos normativos, um padrão mínimo em termos ambientais para a concretização da dignidade humana justifica-se a partir da importância essencial que a qualidade ambiental representa para o desenvolvimento da vida humana em toda a sua potencialidade. Com efeito, para Häberle, assim como o Estado de Direito se desenvolveu, a serviço da dignidade humana, para a forma de um Estado Social de Direito, é possível afirmar que a expressão (cultural) do estado constitucional contemporâneo, igualmente com fundamento na dignidade humana, exige uma medida de proteção ambiental mínima.[57] Afinado com tal perspectiva, em virtude da necessidade de o modelo jurídico-político estatal reagir de modo positivo às necessidades geradas pela degradação socioambiental, Molinaro afirma que o "contrato político" formulado pela Lei Fundamental brasileira elege como "foco central" o direito fundamental à vida e a manutenção das bases materiais que a sustentam, o que só pode se dar no gozo de um ambiente equilibrado e saudável. Tal entendi-

---

[57] HÄBERLE, Peter. "A dignidade humana como fundamento da comunidade estatal". In: SARLET, Ingo Wolfgang (Org.). *Dimensões da Dignidade*: ensaios de Filosofia do Direito e Direito Constitucional. Porto Alegre: Livraria do Advogado, 2005, p. 130.

mento, como formula o autor, conduz à ideia de um "mínimo de bem-estar ecológico" como premissa para a concretização de uma vida digna.[58]

A Comissão Mundial sobre Meio Ambiente e Desenvolvimento das Nações Unidas, em seu relatório Nosso Futuro Comum (*Our Common Future*), datado de 1987, cunhou o conceito de *desenvolvimento sustentável*, que seria "aquele que atende às necessidades do presente sem comprometer a possibilidade de as gerações futuras atenderem a suas próprias necessidades. Ele contém dois conceitos-chave: o conceito de 'necessidades', sobretudo as necessidades essenciais dos pobres do mundo, que devem receber a máxima prioridade; a noção das limitações que o estágio da tecnologia e da organização social impõe ao meio ambiente, impedindo-o de atender às necessidades presentes e futuras".[59] No conceito de desenvolvimento sustentável elaborado pela Comissão Brundtland, verifica-se, de forma evidente, o conteúdo social de tal compreensão, na medida em que há uma preocupação em atender às necessidades vitais das gerações humanas presentes e futuras em sintonia com a eliminação da pobreza. Na explicitação dos seus conceitos-chave, resulta caracterizada a vinculação entre a qualidade ambiental e a concretização das necessidades humanas elementares (ou seja, do acesso aos direitos fundamentais de todas as dimensões, civis, políticos, sociais, culturais e ecológicos), bem como a referência ao atual estágio de desenvolvimento tecnológico (com o esgotamento e contaminação dos recursos naturais) como um elemento limitativo e impeditivo para a satisfação de tais necessidades.[60]

Também a Declaração do Rio sobre Meio Ambiente e Desenvolvimento (1992), no seu Princípio 5º, refere que "todos os Estados e todos os indivíduos, como requisito indispensável para o desenvolvimento sustentável, irão cooperar na tarefa essencial de erradicar a pobreza, a fim de reduzir as disparidades de padrões de vida e melhor atender às necessidades da maioria da população do mundo". Além de traçar o objetivo (também erigido à condição de objetivo fundamental constitucional, consoante disposto no art. 3º, incs. I e III, da CF88) de erradicar a pobreza, reduzir as desigualdades sociais e atender às necessidades da maioria da população mundial e colocar nas mãos conjuntamente da sociedade e do Estado tal missão, o diploma internacional, ao traçar o conceito de desenvolvimento sustentável, evidencia a relação direta e a interdependência entre os direitos sociais e a proteção do ambiente (ou a qualidade ambiental), sendo a tutela de tais direitos fundamentais um objetivo necessariamente comum para as comunidades nacionais, assim como para a humanidade como um todo. Nessa

---

[58] MOLINARO, Carlos Alberto. *Direito ambiental:* proibição de retrocesso. Porto Alegre: Livraria do Advogado, 2007, p. 113.

[59] *Nosso Futuro Comum/Comissão Mundial sobre Meio Ambiente e Desenvolvimento*. 2.ed. Rio de Janeiro: Editora Fundação Getúlio Vargas, 1991, p. 43.

[60] À luz da mesma perspectiva, a Lei 6.938/81 (art. 4º, I) coloca como objetivo da Política Nacional do Meio Ambiente "a compatibilização do desenvolvimento econômico-social com a preservação da qualidade do meio ambiente e do equilíbrio ecológico", o que estabelece o necessário respeito à preservação ambiental para a composição do desenvolvimento econômico e social.

mesma linha de entendimento, o compromisso com um desenvolvimento sustentável não pode negligenciar a questão da equitativa distribuição de riquezas (ou da *justiça distributiva*), o que passa necessariamente pela garantia dos direitos sociais e de um nível de vida digno (portanto, também com qualidade ambiental) para todas as pessoas.

Da compreensão de *necessidades humanas básicas,* na perspectiva das presentes e futuras gerações, coloca-se a reflexão acerca da exigência um *patamar mínimo de qualidade ambiental,* sem o qual a dignidade humana (e, para além desta, a dignidade da vida em termos gerais) estaria sendo violada no seu núcleo essencial. O *âmbito de proteção* do direito à vida, diante do quadro de riscos ambientais contemporâneos, para atender ao padrão de dignidade (e também salubridade) assegurado constitucionalmente, deve ser ampliado no sentido de abarcar a dimensão ambiental no seu quadrante normativo. Registra-se que a vida é condição elementar para o exercício da dignidade humana, embora essa não se limite àquela, uma vez que a dignidade não se resume a questões existenciais de natureza meramente biológica ou física, mas exige a proteção da existência humana de forma mais abrangente (em termos físico, psíquico, social, cultural, ecológico, etc.). De tal sorte, impõe-se a conjugação dos *direitos sociais* e dos *direitos ambientais* para efeitos de identificação dos patamares necessários de tutela da dignidade humana, no sentido do reconhecimento de um *direito-garantia do mínimo existencial socioambiental*, precisamente pelo fato de tal direito abarcar o desenvolvimento de todo o potencial da vida humana até a sua própria sobrevivência como espécie, no sentido de uma proteção do homem contra a sua própria ação predatória.

Em regra, a miséria e a pobreza (como projeções da falta de acesso aos direitos sociais básicos, como saúde, saneamento básico, educação, moradia, alimentação, renda mínima, etc.) caminham juntas com a degradação e poluição ambiental, expondo a vida das populações de baixa renda e violando, por duas vias distintas, a sua dignidade. Dentre outros aspectos a considerar, é perceptível que é precisamente (também, mas não exclusivamente!) neste ponto que reside a importância de uma tutela compartilhada e integrada dos direitos sociais e dos direitos ecológicos, agrupados sob o rótulo genérico de *direitos fundamentais socioambientais*, assegurando as condições mínimas para a preservação da qualidade de vida, aquém do qual poderá ainda haver vida, mas essa não será digna de ser vivida. No sentido de ampliar o núcleo de direitos sociais, de modo a atender as novas exigências para uma vida digna, especialmente em razão da "nova" questão ambiental, Dias assevera que, por direitos sociais básicos, devemos compreender tanto os direitos relacionados à educação, formação profissional, trabalho, etc., como os direitos à alimentação, moradia, assistência médica e a tudo aquilo que, no decorrer do tempo, puder ser reconhecido como parte integrante da nossa concepção de vida digna, o que é o caso, nos últimos anos, dos direitos que concernem à demanda por um meio ambiente saudável.[61]

---

[61] DIAS, Maria Clara. *Os direitos sociais básicos*: uma investigação filosófica da questão dos direitos humanos. Coleção Filosofia, N. 177. Porto Alegre: EDIPUCRS, 2004, p. 93-94.

Assim como são imprescindíveis determinadas condições materiais para assegurar adequados níveis de bem-estar social (saúde, educação, alimentação, moradia, etc.), sem as quais o pleno desenvolvimento da personalidade humana e mesmo a inserção política do indivíduo em determinada comunidade estatal são inviabilizadas, também na seara ecológica há um conjunto mínimo de condições materiais em termos de qualidade ambiental, sem o qual o desenvolvimento da vida humana (e mesmo a integridade física do indivíduo em alguns casos) também se encontra fulminado, em descompasso com o comando constitucional que impõe ao Estado o dever de tutelar a vida (art. 5º, *caput*, da CF) e a dignidade humana (art. 1º, III, CF) contra quaisquer ameaças existenciais. Infelizmente, todavia, as marcas da degradação ambiental são cada vez mais fortes nos grandes centros urbanos brasileiros (embora não menos evidentes nas rurais), onde uma parcela expressiva da população carente é comprimida a viver próxima de áreas poluídas e degradadas, tais como lixões, polos industriais, rios e córregos poluídos, encostas de morros sujeitas a desabamentos, etc. Diante desse quadro, o reconhecimento de uma concepção integrada (transversal), tal como representada pela noção de *direitos fundamentais socioambientais,* tem importância central para resguardar uma existência digna aos indivíduos e comunidades humanas, aponta para a necessidade de se apostar também no reconhecimento de um direito fundamental ao *mínimo existencial socioambiental.*

O respeito e a proteção à dignidade humana, como acentua Häberle, reclamam o engajamento do Estado, no sentido de que a garantia da dignidade humana implica seja a todos assegurado um mínimo existencial material.[62] Tais condições materiais elementares constituem-se em premissas do próprio exercício dos demais direitos (fundamentais ou não), resultando, em razão da sua essencialidade para a existência humana, em um "direito a ter e exercer os demais direitos".[63] Sem o acesso a tais condições existenciais mínimas, o que inclui necessariamente um padrão mínimo de qualidade ambiental, não há que se falar em *liberdade real ou fática,* quanto menos em um padrão de vida digno. A garantia do mínimo existencial ecológico constitui-se, em verdade, de uma condição de possibilidade do próprio exercício dos demais direitos fundamentais, sejam eles direitos de liberdade, direitos sociais ou mesmo direitos de solidariedade, como é o caso do próprio direito ao ambiente. Subjacente à garantia constitucional do mínimo existencial ecológico, está a ideia do dever de respeito e consideração, por parte da sociedade e do Estado, pela vida de cada indivíduo, que, de acordo com o imperativo categórico formulado por Kant (ainda que sujeito a uma releitura, de inequívoca atualidade) deve ser sempre tomada como um *fim em si mesmo,* em

---

[62] HÄBERLE, "*A dignidade humana como fundamento...*", p. 138.

[63] A corroborar com tal ideia, a comparação feita por TORRES entre a garantia constitucional do mínimo existencial e o estado de necessidade, tanto conceitualmente quanto em face das suas consequências jurídicas, uma vez que a própria sobrevivência do indivíduo, por vezes, está em jogo em ambas as situações. TORRES, Ricardo Lobo Torres. *Tratado de direito constitucional, financeiro e tributário*, Vol. II, Valores e princípios constitucionais tributários. Rio de Janeiro/São Paulo/Recife, 2005, p. 144 e ss. V, por último, do mesmo autor, *O direito ao mínimo existencial.* Rio de Janeiro: Renovar, 2008.

sintonia com a dignidade (e sua *dimensão ecológica*) inerente a cada ser humano,[64] não podendo, portanto, ser reduzido à condição de mero objeto das relações sociais e econômicas, assim como da ação estatal e da sociedade.

O conteúdo normativo do direito fundamental do mínimo existencial é modulado à luz das circunstâncias históricas e culturais concretas da comunidade estatal, tendo em conta sempre os novos valores que são incorporados constantemente ao conteúdo do princípio da dignidade da pessoa humana a cada avanço civilizatório. Para a conformação contemporânea do conteúdo do princípio da dignidade humana, imprescindível a noção da abertura material do rol dos direitos fundamentais, que guarda sintonia com a concepção da historicidade dos direitos humanos e fundamentais, no sentido de que a humanidade caminha permanentemente na direção da ampliação do universo de direitos fundamentais, de modo a assegurar um maior nível de tutela e promoção da pessoa individual e coletivamente considerada. Considerando que o processo histórico de afirmação de direitos humanos e fundamentais e da proteção da pessoa resultou na inserção da proteção ambiental no catálogo dos direitos fundamentais, o conteúdo do direito fundamental ao mínimo existencial deve ser modulado (para além dos direitos sociais!) mediante a inserção da dimensão ambiental, no sentido da consagração do *mínimo existencial ecológico*, que, na perspectiva integrada ora sustentada, assume as feições de um *mínimo existencial socioambiental*.

Da mesma forma – e pelas mesmas razões - como ocorre com o conteúdo da dignidade humana, que não se limita ao direito à vida em sentido estrito, o conceito de mínimo existencial não pode ser limitado ao direito à mera sobrevivência na sua dimensão estritamente natural ou biológica, mas deve ser concebido de forma mais ampla, já que objetiva justamente a realização da vida em níveis compatíveis com a dignidade humana, considerando, nesse aspecto, a incorporação da qualidade ambiental como novo conteúdo do seu âmbito de proteção. A partir de tal premissa, o conteúdo do mínimo existencial não pode ser confundido com o que se poderia denominar de um "mínimo vital" ou "mínimo de sobrevivência", na medida em que este último diz respeito à garantia da vida humana, sem necessariamente abranger as condições para uma sobrevivência física em condições dignas, portanto, de uma vida com certa qualidade. Não deixar alguém sucumbir à fome certamente é o primeiro passo em termos da garantia de um mínimo existencial, mas não é o suficiente para garantir uma existência digna,[65] ainda mais em vista dos novos riscos existenciais postos pela degradação ambiental e mesmo pelo uso de determinadas tecnologias.

---

[64] KANT, Immanuel. *Crítica da razão pura e outros textos filosóficos*. Coleção Os Pensadores. Tradução de Paulo Quintela. São Paulo: Abril Cultural, 1974, p. 229

[65] SARLET, Ingo Wolfgang. "Direitos fundamentais sociais, 'mínimo existencial' e direito privado: breves notas sobre alguns aspectos da possível eficácia dos direitos sociais nas relações entre particulares". In: GALDINO, Flávio; SARMENTO, Daniel (Orgs.). *Direitos Fundamentais – Estudos em homenagem a Ricardo Lobo Torres*. Rio de Janeiro: Renovar, 2006, p. 567.

Com o intuito de contribuir para a construção de uma fundamentação do mínimo existencial ecológico e, na perspectiva mais ampla, socioambiental, adota-se uma compreensão ampliada do conceito de mínimo existencial (social), a fim de abarcar a ideia de uma *vida com qualidade ambiental* (e, por óbvio, com dignidade), em que pese a sobrevivência humana (e, portanto, o assim designado mínimo vital) também se encontrar muitas vezes ameaçada pela degradação ambiental. A dignidade da pessoa humana, por sua vez, somente estará assegurada – em termos de condições básicas a serem garantidas pelo Estado e pela sociedade – onde a todos e a qualquer um estiver assegurada nem mais nem menos do que uma vida saudável,[66] o que passa necessariamente pela qualidade e equilíbrio do ambiente onde a vida humana está sediada. A ideia motriz do presente estudo, é, portanto, a de ampliar o horizonte conceitual e material do direito fundamental ao mínimo existencial para além das suas feições liberal e social, situando o seu enquadramento diante das novas demandas e desafios existenciais de matriz ecológica.

O conteúdo conceitual e normativo do princípio da dignidade da pessoa humana está intrinsecamente relacionado à qualidade do ambiente (onde o ser humano vive, mora, trabalha, estuda, pratica lazer, etc.). A vida e a saúde humanas (ou como refere o *caput* do artigo 225 da CF88, conjugando tais valores, a *sadia qualidade de vida*) só são possíveis, dentro dos padrões mínimos exigidos constitucionalmente para o desenvolvimento pleno da personalidade humana, num ambiente natural com qualidade ambiental. O ambiente está presente nas questões mais vitais e elementares da condição humana, além de ser essencial à sobrevivência do ser humano como espécie natural. A Organização Mundial da Saúde estabelece como parâmetro para determinar uma vida saudável "um completo bem-estar físico, mental e social", o que coloca indiretamente a qualidade ambiental como elemento fundamental para o "completo bem-estar" caracterizador de uma vida saudável. Seguindo tal orientação, a Lei n. 8.080/90, que dispõe sobre as condições para a promoção, proteção e recuperação da saúde, a organização e o funcionamento dos serviços correspondentes, regulamentando o dispositivo constitucional, dispõe sobre o direito à saúde através da garantia a condições de bem-estar físico, mental e social (art. 3º, parágrafo único), bem como registra o meio ambiente como fator determinante e condicionante à saúde humana (art. 3º, *caput*). Em sintonia com tal perspectiva, o art. 2º da Lei da Política Nacional do

---

[66] V. SARLET, *"Direitos fundamentais sociais, 'mínimo existencial'..."*, p. 572. Na medida em que fundamenta o mínimo existencial na liberdade efetiva (real) - e não meramente formal -, TORRES também é contrário ao tratamento do seu conteúdo apenas como um mínimo vital ou um mínimo para a sobrevivência. ("A metamorfose dos direitos sociais...", p. 11-46). Tal interpretação (qualificada ou ampliada) do conteúdo do mínimo existencial, como um conjunto de garantias materiais para uma vida condigna, é a que tem prevalecido tanto na Alemanha, quanto na doutrina e jurisprudência constitucional comparada (notadamente no plano europeu), como ilustra a recente decisão do Tribunal Constitucional de Portugal na matéria (Acórdão nº 509 de 2002, versando sobre o rendimento social de inserção), "ao reconhecer tanto um direito negativo quanto um direito positivo a um mínimo de sobrevivência condigna, como algo que o Estado não apenas não pode subtrair ao indivíduo, mas também como algo que o Estado deve positivamente assegurar, mediante prestações de natureza material". SARLET, *op. cit.*, p. 567-568.

Meio Ambiente (Lei 6.938/81) estabelece o objetivo de "preservação, melhoria e recuperação da qualidade ambiental propícia à vida, com o intuito de assegurar a proteção da dignidade da pessoa humana". A consagração do direito ao ambiente ecologicamente equilibrado como direito fundamental implica, como referem Birnie e Boyle, no reconhecimento do "caráter vital do ambiente como condição básica para a vida, indispensável à promoção da dignidade e do bem-estar humanos, e para a concretização do conteúdo de outros direitos humanos".[67]

Com base na dimensão ambiental ou ecológica do mínimo existencial, Steigleder salienta que o reconhecimento de tal garantia constitucional permite "lograr uma existência digna, ou seja, de um direito, por parte da sociedade, à obtenção de prestações públicas de condições mínimas de subsistência na seara ambiental, as quais, acaso desatendidas, venham a criar riscos graves para a vida e a saúde da população, ou riscos de dano irreparável", tendo, como exemplo, a deposição de lixo urbano a céu aberto, a ponto de criar perigos para a saúde da população circundante e riscos ambientais de contaminação de corpos hídricos que sejam vitais para o abastecimento público; ou, ainda, a contaminação do ar com poluentes prejudiciais à saúde humana.[68] Os exemplos trazidos pela autora são bem contundentes no sentido de desnudar o vínculo elementar entre a degradação ou poluição ambiental e os direitos sociais (no caso referido, especialmente o direito à saúde[69]), tendo justamente na configuração do direito fundamental ao mínimo existencial ecológico um mecanismo para contemplar ambas as demandas sociais básicas, sempre com o objetivo constitucional maior de assegurar uma existência humana digna (e saudável) a todos os integrantes da comunidade estatal, o que só é possível com a garantia de um padrão mínimo de qualidade ambiental. A partir de tal perspectiva, Fiorillo pontua que a CF88, no art. 6º, estabelece um *piso mínimo vital* de direitos que deve ser assegurado pelo Estado a todos os indivíduos, dentre os quais se ressalta o direito à saúde, para cujo exercício é imprescindível um ambiente equilibrado e dotado de higidez.[70]

---

[67] BIRNIE, Patrícia; BOYLE, Alan. *International law and the environment*. 2.ed. Oxford/New York: Oxford University Press, 2002, p. 255.

[68] STEIGLEDER, Annelise Monteiro. "Discricionariedade administrativa e dever de proteção do ambiente". In: *Revista do Ministério Público do Estado do Rio Grande do Sul*, n. 48, 2002, p. 280. Não obstante a autora referir o termo "mínimo vital", o qual, conforme referido anteriormente, se rejeita por remeter à ideia de tutela apenas de um mínimo de sobrevivência, é possível extrair do seu texto que tal conceito está colocado de forma mais ampla (e não limitada à mera sobrevivência física), indo na mesma linha da formulação conceitual que é defendida no presente estudo para o mínimo existencial (e não apenas vital) ecológico.

[69] Para certificar a conexão elementar entre saúde humana e proteção do ambiente, BENJAMIN pontua que "há aspectos da proteção ambiental que dizem respeito, de maneira direta, à proteção sanitária. Assim é com o controle de substâncias perigosas e tóxicas, como os agrotóxicos, e a preocupação sobre a potabilidade da água e a respirabilidade do ar". BENJAMIN, Antônio Herman. "Constitucionalização do ambiente e ecologização da Constituição brasileira". In: CANOTILHO, José Joaquim Gomes; MORATO LEITE, José Rubens (Orgs.). *Direito constitucional ambiental brasileiro*. São Paulo: Saraiva, 2007, p. 91. Sobre o direito à saúde e seu conteúdo, v., por todos, FIGUEIREDO, Mariana Filchtiner. *Direito fundamental à saúde*: parâmetros para a sua eficácia e efetividade. Porto Alegre: Livraria do Advogado, 2007.

[70] FIORILLO, Celso Antônio Pacheco. *Curso de direito ambiental brasileiro*. 10.ed. São Paulo: Saraiva, 2009, p. 13.

Na mesma linha de entendimento, ao articular a ideia de vinculação entre direitos sociais e proteção do ambiente, Ferreira aponta para a importância do diálogo entre o movimento ambientalista e os movimentos por direitos sociais, já que, consoante acentua, a compatibilização da qualidade ambiental ao bem-estar social seria o próximo baluarte a ser conquistado na construção da cidadania.[71] A autora destaca, ainda, que os desafios das políticas voltadas à qualidade ambiental residem "na dinâmica mais ampla de uma sociedade cuja expressão pública de novos direitos convive com a negação cotidiana do universo da cidadania, através da institucionalização de práticas excludentes, violentas e arbitrárias".[72] Em outras palavras, a socióloga da UNICAMP bem lembra que qualquer institucionalização das demandas ecológicas deve passar necessariamente pelo enfrentamento dos direitos sociais, como premissas para uma condição cidadã, conciliando tais mundos e afirmando a própria dimensão integrativa e interdependente de tais direitos na conformação de uma tutela integral da dignidade da pessoa humana no horizonte político-jurídico de um *socioambientalismo*.[73]

A compreensão integrada e interdependente dos direitos sociais e da proteção do ambiente, mediante a formatação dos *direitos fundamentais socioambientais*, constitui um dos esteios da noção de *desenvolvimento sustentável* no âmbito do *Estado Socioambiental de Direito*. Nesse sentido, Silva afirma que o desenvolvimento sustentável tem como seu requisito indispensável um crescimento econômico que envolva equitativa redistribuição dos resultados do processo produtivo e a erradicação da pobreza, de forma a reduzir as disparidades nos padrões de vida da população. O notável constitucionalista paulista afirma, ainda, que se o desenvolvimento não elimina a pobreza absoluta, não propicia um nível de vida que satisfaça as necessidades essenciais da população em geral, consequentemente, não pode ser qualificado de sustentável.[74] A proteção ambiental, portanto, está diretamente relacionada à garantia dos direitos sociais, já que o gozo desses últimos é dependente de condições ambientais favoráveis, como, por exemplo, o

---

[71] FERREIRA, Lúcia da Costa. "Os ambientalismos, os direitos sociais e o universo da cidadania". In: FERREIRA, Leila da Costa; VIOLA, Eduardo (Orgs.). *Incertezas de Sustentabilidade na Globalização*. Campinas: Editora da UNICAMP, 1996, p. 254-255.

[72] Idem, p. 250.

[73] Nesse sentido, VIOLA e LEIS apontam para o surgimento do *socioambientalismo*, o qual abrangeria um grande número de organizações não governamentais, movimentos sociais e sindicatos, que têm incorporado a questão ambiental como uma dimensão importante de sua atuação, incluindo no seu conjunto: 1) movimento dos seringueiros; 2) movimentos indígenas; 3) movimento dos trabalhadores rurais sem-terra; 4) movimento dos atingidos por barragens; 5) setores dos movimentos dos moradores e comunidades de bairro; 6) movimentos pela saúde ocupacional, composto por ativistas sindicais e médicos sanitaristas; 7) setores do movimento estudantis; 8) movimentos de defesa do consumidor; 9) movimentos pacifistas; 10) grupos para o desenvolvimento do potencial humano (homeopatia, ioga, escolas alternativas, etc.); 11) setores do movimento feminista; 11) movimentos e sindicatos dos trabalhadores urbanos; 13) um setor cada vez mais importante das organizações não governamentais de desenvolvimento social e apoio aos movimentos sociais. VIOLA, Eduardo J.; LEIS, Hector R. "A evolução das políticas ambientais no Brasil, 1971-1991: do bissetorialismo preservacionista para o multissetorialismo orientado para o desenvolvimento sustentável". In: HOGAN, Daniel Joseph; VIEIRA, Paulo Freire (Orgs.). *Dilemas socioambientais e desenvolvimento sustentável*. 2.ed. Campinas: Editora da Unicamp, 1995, p. 88-89.

[74] SILVA, José Afonso. *Direito ambiental constitucional*. 4.ed. São Paulo: Malheiros, 2003, p. 26-27.

acesso à água potável[75] (através de saneamento básico, que também é direito fundamental social integrante do conteúdo do mínimo existencial[76]), à alimentação sem contaminação química (por exemplo, de agrotóxicos e poluentes orgânicos persistentes[77]), a moradia em área que não apresente poluição atmosférica, hídrica ou contaminação do solo (como, por exemplo, na cercania de áreas industriais) ou mesmo riscos de desabamento (como ocorre no topo de morros desmatados e margens de rios assoreados).

Nesse contexto, vale referir a lição de Chagas Pinto, que aponta para o saneamento ambiental como um campo de atuação adequado ao combate simultâneo da pobreza e da degradação do ambiente, de modo que a efetividade dos serviços de abastecimento de água e de esgotamento sanitário integra, direta ou indiretamente, o âmbito normativo de diversos direitos fundamentais (mas especialmente dos direitos sociais), como o direito à saúde, o direito à habitação decente, o direito ao ambiente, o "emergente" direito à água (essencial à dignidade humana), bem como, em casos mais extremos, também o direito à vida.[78] O *saneamento básico* e a sua configuração como dever e direito, além de serviço público essencial, na perspectiva jurídico-constitucional acaba atuando como uma espécie de ponte normativa entre o mínimo existencial social e a proteção ambiental. A partir de tal exemplo, é possível visualizar, de forma paradigmática, a caracterização dos direitos fundamentais socioambientais, de modo a integrar a tutela dos direitos sociais (especialmente saúde, alimentação, água potável e moradia) e do ambiente, conjugando seus conteúdos normativos para a realização de uma vida humana digna e saudável. O saneamento básico diz respeito ao serviço de água e saneamento prestado pelo Estado ou empresa concessionária do serviço público aos integrantes de determinada comunidade, especialmente no que tange ao "abastecimento de água potável", ao "esgotamento sanitário", à "limpeza urbana

---

[75] Com efeito, PETRELLA registra que a saúde humana está intimamente ligada ao "acesso básico e seguro à água", tendo em conta o fato de que os problemas relacionados com a quantidade ou a qualidade da água à base de 85% das doenças humanas nos países pobres. PETRELLA, Ricardo. *O Manifesto da Água*: argumentos para um contrato mundial. Petrópolis/RJ: Vozes, 2002, p. 88. A reforçar tal entendimento, o Desembargador COSTA TELLES, do Tribunal de Justiça do Estado de São Paulo, em julgado que determinou o restabelecimento do fornecimento de água pela concessionária a consumidor devedor, que demonstrou carência econômica, no corpo do seu voto, afirmou que ao se entender "que os serviços essenciais são contínuos, independente de contraprestação, dá-se eficácia plena às disposições constitucionais que afirmam o direito do cidadão a uma vida sadia, com dignidade e meio ambiente equilibrado, situação impensável sem o fornecimento de água" (TJSP, Apel. Cível 7.127.196-4, Seção de Direito Privado, 15ª Câmara de Direito Privado, Rel. Des. José Araldo da Costa Telles, julgado em 06.11.2007).

[76] Nesse sentido, cfr. BARCELLOS, Ana Paula de. *A eficácia jurídica dos princípios constitucionais*: o princípio da dignidade da pessoa humana. 2.ed. Rio de Janeiro/São Paulo/Recife: Renovar, 2008, p. 317-320. Sobre o saneamento em perspectiva mais ampla, mas relacionado com a noção de mínimo existencial e socioambientalidade, v., por todos, DEMOLINER, Karine Silva. *Água e saneamento básico*: regimes jurídicos e marcos regulatórios no ordenamento brasileiro. Porto Alegre: Livraria do Advogado, 2008.

[77] Cfr., sobre o tema da contaminação química, a obra de ALBUQUERQUE, Letícia. *Poluentes orgânicos persistentes*: uma análise da Convenção de Estocolmo. Curitiba: Juruá, 2006.

[78] CHAGAS PINTO, Bibiana Graeff. "Saneamento básico e direitos fundamentais: questões referentes aos serviços públicos de água e esgoto sanitário no direito brasileiro e no direito francês". In: BENJAMIN, Antonio Herman (Org.). *Anais do 10º Congresso Internacional de Direito Ambiental* (Direitos humanos e meio ambiente). São Paulo: Imprensa Oficial do Estado de São Paulo, 2006, p. 408.

e manejo de resíduos sólidos" e à "drenagem e manejo das águas pluviais urbanas".[79] Regulando o tema na ordem jurídica brasileira, destaca-se a Lei 11.445, de 5 de janeiro de 2007, que estabelece as diretrizes nacionais para o saneamento básico, enunciando, entre os princípios fundamentais dos serviços públicos de saneamento básico, a articulação das políticas públicas de habitação, de combate e erradicação da pobreza, de promoção da saúde e de proteção ambiental, revelando justamente uma visão integrada para a tutela dos direitos sociais básicos e da proteção ambiental. O Estatuto da Cidade (Lei 10.257/01) também veicula o direito ao *saneamento ambiental*, quando estabelece o conteúdo do *direito à cidade sustentável*, que também inclui os direitos à moradia, à infra-estrutura urbana, ao transporte e aos serviços públicos, ao trabalho, ao lazer, para as presentes e futuras gerações (art. 2º, I).

Nesta perspectiva, Barcellos[80] afirma que a prestação do serviço de saneamento (consubstanciada nos artigos 23, IX, 198, II, e 200, IV e VIII, da CF88), como desmembramento do direito à saúde, integra a garantia do mínimo existencial, ou seja, do núcleo mínimo de prestações sociais a serem exigidas do Estado para assegurar o desfrute de uma vida digna. Em relação ao saneamento básico, o comprometimento da saúde humana está diretamente associado à contaminação e poluição das águas que servem de abastecimento para as populações, o que ocorre, paradigmaticamente, nas regiões marginalizadas dos grandes centros urbanos brasileiros. De tal sorte, é possível identificar o saneamento básico como um direito fundamental que apresenta uma feição socioambiental. Na mesma linha, Chagas Pinto afirma ser possível o reconhecimento, no âmbito do ordenamento jurídico brasileiro, de um direito fundamental ao saneamento básico, através de uma interpretação extensiva do direito fundamental à saúde, mas, principalmente, do direito fundamental ao ambiente ecologicamente equilibrado.[81] Após as linhas aqui vertidas, resulta evidente, à luz do exemplo do saneamento básico, a indivisibilidade e interdependência entre os direitos sociais e a proteção ambiental na garantia de prestações materiais mínimas indispensáveis a uma vida digna.

---

[79] O novo marco regulatório do saneamento básico estabelecido na Lei 11.445/07 delineia o conceito de saneamento básico (art. 3º, I) como o conjunto de serviços, infraestruturas e instalações operacionais de: a) *abastecimento de água potável*, constituído pelas atividades, infraestruturas e instalações necessárias ao abastecimento público de água potável, desde a captação até as ligações prediais e respectivos instrumentos de mediação; b) *esgotamento sanitário*, constituído pelas atividades, infraestruturas e instalações operacionais de coleta, transporte, tratamento disposição final adequados dos esgotos sanitários, desde as ligações prediais até o seu lançamento final no meio ambiente; c) *limpeza urbana e manejo de resíduos sólidos*, como conjunto de atividades, infraestruturas e instalações operacionais de coleta, transporte, transbordo, tratamento e destino final do lixo doméstico e do lixo originário da varrição e limpeza de logradouros e vias públicas; d) *drenagem e manejo das águas pluviais urbanas*, como conjunto de atividades, infraestruturas e instalações operacionais de drenagem urbana de águas pluviais, de transporte, detenção ou retenção para o amortecimento de vazões de cheias, tratamento e disposição final das águas pluviais drenadas nas áreas urbanas.

[80] A autora aponta como desmembramentos do direito fundamental à saúde, além do serviço de saneamento (art. 23, IX, 198, II, e 200, IV, o atendimento materno-infantil (art. 227, I), as ações de medicina preventiva (art. 198, II) e as ações de prevenção epidemiológica (art. 200, II). BARCELLOS, "*A eficácia jurídica dos princípios...*", p. 313.

[81] CHAGAS PINTO, "*Saneamento básico e direitos fundamentais...*", p. 406.

A inclusão da proteção ambiental no rol dos direitos fundamentais do ser humano está alinhada ao ideal constitucional da solidariedade, como marco jurídico-constitucional dos direitos fundamentais de terceira dimensão e do Estado Socioambiental de Direito. Ajustado a tal ideia, Torres extrai da solidariedade (ou fraternidade), com base na natureza difusa e coletiva dos direitos fundamentais de terceira dimensão, o suporte axiológico para fundamentar o seu conceito de mínimo existencial ecológico.[82] Com efeito, o *princípio constitucional da solidariedade* aparece como o marco axiológico-normativo do Estado *Socioambiental* de Direito, tensionando a liberdade e a igualdade (substancial) no sentido de concretizar a dignidade em (e com) todos os seres humanos. Diante de tal compromisso constitucional, os "deveres" (fundamentais) ressurgem com força nunca vista anteriormente, superando a hipertrofia dos "direitos" do Estado Liberal para vincularem Estado e particulares à realização de uma vida digna e saudável para todos os integrantes da comunidade política. Na mesma direção, Miranda, ao afirmar a natureza relacional e solidarista da dignidade humana, enfatiza que esta se realiza, para além da sua dimensão individualista, na dignidade de todos, destacando a necessidade de compreender cada pessoa na sua relação com as demais, visto que a dignidade de cada pessoa pressupõe a dignidade de todos,[83] do que decorrem tanto o princípio quanto o dever de solidariedade. No contexto das relações jurídicas que se travam no âmbito ambiental, pode-se até mesmo alçar a dignidade das gerações futuras, que como refere o Mestre português é "composta por homens e mulheres com a mesma dignidade dos de hoje".[84] Há também que colocar em pauta a garantia de um mínimo em termos de qualidade ambiental na perspectiva das gerações humanas futuras, a partir da tutela constitucional que lhes foi conferida pelo art. 225, *caput*, da CF88. Tal preservação de um patamar mínimo de qualidade ambiental deve ser atribuída, tanto na forma de deveres de proteção do Estado como na forma de deveres fundamentais dos atores privados, às gerações humanas presentes, de modo a preservar as bases naturais mínimas para o desenvolvimento – e mesmo a possibilidade - da vida das gerações futuras.

4. Considerações finais: mínimo existencial ecológico, democracia e justiça ambiental

O Estado Socioambiental, além de seguir comprometido com a justiça social (garantia de uma existência digna no que diz com acesso aos bens sociais

---

[82] A expressão "mínimo existencial ecológico" (*Ökologisches Existenzminimum*) foi cunhada por KERSTEN HEINZ ("Eigenrecht der Natur". *Der Staat* 29 "3": 415-439, 1990.), encontrando o seu fundamento nos arts. 2º, 1 e 2, e 14 da Constituição de Bonn, que garantem os direitos ao livre desenvolvimento da personalidade, à vida, à segurança corporal e à propriedade. *Apud* TORRES, Ricardo Lobo. *O direito ao mínimo existencial*. Rio de Janeiro: Renovar, 2009, p. 146. Nesse contexto, é possível acrescentar também, entre os fundamentos para o mínimo existencial ecológico constantes da Lei Fundamental alemã, o art. 20a, incluído em reforma do referido texto constitucional (2002).
[83] MIRANDA, Jorge. "A Constituição portuguesa e a dignidade da pessoa humana". In: *Revista de Direito Constitucional e Internacional*, Ano 11, Vol. 45, Out-Dez, 2003. São Paulo: Revista dos Tribunais, p. 86.
[84] MIRANDA, "*A Constituição portuguesa e a dignidade...*", p. 89.

básicos), assume, como realça Canotilho, a condição de um *Estado de Justiça Ambiental*, o que, entre outros aspectos, implica a proibição de práticas discriminatórias que tenham a questão ambiental de fundo, como decisão, seleção, prática administrativa ou atividade material referente à tutela do ambiente ou à transformação do território que onere injustamente indivíduos, grupos ou comunidade pertencentes a minorias populacionais em virtude de raça, situação econômica ou localização geográfica.[85] A *injustiça ambiental* se revela de diversas formas, mas, assim como a *injustiça social*, afeta de forma mais intensa os cidadãos vulneráveis em termos socioeconômicos, os quais já possuem um acesso mais restrito aos seus direitos sociais básicos (água, saneamento básico, educação, saúde, alimentação, etc.), bem como dispõem de um acesso muito mais limitado à informação de natureza ambiental, o que acaba por comprimir a sua autonomia e liberdade de escolha, impedindo que evitem determinados riscos ambientais por absoluta (ou mesmo parcial) falta de informação e conhecimento.

Para reforçar tal entendimento, Beck, ao formular sua teoria sobre a *sociedade de risco* contemporânea, refere que determinados grupos sociais, em razão do seu baixo poder aquisitivo, encontram-se mais vulneráveis a certos aspectos da degradação ambiental, em que pese existir, de certa forma, uma dimensão "democrática" da degradação ou poluição ambiental, que atinge a todos de forma igual (como, por exemplo, a poluição atmosférica, o aquecimento global, etc.), rompendo com a concepção tradicional de classes sociais.[86] Sensível a tal contexto, Beck afirma que os riscos se acumulam abaixo, na medida em que as riquezas se acumulam acima. Nesta perspectiva, o sociólogo alemão destaca que as classes sociais privilegiadas conseguem, em certa medida, evitar ou ao menos minimizar significativamente a sua exposição a determinados riscos, já que, por exemplo, são as zonas residenciais mais baratas - acessíveis às populações mais carentes - que se encontram perto dos centros de produção industrial, as quais são afetadas permanentemente por diversas substâncias nocivas presentes no ar, na água e no solo.[87] Em sintonia com tal assertiva, basta voltar o olhar para a realidade dos grandes centros urbanos brasileiros onde as populações carentes vivem nas áreas mais degradadas do ambiente urbano (consequentemente, menos disputadas pela especulação imobiliária), geralmente próximas a lixões,[88] recursos hídricos contaminados, áreas industriais, bem como em áreas de proteção ambiental (como,

---

[85] CANOTILHO, José Joaquim Gomes. "Privatismo, associacionismo e publicismo no direito do ambiente: ou o rio da minha terra e as incertezas do direito público". In: *Textos "Ambiente e Consumo"*, Volume I. Lisboa: Centro de Estudos Jurídicos, 1996, p. 157-158.

[86] BECK. *La sociedad del riesgo...*, p. 40-41.

[87] Idem, ibidem.

[88] O premiado documentário *Ilha das Flores* do cineasta gaúcho Jorge Furtado registrou de forma contundente a realidade degradante das comunidades humanas que se alimentam dos lixos na proximidade da Capital gaúcha.

por exemplo, áreas de preservação permanente[89] e unidades de conservação[90]). Diante de tais situações, os grupos sociais mais pobres têm – num certo sentido - os seus direitos fundamentais violados duplamente, ou seja, tanto sob a perspectiva dos seus direitos sociais, quanto em relação ao seu direito a viver em um ambiente sadio e equilibrado.

Com efeito, verifica-se uma profunda injustiça na distribuição não só dos bens sociais no âmbito da nossa comunidade política, mas também na distribuição e no acesso aos recursos naturais, de modo que a população mais necessitada acaba por ter não só os seus direitos sociais violados como também o seu direito a viver em um ambiente sadio. A falta de um acesso equânime aos recursos ambientais compromete inevitavelmente o respeito pela vida e dignidade da população carente. O fortalecimento da luta por justiça (socio)ambiental no Brasil[91] transporta justamente essa mensagem, ou seja, de que, assim como os custos sociais do desenvolvimento recaem de modo desproporcional sobre a população carente, também os custos ambientais desse mesmo processo oneram de forma injusta a vida dessa população, embora, em termos gerais (o problema é de maior ou menor intensidade, guardando relação com a disponibilidade de recursos para evitar ou minimizar problemas causados pela degradação) todos, pobres e ricos sejam afetados.

Portanto, assim como quando se fala em mínimo existencial a ideia de *justiça social* permeia a discussão (na sua feição distributiva), no sentido de garantir um acesso igualitário aos direitos sociais básicos, da mesma maneira, quando se discute os fundamentos do mínimo existencial ecológico, a *justiça ambiental* deve estar presente, balizando tanto as relações entre os Estados nacionais no plano internacional (especialmente, diante das relações Norte-Sul), quanto as relações entre poluidor/degradador (Estado ou particular) e cidadão titular do direito fundamental ao ambiente no âmbito interno dos Estados nacionais. A justiça ambiental deve reforçar a relação entre *direitos* e *deveres* ambientais, objetivando uma redistribuição de bens sociais e ambientais capaz de assegurar um mínimo de isonomia entre os Estados e as suas populações. O direito fundamental ao ambiente apresenta, portanto, uma dimensão democrática e outra redistributiva, de vez que a consagração do ambiente como um bem comum de todos, tal como reconhecido no art. 225, *caput*, da CF88, harmoniza com a noção de um acesso

---

[89] O art. 1º, § 2º, II, da Lei 4.771/65 (Código Florestal) conceitua *área de preservação permanente* como sendo a "área coberta ou não por vegetação nativa, com função ambiental de preservar os recursos hídricos, a paisagem, a estabilidade geológica, a biodiversidade, o fluxo gênico de fauna e flora, proteger o solo e assegurar o bem-estar das populações humanas".

[90] A Lei 9.985/2000, que regulamenta o art. 225, § 1º, inciso III, da Constituição, estabeleceu o Sistema Nacional de Unidades de Conservação.

[91] Conforme apontam ACSELRAD, HERCULANO e PÁDUA, "o tema da *justiça ambiental* – que indica a necessidade de trabalhar a questão do ambiente não apenas em termos de preservação, mas também de distribuição e justiça – representa o marco conceitual necessário para aproximar em uma mesma dinâmica as lutas populares pelos direitos sociais e humanos e pela qualidade coletiva de vida e sustentabilidade ambiental". ACSELRAD, Henri; HERCULANO, Selene; PÁDUA, José Augusto (Orgs.). *Justiça ambiental e cidadania*. 2.ed. Rio de Janeiro: Relume Dumará, 2004, p. 16.

universal e igualitário ao desfrute de uma qualidade de vida compatível com o pleno desenvolvimento da personalidade de cada pessoa humana, considerando, ainda, que tal concepção abrange os interesses das futuras gerações.

Por derradeiro, cientes do caráter sumário das considerações ora tecidas, importa reafirmar que neste ensaio se buscou apenas identificar e comentar alguns aspectos relacionados ao tema do Estado Socioambiental e do mínimo existencial, especialmente com o intuito de enfatizar a relevância do tópico e a necessidade de aprofundamento do debate, mas acima de tudo apontar para a necessidade de uma reflexão crítica (e autocrítica) até mesmo sobre a consistência de um discurso em prol de uma concepção ampliada de mínimo existencial (a própria noção não é incontroversa) e da perspectiva da socioambientalidade, igualmente objeto de amplo debate. Embora a nossa convicção de que o caminho ora trilhado reúne as melhores condições para que se alcance uma tutela mais integrada e efetiva da dignidade humana e da vida em geral, a convicção se transforma em incerteza quando se trata de delimitar os contornos do regime jurídico-constitucional dos direitos socioambientais, bem como da concepção de Estado Socioambiental. De outra parte, para maiores desenvolvimentos, remetemos aos demais artigos que integram a presente coletânea, que certamente têm muito a oferecer e indicarão tanto outros problemas e perspectivas, quanto alternativas para um desenvolvimento do tema e das suas diversas manifestações.

– 2 –

A caminho do Estado Ambiental? A transformação do sistema político e econômico da República Federal de Alemanha através da proteção ambiental especialmente desde a perspectiva da ciência jurídica[1]

MICHAEL KLOEPFER

Professor Catedrático de Direito do Estado e Administrativo, Direito Europeu, Direito Ambiental, Direito Financeiro e Econômico da Universidade Humboldt de Berlim (Alemanha). Professor visitante nas Uiniversidades de Sendai (Japão), Lausanne (Suiça), Kobe (Japão), Stanford (Estados Unidos). Direitor do Instituto Walter Hallstein de Direito Constitucional Europeu.
Diretor no Centro Europeu de Ciência e Práxis Estatal.

Sumário: I. Introdução; II. O conceito "Estado ambiental"; III. Sobre a compreensão atual do papel do Estado na proteção do meio ambiente: de tarefa do Estado para dever do Estado?; 1. A proteção do meio ambiente como tarefa do Estado; 2. A proteção do ambiente como dever do Estado?; 3. Determinação da tarefa estatal de "proteção do ambiente" na Constituição; 4. Aspectos problemáticos do direito constitucional ambiental; a) brigatoriedade ambiental dos direitos fundamentais?; b) Alteração da ordem federativa; c) Modificação dos requisitos relativos à democracia e ao Estado de direito?; IV. Sobre a política de proteção do meio ambiente praticada até o momento; 1. Análise da política para o meio ambiente praticada ao momento; 2. Possíveis novos instrumentos; a) Codificação do direito ambiental num Código ambiental; b) Introdução de um teste de compatibilidade ambiental para projetos relevantes ao meio ambiente; c) Introdução da ação processual coletiva, melhoria do direito de vistas em autos (ambientais), bem como a ampliação da possibilidade de cooperação por parte dos cidadãos; d) Incorporação dos custos ambientais no cálculo total da economia nacional, inclusão dos interesses ecológicos na determinação do balanço geral da economia; e) "Reforma tributária ecológica"; f) Desenvolvimento do direito do planejamento ambiental no sentido de um "plano diretor abrangente, específico para o meio ambiente"; g) Endurecimento do direito de responsabilidade ambiental (*Umwelthaftungsrechts*); 3. Crítica

---

[1] O presente texto apareceu em 1989: Auf dem Weg zum Umweltstaat? Die Umgestaltung des politischen und wirtschaftlichen Systems der Bundesrepublik Deutschland durch den Umweltschutz aus rechtswissenschaftlicher Sicht, in: Michael Kloepfer (Hrsg.), Umweltstaat, Berlin, Heidelberg, 39-62, sendo atualizado pelo autor em 2008 a pedido do Prof. Ingo Wolfgang Sarlet, a tradução é de Carlos Alberto Molinaro, Doutor em Direito, Professor da PUCRS. As notas do tradutor aparecem no texto devidamente referenciadas pelo signo do "asterisco", ademais algum acréscimo no corpo do texto, seja explicativo, seja na identificação do original em alemão, estão marcadas pelo uso de "colchetes". (N. Trad.).

fundamental à política de proteção do meio ambiente praticada até o momento; a) Crítica socialista ao sistema; b) A tese do fracasso do Estado; c) A crítica nos termos da economia de mercado; 4. Síntese; V. Que aparência poderia ter o futuro Estado ecologicamente orientado?; 1. Soluções globais; a) Governo mundial; b) Demais modelos; 2. Soluções estatais individuais; a) Modelos de Estado totalitários; b) Perda furtiva da liberdade?; c) "Societarização" (Vergesellschaftung) da proteção do meio ambiente como contramedida; d) O princípio da economia de mercado; O viés "alternativo"; Desregulamentação, etc.; d) O Estado ambiental "cooperativo"; VI. Perspectiva.

I. Introdução

Na atual situação ambiental, a clássica teoria dos três elementos do Estado teria se tornado demasiado estreita? Um Estado apto a subsistir precisa hoje de mais do que um povo, um poder e um território estatal. Ele necessita de um meio ambiente no e em torno do seu território que não ponha em risco a continuidade de sua existência.

Por essa razão, dificilmente alguém se admira do fato de a proteção ao meio ambiente ganhar hoje relevância cada vez maior não só nos programas de todos os partidos com representação no *Bundestag* [Parlamento alemão],[2] mas também nos pronunciamentos das igrejas, da indústria e dos sindicatos, nem do fato de as iniciativas de sociedade civil visando a proteger o meio ambiente jamais terem sido tão numerosas. Isso se deve sobretudo a uma consciência ambiental consideravelmente crescente – inclusive devido à ação informativa do Estado –, o que se reflete de muitas maneiras no engajamento dos cidadãos que tem como motivação a proteção do meio ambiente. Ainda assim, não se deve superestimar o consenso ecológico da sociedade documentado dessa forma, já que, num exame mais detido, as concepções individuais quanto à amplitude necessária e à configuração concreta da proteção do meio ambiente divergem amplamente.

Paralelamente a essa maior consciência da sociedade quanto ao meio ambiente modificou-se também a postura em relação ao Estado. As atividades sociais em matéria de proteção do meio ambiente visam de modo crescente a forçar, influenciar ou acelerar a ação do Estado nessa esfera. O conjunto da sociedade, cada vez mais, espera do Estado medidas de asseguração duradoura das bases naturais da vida.

O Estado tentou vir ao encontro dessa expectativa, a partir do programa do governo federal para o meio ambiente do ano de 1971, por meio da organização de ministérios para o meio ambiente, através da edição de um grande número de regulamentações legais e, em conexão com isso, de uma ampliação das administrações voltadas para o meio ambiente, bem como, de um investimento cada vez maior na esfera ambiental. No final do verão de 2006, finalmente se reforma o

---

[2] Os programas dos partidos com representação no *Bundestag* são analisados por B. M. MALUNAT, *Aus Politik und Zeitgeschichte* (Suplemento do semanário *Das Parlament*), B 29/87, p. 30ss.

federalismo constitucional estabelecendo-se os requisitos prévios para a criação de um direito ambiental codificado (*Umweltrechtskodifikation*).[3]

Não obstante, ainda não se pode falar, pelo menos não em termos abrangentes, de uma proteção efetiva do meio ambiente na República Federal da Alemanha, como mostram os levantamentos e as discussões atuais, p. ex., referentes à morte das florestas, à poluição do Mar do Norte ou aos riscos de falta de água potável devido à contaminação das águas com nitratos e agrotóxicos exemplos que poderiam ser multiplicados indefinidamente.

Entre as razões dessas permanentes sobrecargas impostas ao meio ambiente podem ser mencionadas, por exemplo, estas:[4]

- Não é possível remover "de um dia para o outro" os danos causados ao meio ambiente no passado. Fardos antigos (no sentido mais amplo possível) ainda travam por tempo indeterminado as capacidades de proteção do meio ambiente.

- Muitas causas de danos ambientais continuam existindo. Nem mesmo uma garantia geral do *status quo* ambiental (no sentido de uma exceção de proibição de deterioração *Verschlechterungsverbots*) é viável de fato e dificilmente será no futuro. Todavia, após a criação do Estado de Proteção Ambiental, o objetivo ecológico da proibição de retrocesso (*Rückschrittsverbot*) passa a ser justificável.[5]

- Muitos danos e riscos ao meio ambiente só se tornam conhecidos com o passar do tempo, seja porque são percebidos como tais apenas em virtude de uma consciência ambiental aguçada, seja porque determinados desenvolvimentos se mostram como nocivos apenas gradativamente, ou mesmo porque os danos só vêm a ocorrer por força de efeitos sinergéticos. O Estado muitas vezes precisa agir na incerteza.

- Novos potenciais de risco já se delineiam no horizonte do futuro, assim a alteração substancial dos requisitos da Lei sobre Engenharia Genética de 2004, com o possível uso, na agricultura, de organismos geneticamente modificados (a denominada engenharia "verde").

- Mas até mesmo quando os potenciais de risco já foram reconhecidos, transcorre um tempo considerável até que as contramedidas – caso venham a ser tomadas – comecem a fazer efeito. Sendo assim, não é possível apresentar os êxitos de uma política para o meio ambiente em períodos eleitorais de curto prazo, razão pela qual medidas pertinentes de proteção do meio ambiente parecem pouco atrativas para o político democrático, fixado no processo eleitoral. Isto se torna ainda mais crítico pelo fato de que o nosso sistema constitucional não conhece princípios de responsabilidade política de longo prazo. Isso tudo leva a que as medidas estatais de proteção do meio ambiente muitas vezes não correspondam às expectativas que sobretudo os cidadãos engajados na proteção do meio ambiente alimentam em relação à política estatal para o meio ambiente.

Sobre as causas (políticas) individuais desse "fracasso estatal" (*Staatsversagens*) parcial[6] na proteção do meio ambiente grassam controvérsias, como não poderia deixar de ser em vista dos interesses e das concepções contraditórias existentes na política e na sociedade. Em todo caso, há um amplo consenso sobre a constatação de que a política para o meio ambiente precedente não disponibi-

---

[3] Cf., Kloepfer, Föderalismusreform und Umweltgesetzgebungskompetenzen, ZG [*Zeitschrift für Gesetzgebung*] 2006, p. 250

[4] Cf. E. H. RITTER, *NVwZ* [*Neue Verwaltungsrecht-Zeitung*], 1987, p. 929ss. (aqui p. 930s.)

[5] Cf., Kloepfer, *Umweltrecht*, 3ª ed., 2004, § 3, número de margem 25.

[6] Não se pode falar de um fracasso geral do Estado na proteção do meio ambiente em vista dos êxitos que podem perfeitamente ser apontados na República Federal da Alemanha.

lizou um instrumental suficientemente efetivo de proteção ambiental.[7] Levanta-se, pois, a exigência de novos caminhos na política para o meio ambiente;[8] uma virada ecológica[9] é reivindicada com o objetivo de aprimorar o instrumental da política e do direito ambiental.

Objeto da discussão atual é como isso deverá ser feito: se queremos continuar desenvolvendo a mesma política para o meio ambiente, meramente levando em consideração os conhecimentos mais recentes; se queremos advogar uma "societarização" do meio ambiente no sentido de uma retração das atividades estatais em relação ao meio ambiente com fortalecimento simultâneo dos instrumentos da economia de mercado ou, ao contrário, defender uma economia ecológica planificada; se queremos chegar a uma remodelação completa da política para o meio ambiente nos termos de uma visão integral, construindo sobre a compreensão moderna que a filosofia e as ciências naturais têm da natureza. Porém, independentemente de como será configurada de fato a futura política para o meio ambiente, resta constatar o seguinte: toda ampliação da proteção do meio ambiente tem, em última análise, implicações para o sistema político e econômico do nosso Estado.

Estaríamos, portanto, a caminho de um *"Estado ambiental"*, a caminho de uma forma de Estado que faz da incolumidade do seu meio ambiente sua tarefa, bem como o critério e a meta procedimental de suas decisões?

Como os efeitos dos novos modelos pertinentes de pensamento deverão ser apreciados em termos políticos, ecológicos e econômicos, bem como, não por último, em termos jurídicos, e que conclusões decorrem disso para a admissibilidade e, em caso afirmativo, para a configuração concreta da respectiva concepção? Essas questões podem ser esclarecidas no quadro do projeto "Estado ambiental".

Dependendo das circunstâncias se fará necessária também uma verificação como que da conformidade constitucional e social de diferentes modelos de Estado cuja motivação é a proteção do meio ambiente. O conceito da verificação da conformidade constitucional designa a seguir a constatação da compatibilidade da respectiva concepção com os princípios jurídico-constitucionais que sustentam a estrutura do Estado, com as determinações das incumbências estatais e especialmente com os direitos de terceiros assegurados constitucionalmente.

Inversamente, no entanto, na medida em que disso resultarem incompatibilidades, deve-se incluir na verificação também a necessidade, a admissibilidade e os efeitos de alterações pertinentes da Constituição. Nesses termos, o projeto "Estado ambiental" pode representar também um tipo de verificação da conformidade da Constituição, em sua formulação presente, com as exigências do meio ambiente.

---

[7] M. KRUSCHE. *Umweltrecht: Neues Denken – neue Perspektiven*. Stuttgart 1988, p. 73, fala até – de modo pouco diferenciado – "da inutilidade e insuficiência do instrumental jurídico tradicional".

[8] Cf., por exemplo, R. DECKER. *Operation Umwelt*. Neuhausen-Stuttgart, 1988, p. 273; LUDWIG-ERHARD-STIFTUNG, Bonn (Ed.), *Neue Wege in der Umweltpolitik*. Stuttgart, 1984, *passim*.

[9] Cf. G. KUNZ (Ed.), *Die ökologische Wende*, München, 1983, *passim*.

II. O conceito "Estado ambiental"

O conceito "Estado ambiental" necessita de uma aclaração, pois ele pode ser entendido de modo bastante diverso, seja no que se refere à sua abrangência, no que diz ao seu propósito. Como já foi mencionado, esse conceito pretende definir primeiramente um Estado que faz da incolumidade do seu meio ambiente sua tarefa, bem como o critério e a meta procedimental de suas decisões.[10] Isto, porém, não significa que o âmbito social, ou seja, não estatal deva ser excluído da investigação. Um "Estado ambiental" no sentido apresentado aqui como básico poderia também ser caracterizado por uma proteção do meio ambiente sustentada mais fortemente pelo setor não estatal.[11]

No mais ainda há a registrar que a utilização do conceito "Estado ambiental" seja – tanto quanto possível – isenta de juízos de valor. No entanto, não se deve ignorar que a formação do conceito – dependendo dos interesses em jogo – evoca associações com o conceito do "Estado social" (Estado ambiental como um Estado que se empenha pelo equilíbrio entre as exigências sociais à natureza por um lado e a preservação das bases naturais da vida por outro e que ajuda a conferir forma e esse equilíbrio = Estado configurador do meio ambiente[12]), que (ainda?) tem uma conotação essencialmente positiva, ou então com o conceito do "Estado policial" (Estado ambiental como um Estado em que os direitos de liberdade são eliminados total ou amplamente por meio de medidas estatais irrestritas e excessivas em relação ao meio ambiente),[13] de conotação negativa, que podem vir a dificultar uma discussão racional sobre as chances e riscos de um Estado ambiental.

III. Sobre a compreensão atual do papel do Estado na proteção do meio ambiente: de tarefa do Estado para dever do Estado?

1. A proteção do meio ambiente como tarefa do Estado

No mais tardar por ocasião da superação – já há muito ocorrida – do princípio egocêntrico da proteção do meio ambiente,[14] ou seja, com o reconhecimento

---

[10] Em contrapartida, o conceito "Estado preventivo", utilizado por E. Denninger (*KJ [Kritische Justiz]*, 1988, p. 1ss.) é mais amplo, por causa das metas mais abrangente que estipula (previdência existencial, segurança jurídica, previdência de riscos e justiça social).

[11] Contudo, desse modo não se quer suprimir a diferenciação tradicional entre Estado e sociedade. No entanto, é preciso constatar que justamente a expansão da atividade do Estado na proteção do meio ambiente tem como efeito uma integração de Estado e sociedade – cf. também M. KLOEPFER, *DVBl. [Deutsches Verwaltungsblatt]*, 1979, p. 639ss. (aqui p. 640); cf. igualmente para este ponto P. PERNTHALER, *Allgemeine Staatslehre und Verfassungslehre*, Wien, 1986, p. 62s.

[12] Conceito conforme N. WIMMER. Raumordnung und Umweltschutz, in: *Verhandlungen d. 6. ÖJT [des 6. Österreichischen Juristentags]*, 1976, Wien, 1976, p. 21ss.; cf. também P. PERNTHALER, *op. cit.*, p. 63.

[13] De conotação negativa também é o conceito do "Estado atômico", cunhado por R. Jungk (*Der Atom-Staat*, München, 1977). Algo parecido vale para o conceito: "Estado químico", etc.

[14] Cf. sobre isto: G. TEUTSCH. *Lexikon der Umweltethik*. Düsseldorf, 1985, p. 22s.; K. M. MEYER-ABICH, *Wege zum Frieden mit der Natur*, München, 1984, p. 23.

de um dever de consideração do meio ambiente, que vai além do interesse próprio ou de pessoas que nos estão próximas, a proteção das bases naturais da vida torna-se uma tarefa da comunidade.[15] As bases naturais da vida transformam-se em bens da comunidade, cuja preservação e futura possibilidade de aproveitamento é de interesse (inclusive existencial) de todos os indivíduos pertencentes à comunidade. Mas também onde não está em jogo a defesa contra perigos que ameaçam os bens legítimos das pessoas, o Estado se faz necessário como poder regulador superior por causa da relevância geral desses bens comunitários – em todo caso, na medida em que os mecanismos sociais de regulação não são (suficientemente) apropriados para atingir os propósitos citados. Esse poder regulador deve concretizar e impor o interesse geral na preservação das bases naturais da vida, na medida em que este interesse tiver mais peso do que outros interesses. Da dimensão em que é posta a referida tarefa estatal decorre o reconhecimento de que, em última análise, só o Estado – entre outras coisas, em virtude do seu monopólio de poder – dispõe dos meios requeridos e do poder para realizá-la.[16]

O Estado pode desempenhar a contento essa incumbência especialmente se submeter as bases naturais da vida, a serem qualificadas como bens públicos, a uma regulação de acesso e aproveitamento. Pois é fato que os bens ambientais são públicos (no sentido de livremente acessíveis e aproveitáveis), mas não estão disponíveis de forma ilimitada, ou seja, em terminologia de ciência econômica devem ser designados como "escassos". Consequentemente, no Direito de Águas, introduz-se um princípio de gestão jurídica: não há pretensão à autorização do Uso de Água, No entanto, existe, provavelmente, uma pretensão a decisões discricionárias ante um irrepreensível pedido de licença.[17]

No entanto, é preciso levar em conta que a proteção estatal do meio ambiente sempre dependerá da cooperação dos cidadãos individuais e dos grupos sociais. A proteção efetiva do meio ambiente contra a vontade dos envolvidos só

---

[15] Cf. sobre o que segue, por exemplo, H. P. BULL, *Staatsaufgaben nach dem Grundgesetz*. 2. ed., 1977, p. 224ss.; O. HOFFE, *Natur als Orientierungspunkt der Ethik*, Freiburg, 1983, p. 324ss.; ID., Umweltschutz als Staatsaufgabe -Umrisse einer rechtsphilosophischen Begründung, in: *Mensch und Umwelt*, Festgabe der Rechts, Wirtschafts- und Sozialwissenschaftlichen Fakultät der Universität Freiburg (Schweiz) zum Schweizerischen Juristentag, 1980, p. 307ss.; M. KLOEPFER, Staatsaufgabe Umweltschutz, *DVBl.*, 1979, p. 639ss. (aqui p. 641ss.); G. KÖHLER, (Staatlicher) Umweltschutz und (privater) Eigennutz, in: H. LÜBBE/E. STRÖKER (Eds.), *Ökologische Probleme im kulturellen Wandel*, s. l., 1986, p. 135ss. (aqui p. 136s.); D. RAUSCHNING, Staatsaufgabe Umweltschutz, *VVDStRL*, n. 38, 1980, p. 167ss. (aqui p. 170ss.).

[16] Cf. D. RAUSCHNING, *VVDStRL [Veröffentlichungen der Vereinigung der Deutschen Staatsrechtslehrer]*, n. 38, 1980, p. 167ss. (aqui p. 172).

[17] De um modo geral a legislação sobre águas é dividida em duas partes (*Wasserhaushaltsrecht/ Wasserwirtschaftsrecht*): lei de gestão das águas e relativas à navegação fluvial na lei (*Wasserstraßen/ Wasserwegerecht*). Both are relevant to flood prevention. Ambas são relevantes para a prevenção de inundações. The water management law (Wasserhaushalts- / Wasserwirtschaftsrecht) is also divided into two parts. A lei de gestão das águas (*Wasserhaushalts-/ Wasserwirtschaftsrecht*) também é dividida em duas partes. The water quality management (Wassergütewirtschaft) is responsible for the quality of the water. A gestão da qualidade da água (*Wassergütewirtschaft*) é responsável pela qualidade da água. The water quantity management (Wassermengenwirtschaft) is responsible for the quantity of the water which has a direct link to flooding. A quantidade de gestão da água (*Wassermengenwirtschaft*) é responsável pela quantidade de água que tem um link direto para as inundações (N. Trad.).

é possível com o emprego de instrumentos repressivos. Isso levaria a um aumento das restrições à liberdade, dependendo das circunstâncias a um emprego mais intenso da força estatal e, desse modo, eventualmente a embaraços psicológico--políticos em sua realização. Uma cooperação eficaz de Estado e sociedade na proteção do meio ambiente pressupõe, por essa razão, uma correspondente consciência ambiental por parte dos envolvidos. Por isso, um trabalho de informação e esclarecimento a respeito faz parte do núcleo (a ser regulamentado) da política estatal para o meio ambiente. Em vista de tudo isso, a proteção das bases naturais da vida deve ser qualificada de fato como uma tarefa fundamentalmente pública (no sentido de relativa à comunidade), mas justamente não do começo ao fim como uma tarefa estatal.

Ainda que, em vista de tudo isso, deva ser atribuído um peso considerável à proteção do meio ambiente por parte de responsáveis não estatais, sobre o Estado recai de fato uma clara preponderância na imposição das metas de proteção do meio ambiente com base na tarefa de asseguração do bem comum a ele confiada e à tarefa de liderança a ele reservada na estipulação de prioridades intraestatais, bem como nos recursos de poder de que dispõe.

2. A proteção do ambiente como dever do Estado?

Em vista das crescentes ameaças acima descritas às bases naturais da vida, levanta-se a pergunta se a esse desenvolvimento fático não seguiria ou ao menos deveria seguir uma mudança quanto ao papel do Estado na proteção do meio ambiente. A proteção do meio ambiente como "tarefa do Estado" não terá se transformado já há muito tempo num "dever de proteção do Estado"?[18] Do ponto de vista do direito constitucional, todavia, é preciso deixar registrado que do poder-fazer [*Dürfen*] estatal descrito acima, isto é, da competência para atividades (estatais) de proteção do meio ambiente, não decorre automaticamente um dever (no sentido de mandamentos obrigatórios de ação) de proteção do ambiente.

Tal dever necessitaria ser deduzido autonomamente da Constituição. Embora a Lei Fundamental não contemplasse expressamente um dever constitucional de proteção do meio ambiente, até 1994, aqueles direitos fundamentais que contêm (também) assegurações parciais referentes à proteção do meio ambiente (p. ex. art. 2, § 2º, e o art. 14 da Constituição Alemã) poderiam obrigar o Estado, em casos individuais, a adotar um comportamento comedido em relação ao meio ambiente ou a assumir diretamente as tarefas de proteção do meio ambiente.

Nesse ponto é preciso diferenciar entre os vários modos como os direitos fundamentais são eficazes: em primeiro lugar, eles atuam como direitos de defesa contra danos provocados pelo Estado ao meio ambiente. Isso não é problemático quando se trata da defesa contra danos ao meio ambiente provocados diretamente

---

[18] Cf. representando muitos M. KLOEPFER, *Umweltschutz und Verfassungsrecht*, *DVBl.*, 1988, p. 305ss. (aqui p. 308ss.); D. RAUSCHNING, *VVDStRL*, n. 38, 1980, p. 167ss. (aqui p. 177ss.).

pelo ação soberana do Estado. Em contrapartida, a questão se torna bem mais complicada quando os direitos fundamentais visam a servir de direitos de defesa contra danos ao meio ambiente que poderiam, por causa da autorização e fiscalização estatais da ação danosa ao meio ambiente, ser avaliados como (também) causados pelo Estado. Uma validade direta dos direitos fundamentais só poderia ser alcançada mediante uma construção pela qual pudessem ser atribuídos ao Estado os danos (autorizados) ao meio ambiente, de modo que a pessoa atingida pudesse fazer valer a sua demanda jurídica fundamental de cunho defensivo. Faz-se necessário um exame minucioso quanto a em que medida tal compreensão das autorizações estatais pode ser harmonizada com as regulamentações legais do respectivo procedimento de autorização.

Na medida em que se trata de rechaçar ônus ao meio ambiente provocados por agentes privados diretamente contra terceiros de caráter privado, os direitos fundamentais não reivindicam validade direta devido à ausência fundamental de efeito contra terceiros, o que, segundo a opinião corrente, não exclui um efeito indireto dos direitos fundamentais contra terceiros pela via das cláusulas gerais do direito privado subordinado ao direito constitucional. De resto, os juízos de valor de caráter jurídico-objetivo contidos nos direitos fundamentais desdobram um efeito indireto de proteção, que poderia fundamentar, sobretudo em conexão com o art. 1º, inciso 1, sentença 2, da Constituição alemã, deveres de proteção do Estado contra terceiros. No entanto, o alcance desses deveres jurídico-objetivos de proteção diz respeito apenas a intervenções diretamente ilegais de terceiros e abrange, especialmente no âmbito de proteção do art. 2, inciso 2, da Constituição alemã, apenas danos graves ao meio ambiente com possíveis efeitos consideráveis para a saúde humana. Algo similar vale para a defesa contra danos à propriedade privada pela via do meio ambiente (art. 14 da Constituição alemã). Disso resulta que a proteção assegurada pelos direitos fundamentais no final das contas cobre apenas um âmbito relativamente pequeno da problemática do meio ambiente.

O princípio do Estado social igualmente só permite derivar a proteção do meio ambiente como tarefa do Estado dentro de limites bastante estreitos. Porque o princípio do Estado social exige apenas a proteção de um núcleo, sem o qual uma ordem social orientada na ideia da justiça seria pura e simplesmente impensável. Nesses termos, só é possível derivar um dever de proteção do meio ambiente do princípio do Estado social na medida em que se trata da asseguração do "mínimo existencial ecológico".

Todavia, na medida em que existem deveres de proteção deriváveis da Constituição, estes não vigoram somente em relação a pessoas que vivem atualmente, pois as garantias constitucionais desdobram nesse tocante também em princípio uma "proteção do mundo subsequente" (*Nachweltschutz*).[19] É verdade

---

[19] Cf. P. HENSELER, Verfassungsrechtliche Aspekte zukunftsbelastender Parlamentsentscheidungen, *AöR [Archiv des öffentlichen Rechts]*, n. 108, 1983, p. 489ss. (aqui p. 547ss.); H. HOFMANN, Nachweltschutz als Verfassungsfrage, *ZRP [Zeitschrift für Rechtspolitik]*, 1986, p. 87ss.; D. MURSWIEK, *Die staatliche Verantwortung für die Risiken der Technik*, Berlim, 1985, p. 206ss.

que as gerações futuras não possuem direitos subjetivos de defesa. Porém, independentemente disso, o dever de proteção do Estado subsiste como emanação dos juízos de valor jurídico-objetivos da lei básica. Portanto, na medida em que os efeitos fáticos de ações relevantes ao meio ambiente forem suficientemente prognosticáveis e delas resultarem riscos inadmissíveis para futuras gerações, existe um dever do Estado de contrapor-se (hoje) a esses riscos.

Por essa razão, os deveres de proteção (parciais) derivados da Constituição inerentes ao Estado existem também no âmbito da prevenção ambiental. Para além disso, a fundamentação da competência do Estado no âmbito da prevenção ambiental – especificamente tendo em vista a administração dos recursos naturais – justifica-se também a partir das seguintes ponderações: da qualificação de determinadas atividades como medidas de prevenção até nem decorre obrigatoriamente – como mostram os exemplos da previdência privada – que se trata da desincumbência de tarefas estatais. Entretanto, as experiências no âmbito da prevenção ambiental mostram que medidas não estatais de prevenção – por exemplo, de empresas e corporações – raramente vão além do futuro mais imediato e são essencialmente determinadas pelo interesse próprio dos agentes. Em contraposição a isso, o mandamento estatal de asseguração da existência de gerações futuras não só abrange um componente de teor reconhecidamente distinto, comprometido com a tarefa estatal de assegurar o bem comum, mas sobretudo também uma dimensão temporal consideravelmente diferente (por ser muito mais ampla). Mesmo que as falhas e imperfeições – em parte decerto inevitáveis – do planejamento estatal fixam limites naturais à previdência estatal do futuro, esta de fato carrega em termos amplos a responsabilidade exclusiva pela continuidade a longo prazo da comunidade. O Estado é o patrono decisivo do futuro.

Na medida em que não há uma efetiva concorrência entre atividades privadas e estatais de proteção do meio ambiente, o Estado é praticamente o único a ser convocado a proteger as bases naturais da vida. Isso fundamenta um monopólio de fato do Estado para o âmbito da prevenção ambiental com perspectiva de longo prazo. Com isso, todavia, de modo algum está abrangido todo o âmbito de quaisquer atividades de proteção do meio ambiente por parte do Estado. É que os referidos deveres constitucionais de proteção atinentes ao Estado não ordenam a exclusão completa de quaisquer riscos.[20] A exigência de uma exclusão completa de riscos seria descabida, já que ela forçosamente levaria ao resultado prático da proibição quase irrestrita da técnica. Um certo "risco residual" (*Restrisiko*) é constitucionalmente aceito e restringe as medidas de prevenção a serem tomadas. Sob o conceito "risco residual" entende-se incertezas situadas abaixo do limiar da assim chamada razão prática. Os limites entre o dever de prevenção e o risco (residual) a ser aceito são traçados com o auxílio de uma ponderação de bens, a ser feita em cada caso concreto, entre o dever de proteção do Estado acima men-

---

[20] Expressamente, p. ex., P. MARBURGER. Das technische Risiko als Rechtsproblem, *Bitburger Gespräche Jahrbuch*, 1981, p. 39ss. (aqui p. 44), segundo o qual não se pode extrair da Constituição nenhum direito individual de ausência de risco, que pudesse ser demandado do Estado.

cionado, incluindo os direitos fundamentais dos que foram onerados pelo meio ambiente, por um lado, e, por outro, os direitos constitucionais de defesa (liberdade de exercício da profissão, direito de propriedade) dos que oneram o meio ambiente, considerando que os riscos à civilização e à vida sejam comparáveis, bem como levando em conta o respectivo estado da técnica (ou da ciência) e o princípio da proporcionalidade.[21]

Mas poderia existir de fato uma "lacuna" nos deveres de proteção constitucionalmente fundamentados na medida em que o que está em jogo é a proteção da natureza como tal. No âmbito em que não se trata da proteção das bases da existência (ou dos direitos fundamentais) do ser humano, mas meramente se pretende proteger a natureza em função dela própria, falta, mesmo após a introdução do artigo 20-A GG, no contexto do viés antropocêntrico da Lei Fundamental, uma obrigação expressa de proteção por parte do Estado.

Resumindo se pode constatar que a Lei Fundamental, na sua versão até 1994, somente obriga o Estado a prevenir ou impedir ameaças consideráveis à vida, à incolumidade corporal e à propriedade de seus cidadãos e das gerações futuras. Nesse núcleo, a proteção do meio ambiente constitui uma tarefa a ser cumprida diretamente pelo Estado em responsabilidade própria, e que ele não pode delegar aos seus cidadãos. Todavia, fora do âmbito de tarefas que se acabou de mencionar, o Estado tem o dever de observar e fiscalizar as intervenções no meio ambiente também no caso em que uma situação de risco pode reverter a qualquer momento para uma situação de ameaça. Se o Estado se desincumbe, em responsabilidade própria, de tarefas adicionais que não fazem parte do referido núcleo ou então dá preferência a formas não estatais de proteção do meio ambiente é uma questão que fica reservada, em princípio, à liberdade de organização do Estado, especialmente da legislação. Contudo não existe um dever geral do Estado, fora do núcleo descrito acima, de transferir tarefas de proteção do meio ambiente a atores não estatais. Por outro lado, contudo, não está excluído que, no caso individual, dos direitos fundamentais de titulares potenciais da proteção do meio ambiente (liberdade geral de ação, liberdade de associação) resulte tal dever em conexão com o princípio da proporcionalidade. De resto, o legislador pode se decidir, também quando isso não é ordenado constitucionalmente, pela desincumbência preponderante de tarefas por atores não estatais, desde que ele não se desfaça desse modo de tarefas vinculadas ao núcleo da proteção estatal do meio ambiente.

3. Determinação da tarefa estatal de "proteção do ambiente" na Constituição

Assim, a situação constitucional que se acabou de descrever levou todos os partidos com representação no *Bundestag* à concepção (ou então à declaração) de que deveria ser levada a cabo uma complementação – efetivamente implementa-

---

[21] Cf., p. ex., E. BENDA, et 1981, p. 868ss. (aqui p. 870 com evidências adicionais).

da em diversas etapas – da Lei Fundamental (no mínimo) com a inclusão da tarefa estatal de "proteção do meio ambiente". Essa concepção, após larga discussão foi realizada no ano de 1994. As razões para este longo processo certamente o foram pelo fato de os projetos apresentados pelos diversos grupos políticos ao *Bundestag* divergirem fortemente nos detalhes.[22]

a) Disputas sobre a forma de proteção de um Estado Ambiental

Empreender a proteção do meio ambiente como objetivo do Estado teria, em primeiro lugar, possivelmente uma relevância política nada insignificante. Esta depende também, mas não precipuamente, da formulação concreta da determinação do objetivo estatal. Conforme a concepção da Comissão de especialistas em determinação de metas estatais/encargos legislativos[23] já a inclusão da proteção do meio ambiente como fim do Estado na lei básica já tem "- independentemente da sua formulação detalhada – (...) efeitos positivos significativos do tipo político" (função impulsionadora para o Legislativo e o Executivo; efeito educativo para os cidadãos; função integradora). Em contraposição, não haveria efeitos políticos negativos a temer. Porém, levanta-se a pergunta se essa apreciação bastante positiva em seu conjunto não repousaria sobre uma subestimação dos perigos também reconhecidos pela Comissão de especialistas.

Em contraposição, as repercussões jurídicas da planejada admissão de um objetivo nacional de "proteção do meio ambiente" na lei fundamental, foram críticas de formulação concreta. Sendo assim, um prognóstico detalhado dos desdobramentos (jurídicos/legais) da evolução da política para o meio ambiente e do direito ambiental, vinculados com a proteção estatal, só poderá acontecer quando a edição definitiva da respectiva regulamentação tiver sido fixada.[24]

b) A proteção ambiental como objetivo do Estado
(art. 20-A da Lei Fundamental)

No momento da reunificação, grande foi, especialmente, na Alemanha do Leste, a vontade da "constitucionalização" da proteção ambiental. Sobre a proposta de um estudo conjunto da Comissão Constitucional do Parlamento Federal

---

[22] Detalhadamente a respeito de cada uma das propostas cf. M. KLOEPFER, *DVBl.*, 1988, p. 305ss. (aqui p. 311ss.).

[23] BUNDESMINISTER DES INNERN/BUNDESMINISTER DER JUSTIZ (Ed.), *Staatszielbestimmungen – Gesetzgebungsaufträge, Bericht der Sachverständigenkommission*, Bonn, 1983.

[24] Cf. sobre a discussão atual 0. Depenheuer, DVBl. 1987, 809 ff.; Dt. Bundestag (Hrsg.), Verankerung des Umweltschutzes im Grundgesetz -Anhörung des Rechtsausschusses, Bonn 1988; K. Heinz, ZfU 1988, l ff.; M. Kloepfer, DVBl. 1988, 305 ff. (311 ff.); L. Michel, Staatszwecke, Staatsziele und Grundrechtsinterpretation unter besonderer Berücksichtigung der Positivierung des Umweltschutzes im Grundgesetz, Frankfurt 1986; ders., NuR 1988, 272 ff.; D. Murswiek, ZRP 1988, 14 ff.; A. v. Mutius, WiVerw 1987, 51 ff.; H. J. Peters, NuR 1987, 293 ff.; D. Rauschning, DÖV 1986, 489 ff.; H.H.Rupp, DVBl. 1985, 990 ff.; K.Stern, NWVBl. 1988, l ff.; R.Stober, JZ 1988, 426 ff.; E. Wienhoitz, AöR 109 (1984), 532 ff.

Alemão (*Bundestag*) e do Conselho Federal (*Bundesrat*)[25] resultou a disposição legal de 21/10/1994 formatando o artigo 20 bis (20-A) da Lei Fundamental que determina como objetivo do Estado à proteção do meio ambiente.[26] Também deve o Estado proteger as bases naturais da vida, especialmente para cumprir com suas responsabilidades para com as gerações futuras, no contexto da estrutura constitucional e através da lei e de conformidade com a lei e com a jurisdição, vinculando o parlamento, o poder executivo e o poder judicial. Segundo a doutrina corrente, a proteção do meio ambiente goza de prioridade sobre outros bens, advertindo, no entanto, que esta prioridade não é absoluta.[27] Segundo a sistemática do texto constitucional, nenhum direito subjetivo público resulta para o cidadão. Todavia, dirigindo-se aos três Poderes do Estado, fixa uma proibição de retrocesso (*Rückschrittsverbot*), garantindo-se assim padrões ecológicos mínimos.[28] Talvez, o potencial inovador do artigo 20, 1 e 2, da Lei Fundamental revele uma ecologização (*Ökologisierung*) do sistema jurídico e de um Estado Ambiental da República Federal Alemã. Em 2002, com a inclusão do artigo 20-A da Lei Fundamental alcança-se a proteção integral aos animais.[29]

4. Aspectos problemáticos do direito constitucional ambiental

O desenvolvimento apresentado rumo a um Estado ambiental, especialmente a anuência a um dever do Estado (com tendência a ampliar-se) de proteção do meio ambiente, não está isento de problemas em termos constitucionais. Porque toda expansão dos deveres estatais de ação leva a colisões com sentenças constitucionais de sentido contrário. Os campos de problemas a serem levados em consideração são os seguintes:

a) Obrigatoriedade ambiental dos direitos fundamentais?

Os limites dos deveres estatais de ação são traçados especialmente pelos direitos fundamentais daqueles que, como potenciais oneradores do meio ambiente, podem vir a se tornar destinatários das medidas estatais de proteção do meio ambiente. Desse modo, desloca-se para o primeiro plano a questão em que medida os direitos fundamentais pertinentes podem mediar uma proteção contra as medidas estatais de proteção do meio ambiente.[30]

---

[25] O Conselho Federal, é a segunda Câmara da Alemanha (equivalente ao nosso Senado) composto por representantes dos 16 Estados-membros (Estados-federados) de Alemania. (N. trad.).

[26] BGBl. I S. 3146. Die Änderung trat am 15.11.1994 in Kraft.

[27] BVerwG, NJW 1995, 2648.

[28] Ausführlich zu Entstehungsgeschichte, verfassungsrechtlicher Einordnung, Schutzgut und Adressatenkreis, Kloepfer, Umweltrecht, § 3 Rn. 1 ff.; ders. in: Dolzer/Vogel (Hrsg.), Bonner Kommentar zum Grundgesetz, Loseblattsammlung, Stand 2003, Art. 20-A.

[29] Gesetz zur Änderung des Grundgesetzes v. 26.7.2002 (BGBl. I S. 2826). Näher zum Tierschutz im Grundgesetz, Kloepfer/Rossi, JZ 1998, 369 ff.

[30] Cf. sobre isso, p. ex., D. MURSWIEK, *Die staatliche Verantwortung für die Risiken der Technik*, Berlim, 1985, p. 88ss.; H. G. HENNEKE, *Landwirtschaft und Naturschutz*, 1986, p. 110ss.

Nesse ponto, recomenda-se cuidado com a suposição genérica de uma ação ambiental geral dos direitos fundamentais, em todo caso, no sentido de uma redução ecológica geral da substância dos direitos fundamentais ou de uma decisão por si só preferencial em favor da proteção do meio ambiente. Um dever de comportar-se de modo compatível com o meio ambiente, formulado em termos tão genéricos, facilmente trataria o cidadão não mais primordialmente como uma pessoa que age autonomamente e sob sua própria responsabilidade, mas, em última análise, como objeto de uma ordem intervencionista de direito ambiental. Porém, tal concepção não poderia mais ser coadunada com a Constituição vigente. Isso é válido ao menos enquanto não existir um dever ambiental individual geral (ancorado na Constituição), cuja introdução dificilmente se pode esperar – em todo caso para um futuro a médio prazo.[31-32]

b) Alteração da ordem federativa

No âmbito federativo, mantém-se teoricamente, conforme o art. 70 da Constituição alemã, a competência legislativa de regulamentação pelos Estados. No entanto, o legislador federal dispõe de competências bastante amplas em pontos individuais relativos ao setor do meio ambiente.[33] A disposição normativa pela qual se modifica a Lei Fundamental em 28 de agosto de 2006[34] ("a reforma do federalismo") lança as bases para a criação de uma codificação ambiental (*Umweltkodifikation*). Ao governo federal distribuem-se competências constitucionais ambientais específicas. Nada obstante, a competência dos Estados-membros no campo dos direitos de proteção da natureza e no direito de concessão de águas.[35] Ademais, há competências exclusivas dos Estados-membros (por exemplo, a planificação regional e proteção da paisagem, proteção contra os ruídos).

O caráter espacial amplo dos problemas ambientais, entretanto, não depõe automaticamente contra o caráter espacial relativamente pequeno das áreas de competência dos Estados. Antes, estes também podem resolver regularmente seus problemas ambientais de espaço amplo no quadro de suas competências mediante a cooperação horizontal recíproca.[36] As características regionais dos problemas ambientais, todavia, melhor podem ser resolvidas através da recente criação de competências concorrentes.

---

[31] A respeito das razões disso cf. M. KLOEPFER, *DVBl.*, 1988, p. 305ss. (p. 308).

[32] Atente-se que a inclusão pela Reforma de 1994 do art. 20- A da Lei Fundamental, ainda assim, não se concretizou a existência de um dever ambiental individual geral (N. Trad.).

[33] A federação detém a competência legislativa concorrente – geralmente aproveitada ao máximo – (Art. 74) nas áreas do direito relativo à energia atômica (n° 11 a), do direito relativo à proteção da flora e da fauna (n° 20), do direito relativo a substâncias perigosas (n°s 11, 12, 17, 19, 20), do direito relativo ao lixo, à proteção contra ruído e à conservação da pureza do ar (n° 24), bem como a competência básica (art. 75) nas áreas da proteção à natureza e do paisagismo (n° 3), da organização do espaço e das reservas de água (n° 4).

[34] BGBl. I S. 2034

[35] Mais detalhadamente, Föderalismusreform und Umweltgesetzgebungskompetenzen, ZG 2006, 250ff.

[36] Cf. sobre isto, J. PIETZCKER, in: C. STARCK (Ed.), *Zusammenarbeit der Gliedstaaten im Bundesstaat*, p. 17ss. Todavia, não deveriam ser ignorados igualmente os perigos dos crescentes enredamentos no nível estadual.

*c) Modificação dos requisitos relativos à
democracia e ao Estado de direito?*

A ampliação da proteção estatal do meio ambiente sobretudo pela criação de novas normas ambientais gera graves problemas relativos à democracia e ao Estado de Direito.

Deve-se perguntar em especial se e em que medida o próprio legislador pode ou, levando em consideração a teoria da essencialidade,[37] até deve ele próprio prover as regulamentações técnicas detalhadas que necessariamente devem ser dispostas no âmbito das normas ambientais.

Mas mesmo quando é o próprio legislador que determina os padrões ambientais,[38] ele necessita, por ocasião de sua formulação, da especialização técnico-científica de que dispõem sobretudo as empresas que oneram o meio ambiente ou as corporações que defendem seus interesses. Todavia, a participação de empresas, que são potenciais destinatários das normas, na formulação dos padrões ambientais não deixa de ser problemática: como os interesses de empresas presumivelmente atingidas não devem ser igualados aos do conjunto da sociedade, uma cooperação empresarial de fato codeterminante da normatização dificilmente será apropriada para fortalecer a confiança de terceiros, para os quais as normas são igualmente obrigatórias, na legislação ambiental. Isso em todo caso será válido enquanto não se houver conferido, mediante regulamentações correspondentes, uma forma "mais transparente tanto ao procedimento que dá origem a tais padrões ambientais, quanto às respectivas filosofias de apreciação que os fundamentam".[39]

Ademais, é de se perguntar nesse contexto qual a forma em que a especialização técnico-científica pode ser incluída na construção das decisões judiciais.[40]

Uma área problemática adicional deve ser vista na dificuldade crescente de realização de decisões estatais com efeitos potencialmente onerosos ao meio ambiente.[41] A mediação de interesses colidentes na comunidade, exigida politicamente – dependendo das circunstâncias também constitucionalmente – do Estado, também pode levar, no caso individual, a uma limitação da proteção do meio ambiente ou a decisões favoráveis a empreendimentos com efeitos potencialmente onerosos ao meio ambiente. No entanto, tais decisões topam de modo crescente com a resistência (de parcelas) da população. As dificuldades de impo-

---

[37] Cf. sobre isso M. KLOEPFER, *JZ*, 1984, p. 685ss. com evidências adicionais.

[38] Sobre o conceito "padrão ambiental" cf., p. ex., M. KRUSCHE, *Umweltrecht: Neues Denken – neue Perspektiven*, Stuttgart, 1988, p. 42 com evidências adicionais.

[39] SRU [Sachverständigenrat für Umweltfragen] (Ed.), *Umweltgutachten 1987*, Stuttgart, 1988, item 113.

[40] Sobre os problemas de direito constitucional dos modelos dos "especialistas da corte judicial" v., p. ex., R. BREUER, *NVwZ*, 1988, p. 104ss. (aqui p. 105) = UTR *[Jahrbuch des Umwelt- und Technikrechts]*, n. 4, 1988, p. 91ss. (aqui p. 93s.).

[41] Cf., sobre isso, M. RONELLENFITSCH, Die Durchsetzung staatlicher Entscheidungen als Verfassungsproblem, in: B. BÖRNER (Ed.), *Umwelt, Verfassung, Verwaltung*, Baden-Baden, 1982, p. 13ss.

sição condicionadas por esse fato põem cada vez mais em xeque a decisão pela democracia representativa tomada na Constituição.

IV. Sobre a política de proteção do meio ambiente praticada até o momento

Se quisermos fazer uma apreciação do desenvolvimento da política para o meio ambiente e das consequências dela decorrentes para o desenvolvimento social, jurídico e econômico de nossa comunidade – especialmente tendo em vista os conjuntos de problemas que acabamos de apresentar –, temos de fazer em primeiro lugar um levantamento da política para o meio ambiente[42] seguida até o momento e fazer uma prospectiva sobre o desenvolvimento daqui por diante.

1. Análise da política para o meio ambiente praticada até o momento

A política para o meio ambiente praticada até o momento na República Federal da Alemanha desde 1971 é caracterizada por uma clara evolução e diferenciação do instrumental da política ambiental. Neste ponto, deve-se mencionar em especial a introdução do princípio da precaução (*Vorsorgeprinzips*), que, em comparação com a proteção do meio ambiente do passado, que (se orientava, em primeira linha, pela ordem legal e) principiava frequentemente no limiar do perigo, representa uma antecipação e, desse modo, pode constituir uma melhoria essencial para a proteção do meio ambiente. Paralelamente chama a atenção sobretudo que o instrumental da política ambiental entrementes comporta, ao lado do instrumental clássico de ordem legal, uma pluralidade de outras formas de ação (ação administrativa indicativa, condução da política de abastecimento, instrumentos econômicos, acordos e ação administrativa informal, planejamento estatal), a serem (ou que podem ser) aplicadas em conformidade com as metas correspondentes. Em 1º de janeiro de 2005, foi estabelecido um moderno mecanismo para cumprir com os fins de proteção do ambiente, o mercado de certificados de emissões de carbono com a TEHG (*Lei de Emissões de Gazes de Efeito Estufa*).[43]

A pluralidade das normatizações legais na proteção do meio ambiente levaram a uma regulamentação que cobre de maneira ampla todas as atividades relevantes para o meio ambiente. As mais recentes leis que devem ser mencionadas são as da proteção do solo e sobre as fontes de energia renováveis. Por essa razão, desde 1971 ocorreu, em termos gerais, uma evidente melhoria da situação do meio ambiente na República Federal da Alemanha. Não obstante, a condição atual do meio ambiente ainda não é satisfatória. Nem mesmo os defensores da política para o meio ambiente praticada até o momento ignoram isso. Eles, porém,

---

[42] Cf. por último, p. ex., R. DECKER, *Operation Umwelt*, Neuhausen-Stuttgart, 1988, p. 259ss.

[43] Treibhausgas-Emissionshandelsgesetz v. 8.7.2006, BGBl. I 1578.

justificam essa política para o meio ambiente com o argumento de que, no quadro do sistema axiológico e social vigente, só é possível promover plausivelmente uma "política realista para o meio ambiente".[44] Por essa razão, seria suficiente continuar a desenvolver – levando em conta os respectivos conhecimentos mais recentes – o instrumental de política e de direito ambiental, para poder realizar o que (a partir dessa perspectiva) ainda não foi alcançado.

2. Possíveis novos instrumentos

Os instrumentos que estão em discussão ou já sendo aplicados nesse contexto são especialmente os seguintes:

a) Codificação do direito ambiental num Código ambiental

A Agência Federal de Meio Ambiente (UBA[45]) recebe para examinar – em 1978 e 1986 – dois projetos de investigação [pesquisa] para a sistematização[46] e harmonização[47] do direito ambiental alemão. Posteriormente, em nome da UBA, foi elaborado o denominado Projeto dos Catedráticos (*Professorenentwürfe*), sob a minha presidência, para um Código Ambiental; o esboço da parte geral[48] foi elaborado durante os anos de 1988 a 1990, e o da parte especial[49] durante os anos de 1991 a 1993.[50] Em 1992, na conferência da Associação dos Juristas Alemães (*Deutsche Juristentag*[51]) dá-se a conhecer o Projeto do Código Ambiental.[52] De acordo com as propostas anteriores, o Ministro do Meio Ambiente Töpfer[53] reunido com a Comissão Independente de Especialistas (*Unabhängige Sachverständigen-kommission*) para a elaboração do Código

---

[44] Cf. G. HARTKOPF/E. BOHNE, *Umweltpolitik*, v. 1, Opladen, 1983, p. 63.

[45] UBA é abreviatura de Umweltbundesamt. Fundada em 1974, a Agência Federal para o Meio Ambiente revela-se como a autoridade central científico-ambiental, que sob a jurisdição do Ministério Federal do Meio Ambiente, Conservação da Natureza e Segurança Nuclear (BMU), é responsável por diversos temas relativos à proteção ambiental. Maiores informações sobre o órgão e suas publicações podem ser obtidos online em: http://www.umweltbundesamt.de/uba-info/leitbild.htm (N. Trad.).

[46] Kloepfer, Systematisierung des Umweltrechts, 1978.

[47] Kloepfer/Meßerschmidt, Innere Harmonisierung, 1986.

[48] Kloepfer/Rehbinder/Schmidt-Aßmann unter Mitwirkung von Kunig, Umweltgesetzbuch – Allgemeiner Teil, 1991.

[49] Jarass/Kloepfer/Kunig/Papier/Peine/Rehbinder/Salzwedel/Schmidt-Aßmann, Umweltgesetzbuch – Besonderer Teil, 1994.

[50] Este projeto que foi elaborado em duas partes, em momentos distintos, a geral e a especial, contou na primeira com os professores Kloepfer, Kunig, Rehbinder e Schmidt-Aβmann, como está em DVBl,1, 1991, pp. 339 e ss. (Zur Kodifikation des Allgemeinen Teils eines Umweltgesetzbuches); na segunda trabalharam os professores Kloepfe, Jarass, Kunig, Papier, Peine, Rehbinder, Salzwedel, Schmidt-Aβmann, como informa Kloepfer em Zur Kodifikation des Besonderen Teils eines Umweltgesetzbuches (UGB-BT), "DVBl". 6. 1994. pp. 305 y ss. (N. Trad.).

[51] A *Deutsche Juristentag* é uma associação de juristas alemães, fundada em 1860, congregando atualmente mais de oito mil associados, reúnem-se de dois em dois anos em jornadas científicas dedicadas a temas de alta relevância para o direito (N. Trad.).

[52] Verhandlungen des 59. DJT, 1992.

[53] Klaus Töpfer, então ministro do governo de Helmut Josef Michael Kohl (N. Trad.).

Ambiental (*Umweltgesetzbuch*), sob a presidência de Sendler,[54] ex-presidente do Tribunal Administrativo Federal, apresenta em 1998 o esboço do código para a Ministra do Meio Ambiente Merkel.[55][56]

Esta foi a fase de elaboração de um projeto ministerial com o objetivo de sistematizar a matéria jurídico-ambiental. Após a mudança de governo, a coalizão vermelho-verde[57] também acordou sobre a criação de um Código Ambiental. Em 1999, a Parte Geral do Código Ambiental (UGB I) se apresentava como uma solução parcial[58] para a aplicação das Diretivas IVU[59] e UVP II.[60] Este projeto tem estado sob a cobertura do BMI[61] e do BMJ,[62] tendo em conta as suas competências no âmbito da legislação de proteção da natureza e proteção das águas [recursos hídricos]. Embora os Estados federados não houvessem apelado em absoluto da matéria objeto da legislação federal, justificadamente reclamavam da competência concorrente, assim, o então gabinete do Governo Federal (Schröder/Fischer), em consequência, provisoriamente recolhe justificadamente o Projeto do Código Ambiental (UGB) de 1999, à Federação falta uma compreensiva codificação de toda a legislação de direito ambiental abrangente de todas as competências. Entrementes, já haviam Códigos Ambientais entre os vizinhos europeus. Com a modificação do governo em 2005, aprovado pela grande coalizão (Merkel/Müntefering), retomou-se o projeto, agora com o patrocínio da coalizão partidária e sob a guarda da reforma do federalismo, com as condições de competência para criar um código ambiental. As propostas compiladas pela reforma do federalismo formaram as bases do UGB, contudo foram modificadas, em uma ou outra perspectiva, após as objeções formuladas pelos Estados federados e por peritos e depois de uma audiência na Câmara Federal (*Bundestag*). Imediatamente, com a reforma do federalismo, aprovada pela Câmara Federal e pelo Senado Federal (*Bundesrat*) ficaram definitivamente fixadas as condições para a criação de um Código Ambiental. Consequentemente, o Ministério Federal do Ambiente que já

---

[54] Horst Sendler presidente do *Bundesverwaltungsgerichts* (BverwG) de 1980 até 1991 (N. Trad.).

[55] Angela Dorothea Merkel, atual Chanceler (*Bundeskanzlerin*) da Alemanha, foi Ministra do Meio Ambiente entre 1994 e 1998 (N. Trad.).

[56] Bundesministerium für Umwelt, Naturschutz und Reaktorsicherheit (Hrsg.), Umweltgesetzbuch (UGB-KomE), 1998.

[57] Trata-se da malograda coalizão entre (Schröder/Fischer); o Bündnis 90/Die Grünen (Os Verdes) que defendem posições ecológicas, e o SPD – Sozialdemokratische Partei Deutschlands (Os Vermelhos) que defendem posições de centro-esquerda e estão associados ao Partido Socialista Europeu (N. Trad.).

[58] Arbeitsentwurf des BMU (5.3.1998) für ein UGB I, abgedruckt in Rengeling (Hrsg.), Auf dem Weg zum Umweltgesetzbuch I, 1998.

[59] Directiva 96/61/CE de 24/09/1996 para a prevenção e controle integrado da poluição (*integrierte Vermeidung und Verminderung der Umweltverschnutzung* – IVU-Richtlinie; em inglês, Integrated Pollution Prevention and Control, IPPC – N. Trad.).

[60] Diretiva 87//337/EWG de 27/06/1995 para a Avaliação do Impacto Ambiental acordada para projetos públicos e privados, Anexo II (N. Trad.).

[61] BMI, Bundesministerium des Innern (Ministério Federal do Interior – N. Trad.).

[62] BMJ, Bundesministerium der Justiz (Ministérios Federal da Justiça – N. Trad.).

trabalhava desde a primavera de 2006 em um esboço do UGB, o vai apresentar para o início da legislatura de 2008.

No quadro da codificação do direito ambiental em um Código Ambiental (UGB) pode ser efetivada, entre outras coisas, a concretização legal do estabelecimento da meta estatal de proteção do meio ambiente. O principal objetivo continua a ser a harmonização interna do direito ambiental e garantir a aplicabilidade das disposições europeias. Ademais, também pode resultar dessa codificação uma melhoria na efetivação de normas ambientais, bem como um fortalecimento da consciência ambiental na população.[63]

b) Introdução de um teste de compatibilidade ambiental para projetos relevantes ao meio ambiente

A implantação – mais do que atrasada – da Diretriz de 27/6/1985 da União Europeia acerca do Teste de Compatibilidade Ambiental (*Umweltverträglichkeitsprüfung* – UVP[64]) para determinados projetos públicos e privados (85/337/EWG [Comunidade Econômica Européia]) na República Federal da Alemanha tem como objetivo perceber e avaliar precocemente e de modo abrangente para todos os recursos ambientais potenciais efeitos ambientais de um projeto planejado. A Directiva UVP foi aprovada, juntamente com alterações à Lei sobre Avaliação de Impacto Ambiental (UVPG) – embora tardiamente – implementada.[65]

Por essa razão, o UVP (*Umweltverträglichkeitsprüfung*) pode tornar-se um importante instrumento de prevenção ambiental. Na sua configuração jurídico-procedural, ele visa especialmente a obter para a autoridade responsável as necessárias informações sobre os efeitos de um projeto sobre o meio ambiente. O resultado da UVP (TCA) deve ser levado em conta na decisão sobre o projeto (eventualmente no contexto de uma estimativa). Por essa via, o UVP (TCA) é vinculado juridicamente à decisão sobre a autorização do projeto. O futuro dirá se disso resultará um peso material maior em favor dos interesses de proteção do meio ambiente.

---

[63] Infelizmente, no início da legislatura de 2009 o rompimento da coligação CDU, especialmente CSU e SPD (evidentemente por interesses partidários na ascensão ao Poder) levou ao fracasso da edição do projeto de Código Ambiental, apesar das intensas consultas entre os Ministérios Federais, os Estados federados e os grupos de interesses em causa – entre eles, a indústria e ONGs ambientalistas – não foi possível chegar a um consenso. O Ministério do Meio Ambiente alemão está agora a tentar transferir a regulamentação prevista nos Livros I-IV relativas à água, a proteção da natureza e proteção contra as radiações para leis gerais a serem editadas no curso do processo parlamentar. No início de Fevereiro de 2009, o Ministério já iniciou a coordenação interministerial sobre estas leis. Após a conclusão dessas medidas legislativas imediatas, a legislação ambiental deve continuar a ser desenvolvida com base em leis individuais para enfrentar os desafios atuais da proteção ambiental. No entanto, a ausência de um código ambiental como a base e enquadramento da legislação ambiental fará este trabalho mais difícil. (N. Trad.)

[64] Em inglês = *Environmental Compatibility Test*, em português *Teste de Compatibilidade Ambiental* –TCA (N.Trad.).

[65] Cf., Kloepfer, Umweltrecht, § 5, número de margem 328 e ss.

A UVPG foi concluída no verão de 2005 para a denominada avaliação ambiental estratégica complementar (*strategische Umweltprüfung ergänzt*). O teste de avaliação ambiental de projetos privados e públicos agora devem ser compatíveis com um Plano e/ou Programa (por exemplo, o plano de desenvolvimento espacial[66]).

c) Introdução da ação processual coletiva, melhoria do direito de vistas em autos (ambientais), bem como a ampliação da possibilidade de cooperação por parte dos cidadãos

Nesta área, há, no passado recente, os grandes impulsos definidos por lei europeia. A aplicação da Convenção de Aarhus,[67] sugerindo a Diretiva 2003/4/CE relativa ao acesso do público à informação ambiental,[68] prevê, no artigo 6º, a obrigação de aplicação de pré-contencioso para o acesso a informações em matéria ambiental. Também contribuiu para a implementação da Convenção de Aarhus a Diretiva 2003/35/CE sobre a participação do público e de organizações ambientalistas na elaboração de determinados planos e programas[69] de seus interesses – já há vários anos – em primeiro nível com recursos processuais aos Estados federados, e também em seguida com a Federação.

Todos esses instrumentos – por muito tempo extremamente controvertidos em seus detalhes – de uma participação mais intensa dos cidadãos no direito procedimental e processual (ambiental) constituem expressão de uma tendência cada vez mais forte de cooperação entre Estado e cidadãos na proteção do meio ambiente.

Todavia, a implantação jurídica dessas propostas levantou e levanta alguns problemas que dificultam a realização das mesmas. Sejam mencionados aqui especialmente os seguintes:

- a questão da legitimação de corporações formadas aleatoriamente para a proteção de certos bens ambientais;

- a problemática de contrabalançar os direitos de informação da população (decorrentes do princípio democrático) com os deveres do Estado, igualmente derivados da Constituição, de proteger dados relativos a pessoas ou segredos de negócios ou empresariais no direito de vistas aos autos, ou ao acesso as informações ambientais;[70]

- a questão, ligada a realização de uma participação mais intensa dos cidadãos, da equiparação entre os interesses decorrentes dos direitos de informação e participação abrangentes dos cidadãos e corporações de um lado e o interesse por um procedimento administrativo efetivo por outro.

---

[66] O exemplo é retirado do § 7 da Secção 2 da Lei do Ordenamento do Território (*Raumordnunsgesetz* –ROG) N. Trad.

[67] Convention on Access to Information, Public Participation in Decision-Making and Access to Justice in Environmental Matters v. 26.6.1998, ILM 38 (1999), 517 e ss.

[68] ABl EU 2004 L 41, S. 26.

[69] ABl EU 2003 L 156, S. 17.

[70] Cf., a respeito da proteção de segredos empresariais e de negócios no direito ambiental, R. BREUER, *NVwZ*, 1986, p. 171ss.; M. SCHRÖDER, *UPR [Umwelt- und Planungsrecht]*, 1985, p. 394ss.

*d) Incorporação dos custos ambientais no cálculo total da economia
nacional, inclusão dos interesses ecológicos na determinação
do balanço geral da economia*

Com isso, têm-se em vista as tentativas de inserir os interesses e custos ambientais em balanços sociais abrangentes.[71] A incorporação dos interesses ecológicos no conceito (entrementes jurídico) do balanço geral da economia teria de acontecer mediante a alteração da lei de estabilidade e crescimento; o quadrado mágico se transformaria no pentágono ainda mais mágico. Esse passo infelizmente quase irrealizável em termos teóricos tanto quanto práticos estaria comprometido com a visão de uma economia de mercado de matiz ecológico.

e) "Reforma tributária ecológica"

Durante algum tempo houve a reflexão sobre a criação de uma reforma fiscal ecológica. Neste ponto, seria instituído um imposto verde, por exemplo, um Imposto sobre Circulação de Mercadorias (– imposto sobre valor agregado) diferenciado segundo critérios ecológicos, um imposto territorial em impostos sobre recursos naturais e matérias-primas (especialmente num imposto sobre a energia [*Energiesteuern*]), assim como na taxação de embalagens, esgotos, lixo ou emissão de determinadas substâncias. Poder-se-ia juntar a isso também de uma ampliação dos tributos ambientais específicos, como aconteceu com o sobre o depósito de vasilhames, assim como encargos financeiros adicionais.

A edição da lei sobre a reforma tributária ecológica, 24/3/1999, iniciou-se a primeira etapa da chamada "reforma fiscal ecológica". Além de introduzir um imposto sobre a eletricidade, o imposto sobre os combustíveis aumenta. O princípio do "duplo dividendo", na sequência da lei, deve ser não só uma redução do impacto ambiental, mas também a redução dos prêmios securitários.[72] De um modo geral e fundamental, ainda que muito longe do ideal, uma reforma fiscal ecológica aparece neste momento na República Federal da Alemanha.

*f) Desenvolvimento do direito do planejamento ambiental no sentido de
um "plano diretor abrangente, específico para o meio ambiente"*[73]

A proposta de um plano diretor que abrange todos os recursos visa a eliminar as debilidades do instrumental de planejamento utilizado até o momento quanto ao aspecto da proteção do meio ambiente e, desse modo, fortalecer de modo geral o aspecto da prevenção.

---

[71] Cf., p. ex., as contribuições in: U.-P. REICH/C. STAHMER (Ed.), *Gesamtwirtschaftliche Wohlfahrtsmessung und Umweltqualität*, Frankfurt, 1983.

[72] Mais detalhes em Kloepfer, *Umweltrecht*, § 5 número de margem. 275 e ss.

[73] Cf. E. SCHMIDT-AßMANN, *BUG-E zum Umweltplanungsrecht*, MS [Manuscrito], 1988, inédito, Tese 4, p. 37.

Todas as ponderações mencionadas sob os itens (a) até (f) (também) servem para ampliar o instrumental estatal de proteção do meio ambiente com instrumentos diretivos eficazes para o conjunto da sociedade. Isso leva obrigatoriamente a um fortalecimento do poder regulador do Estado e visa, em última análise, a um direcionamento dos investimentos para a ecologia, especialmente em conexão com os instrumentos da monitoria fina [*Feinsteuerung*].

As problemáticas de ciência jurídica e econômica vinculadas com esse desenvolvimento carecem de um exame aprofundado.

g) Endurecimento do direito de responsabilidade ambiental (*Umwelthaftungsrechts*)

Pretende-se conseguir uma finalização mais rígida do Direito Civil em favor da proteção das bases naturais da vida mediante a ampliação e o endurecimento do direito de responsabilidade ambiental. Ainda que a forma definitiva do direito de responsabilidade ambiental ainda seja controvertida, já se pode afirmar que certo efeito preventivo que se espera da ampliação da responsabilidade ambiental trará em seu conjunto consequências positivas para a proteção do meio ambiente, sem que isso torne dispensáveis os instrumentos clássicos de ordem legal da proteção do meio ambiente. Todavia, a efetividade político-ambiental desse empreendimento depende de como serão solucionadas em última análise as questões ainda controvertidas (incorporação da empresa normal no âmbito da responsabilidade ambiental, inversão do ônus da prova em favor do prejudicado [*Beweislastumkehr zugunsten des Geschädigten*], direito a ressarcimento de despesas pelo Estado pela remoção de danos ecológicos).

Paralelamente a essas alterações e complementações, é possível reconhecer também evoluções decisivas do sistema até aqui vigente, caracterizado em primeira linha pela ordem legal.[74] Sendo que se pode constatar perfeitamente que se está retomando aí a crítica à política para o meio ambiente praticada até o momento e tentando integrar, nela, elementos de modelos alternativos de pensamento compatíveis com o sistema: exatamente isto perfaz o cerne da política para o meio ambiente dita "realista" pelos seus defensores.

A possibilidade de escolha dentre os instrumentos em discussão é limitada apenas pelos parâmetros constitucionais vigentes. Todavia é preciso advertir quanto a um estreitamento exagerado da liberdade de conformação legislativa – seja pela cláusula de igualdade seja sobretudo pela proibição da desproporcionalidade. Correspondentemente somente abusos evidentes da liberdade de conformação legislativa serão passíveis de apreensão jurídica.

---

[74] Cf. a exposição em R. BREUER, Grundprobleme des Umweltschutzes aus juristischer Sicht, in: E. M. WENZ/O. ISSING/H. HOFMANN, *Ökologie, Ökonomie und Jurisprudenz*, München, 1987, p. 21ss.

3. Crítica fundamental à política de proteção do meio ambiente praticada até o momento

Porém, – não obstante a ampla liberdade de conformação legislativa por parte do Estado, especialmente por parte do legislador – seriam suficientes meras correções e perenizações do direito vigente para assegurar uma efetiva proteção do meio ambiente ou de fato se fazem necessárias soluções que vão além disso? Para dar uma resposta a essa pergunta, devemos considerar a crítica daqueles que atribuem equivocação parcial ou até fracasso à política para o meio ambiente praticada até o momento. Quanto a isso, o ponto de partida de cada um dos críticos é extremamente diferenciado, o que leva a que as causas por eles alegadas para a equivocação ou o fracasso da política para o meio ambiente divergem claramente umas das outras.

a) Crítica socialista ao sistema

Uma crítica fundamental à política para o meio ambiente praticada até o momento tem seu ponto de apoio sobretudo no sistema econômico vigente e interpreta a crise ambiental como crise do sistema econômico capitalista. A crescente sobrecarga do ecossistema é, portanto, consequência do fato de os sujeitos econômicos adotarem um modo de agir orientado na maximização do lucro às custas inclusive e sobretudo das bases naturais da vida.[75] Por essa razão, uma política eficaz para o meio ambiente pressuporia uma modificação fundamental do sistema econômico (e social) vigente. Essa crítica socialista ao sistema ignora, porém, que o sistema marxista também se orienta fundamentalmente no crescimento.

b) A tese do fracasso do Estado

Um tipo de crítica um tanto diferente parte daqueles que acusam a política para o meio ambiente praticada até o momento de ter colocado metas demasiado tímidas. Também neste caso se faz uma crítica ao sistema, que consiste especialmente em acusar os políticos responsáveis pelo meio ambiente de não terem feito valer suficientemente o interesse por uma proteção eficaz do meio ambiente contra os interesses de grupos sociais mais influentes (indústria, sindicatos, motoristas, etc.).

Sendo assim, a política para o meio ambiente praticada até o momento teria se limitado sobretudo a combater os sintomas da sobrecarga do meio ambiente. Nesse âmbito a política para o meio ambiente praticada até o momento até teria sido perfeitamente exitosa. Todavia, esses êxitos estariam baseados essencialmente em deslocamentos de problemas e efeitos gratuitos em contraposição com

---

[75] Representativamente por muitos v. U. BRIEFS, *Blätter für deutsche und internationale Politik*, 1988, p. 684ss. (aqui p. 684s.); G. KADE, Ökonomische und gesellschaftliche Aspekte des Umweltschutzes, *Gewerkschaftliche Monatshefte*, 1971, p. 257ss.

indenizações que chegam à casa dos bilhões e fortes discrepâncias na relação "custo-benefício" decorrentes da negligência da prevenção.[76]

Em decorrência disso, uma política eficaz para o meio ambiente requereria uma maneira completamente nova de aquilatar o meio ambiente. Enquanto não lhe fosse atribuído um valor (ético-filosófico) próprio na consciência do povo em geral e do políticos, a política para o meio ambiente tampouco teria mais do que um valor secundário no conflito de interesses. A valorização do meio ambiente deveria se refletir na asseguração de direitos próprios à natureza, que teriam de ser considerados na ponderação dos interesses conflitantes [*Die Wertschätzung der Umwelt müsse sich in der Gewährung eigener Rechte der Natur widerspiegeln, die in der Abwägung widerstreitender Interessen zu berücksichtigen seien*]. Sem a renúncia, nisso implicada, à proteção antropocêntrica do meio ambiente em favor de uma proteção ecocêntrica do meio ambiente, não seria possível chegar a uma proteção eficaz do meio ambiente. Em vista disso, restaria, justamente numa democracia, a seguinte pergunta: o fracasso do Estado não é sempre também um fracasso da sociedade? Assim sendo, fica em aberto se o conceito "fracasso" (*Versagen*) de todas maneiras representa uma descrição acertada e justa do papel do Estado na proteção do meio ambiente.

c) A crítica nos termos da economia de mercado

Uma terceira corrente[77] vê a causa da proteção insuficiente do meio ambiente sobretudo na orientação demasiado forte da política para o meio ambiente em instrumentos de ordem legal. Uma proteção burocrática do meio ambiente que se apoia em primeira linha em instrumentos de ordem legal seria inefetiva ou muito cara – isto, em todo caso, fora do âmbito do afastamento de perigos agudos. Em vista disso, sugere-se que o caminho para chegar, de modo mais favorável à economia nacional e mais efetivo para o meio ambiente, a uma melhora da situação ambiental passaria pela retração das atividades estatais relativas ao meio ambiente e pelo fortalecimento concomitante dos instrumentos da economia de mercado para a proteção do meio ambiente. Para isso são propostos diversos instrumentos da economia de mercado que ainda deverão ser abordados individualmente. Neste

---

[76] M. JÄNICKE, *Staatsversagen*, 2. ed., München, 1987, p. 67ss.

[77] Sinteticamente H. BONUS, *Marktwirtschaftliche Konzepte im Umweltschutz*, Stuttgart, 1984; ID., Ökologie und Marktwirtschaft – Ein unüberwindbarer Gegensatz?, *Universitas*, 1986, p. 1121ss.; K. H. HANSMEYER, *ZfU*, 1988, p. 231ss.; cf. também K. R. KABELITZ, *Eigentumsrechte und Nutzungslizenzen als Instrumente einer ökonomisch rationalen Luftreinhaltepolitik*, München, 1984; tratam das questões jurídicas dos instrumentos da economia de mercado: A. BLANKENAGEL, Umweltzertifikate – Die rechtliche Problematik, in: E. M. WENZ / O. ISSING / H. HOFMANN (Eds.), *Ökologie, Ökonomie und Jurisprudenz*, München, 1987, p. 71ss.; R. BREUER, Grundprobleme des Umweltschutzes aus rechtlicher Sicht, in: *id., ibid.*, p. 21ss. (aqui p. 51ss.); H. G. HOFMANN, Rechtsprobleme marktwirtschaftlicher Modellösungen zur Reduzierung der Schadstoffemissionen, in: BAUMANN (Ed.), *Rechtsschutz für den Wald*, Heidelberg, 1986, p. 75ss.; P. KOHTE, Einführung ökonomischer Instrumente in die Luftreinhaltepolitik, *ZRP*, 1985, p. 145ss. Um projeto de lei se encontra em E. NIEßLEIN, Marktwirtschaftliche Instrumente – eine politische Vorgabe für das Umweltrecht, in: R. BREUER/M. KLOEPFER/P. MARBURGER/M. SCHRÖDER (Eds.), *Jahrbuch des Umwelt- und Technikrechts (UTR)*, n. 5, 1988, p. 71ss. (aqui p. 81ss.).

ponto já se deve advertir contra a falsa alternativa "ordem legal ou instrumentos da economia de mercado".

4. Síntese

Qualquer que seja a evolução que tomará o instrumental da política ambiental e do direito ambiental, uma coisa é certa: ela trará consequências para a estrutura tanto política quanto social da República Federal da Alemanha. Por essa razão, exporemos a seguir com mais detalhes os modelos de Estado que decorrem dos princípios de reflexão que acabamos de apresentar e abordaremos sucintamente as perguntas deles decorrentes.

V. Que aparência poderia ter o futuro Estado ecologicamente orientado?

As exposições a seguir querem ser entendidas em princípio como ensaio de análise prospectiva da situação que poderá resultar da evolução que já se delineia do direito vigente à luz do suposto desenvolvimento posterior do âmbito de regulação social em questão.[78] Pois somente a estimativa prospectiva de modelos futuros de Estado em vista de desenvolvimentos que restringem a liberdade ou modificam a estrutura do Estado pode assegurar uma proteção efetiva da Constituição contra possíveis desenvolvimentos equivocados nesse tocante.

Paralelamente a essas questões legais, deveremos examinar que modelo presumivelmente apresentará a melhor qualificação para assegurar proteção às bases naturais da vida. Por essa razão, no que segue, serão retomados alguns problemas e questionamentos a serem aprofundados no quadro do projeto "Estado ambiental", sendo que, neste ponto, a ênfase recairá antes sobre problemas jurídicos e da ciência econômica. Deveremos renunciar aqui a um prognóstico do desenvolvimento da situação ambiental, embora justamente este também marque decisivamente a pergunta pelo Estado ambiental.

1. Soluções globais

A dimensão global de muitos problemas ambientais faz supor que uma solução para a crise ambiental só poderá ser obtida por intermédio de uma estratégia global. Tal estratégia, porém, – assim se supõe – só poderá ser realizada por uma instituição central no plano mundial. Consequentemente, segundo essa concepção, uma política eficaz para o meio ambiente só pode ser levada a cabo por um governo mundial – qualquer que seja sua configuração – ou por formas multilaterais de organização.

---

[78] P. C. MAYER-TASCH, comentário in: A. ROßNAGEL, *Radioaktiver Zerfall der Grundrechte*, München, 1984, p. 241ss. (aqui p. 242).

a) Governo mundial

Por sua pretensão, o processo de tomada de decisão centralizado em um governo mundial visa facilitar a resolução de problemas ambientais globais. No entanto, a problemática de tais modelos de governo mundial consiste, por um lado, em sua possibilidade extremamente remota de realização (política) e, por outro, nos efeitos colaterais associados a essa realização, que devem ser considerados negativos.

No que diz respeito à probabilidade dos pressupostos da concretização de fato de um modelo de governo mundial, parece praticamente impensável que, dentro de um prazo previsível, o pensamento estatal individualista ou nacionalista possa ser fundamentalmente superado e uma base mundial comum de valores fundamentais, necessária à realização do modelo, possa ser criada; isso não exclui a aproximação internacional intensificada especialmente em certas regiões do mundo. Além disso, um governo mundial pressupõe um aparato burocrático de dimensões globais com estruturas decisórias tendencialmente autoritárias – por causa dos problemas de atribuição que forçosamente emergirão. De resto, são inquestionáveis as vantagens políticas de cunho geral da expressão descentralizada da vontade no plano mundial, expressão essa que foi ganhando corpo no decorrer da história.

Portanto, apesar da situação acima descrita, um executivo mundial centralizado não parece provável nem desejável. Por isso, no que segue, queremos partir do fato de que o sistema de Estados nacionais plurais vigente até aqui persistirá também no futuro.

b) Demais modelos

A rejeição do modelo do governo mundial não exclui qualquer possibilidade de uma solução multilateral, globalmente harmonizadora, dos problemas ambientais. Sob o impacto das ameaças crescentes ao ambiente natural e do reconhecimento de que determinadas problemáticas só poderão ser solucionadas pelo conjunto de todos os Estados, haverá, daqui por diante, mais do que até agora atividades ambientais concertadas internacionalmente. Deve ficar em aberto neste ponto se nesse contexto ocorrerão deslocamentos de competências dos Estados nacionais para organizações internacionais ou supranacionais e, em caso afirmativo, até que ponto isso é possível no quadro da Constituição em vigor na Alemanha.

Para o âmbito europeu, é importante examinar que efeitos as competências e autorizações de ação das Comunidades Europeias (agora expressamente reconhecidas pela Ata da União Europeia) sazonam na área do direito ambiental em vista das competências[79] nacionais e espaços de manobra dos Estados-Membros.

---

[79] Isto é problemático sobretudo também para os Estados alemães; cf., p. ex., D. DÖRR, *Die Europäischen Gemeinschaften und die deutschen Bundesländer*, NWVBl, 1988, p. 289ss.; M. SCHRÖDER, *Bundesstaatliche Erosionen im Prozeß der europäischen Integration*, *JöR N.F. [Jahrbuch des öffentlichen Rechts der Gegenwart, nova série]*, n. 35, 1986, p. 83ss.

Nesse tocante, devem ser mencionadas especialmente as restrições (ou os deslocamentos) na soberania decorrentes do reconhecimento da primazia fundamental do direito comunitário europeu (admissíveis no quadro do art. 24, inciso 1, da Constituição alemã e na forma respectivamente do art. 23 da Lei Fundamental) e as restrições – resultantes da Resolução "Enquanto-II" [*"Solange-II"-Beschluss*] do Supremo Tribunal Constitucional (E 73, 339) – na proteção (constitucionalmente ancorada) do direito fundamental em prol da proteção do direito fundamental baseada no direito judicial no interior das Comunidades Europeias. Todavia, de uma retração preponderante ou até total das competências dos Estados nacionais (na área da proteção do meio ambiente) ainda não se poderá partir num futuro previsível.

2. Soluções estatais individuais

Portanto, se são os Estados existentes (individualmente, em grupos ou em conjunto) que têm de resolver o problema ambiental, resta perguntar como deve se estruturar o Estado individualmente para se colocar à altura dessa tarefa. Em conexão com isso, parece proveitoso apresentar alguns modelos teóricos desenvolvidos nesse contexto ou em contextos afins. Sobre a base de tais modelos, será possível, então, ponderar melhor as chances e os riscos oferecidos por uma proteção do meio ambiente de cunho estatal reforçado (ou minorado em favor de atividades promovidas pela sociedade).

a) Modelos de Estado totalitários

Partindo da reflexão de que, em vista das crescentes sobrecargas impostas ao meio ambiente, no futuro não se poderá mais sustentar ecologicamente um crescimento continuado da produção, multiplicam-se, desde meados dos anos de 1970, as vozes predizendo que uma solução para o problema ambiental advirá antes de sistemas totalitários, sem que vejam isso com bons olhos. Porque, de acordo com essa visão, a "adaptação" dos seres humanos aos novos parâmetros, que se tornou necessária devido à parada no crescimento da produção, só poderá ser efetuada por um Estado forte, centralizado e organizado como economia planificada. Somente o Estado planificador e atribuidor dotado de competências abrangentes poderia funcionar como "instância de regulamentação" das múltiplas demandas.[80]

Desse modo, está no ar a visão de um Estado ambiental total [*totalen Umweltstaates*], isto é, uma espécie de "ecoditadura" (*Ökodiktatur*), algo que não é politicamente desejável nem coadunável com a Constituição em vigor, independentemente de se o Estado optará por impor o seu monopólio decisório mantendo

---

[80] Cf. sobre isso H. GRUHL, *Ein Planet wird geplündert*, Frankfurt, 1975, p. 306ss.; W. HARICH, *Kommunismus ohne Wachstum*, Reinbek, 1975, *passim*; R. L. HEILBRONER, *Die Zukunft der Menschheit*, Frankfurt, 1976, p. 99.

as relações de propriedade vigentes até o momento (razão pela qual essa forma de Estado pode ser chamada de "ecofascismo"[*Ökofaschismus*][81]) ou se o fará suspendendo o poder privado de dispor sobre bens relevantes ao meio ambiente (o que poderíamos chamar de "ecossocialismo" [*Ökosozialismus*][82] – totalitário). Por essa razão, uma transição para tal forma de Estado no território da República Federal da Alemanha é concebível apenas na hipótese de uma invalidação violenta (ecologicamente condicionada?) da ordem constitucional e, em consequência, será desconsiderada na análise a seguir – restrita a um desenvolvimento continuado no interior dos limites (formais) da Constituição.

b) Perda furtiva da liberdade?

Todavia, também para além de uma decisão genérica, no que se refere ao meio ambiente, em favor de um Estado totalitário, é de se esperar que a necessidade decorrente da crise ecológica de impor restrições à produção e ao consumo, assim como a necessidade de proceder a regulamentações dos demais comportamentos relevantes para o meio ambiente, serão alegadas como justificativa quase automática para as restrições à liberdade [*Freiheitseinschränkungen*] que invariavelmente devem ser esperadas.[83]

Pressupondo que Estado e sociedade possam se contrapor exitosamente a desenvolvimentos revolucionários – principalmente se não se chegar ao ponto de uma deterioração dramática da situação ambiental –, isso não significa que não poderiam se dar outras formas ou elementos formais mais dissimulados, mais furtivos, de "ecoditadura".

Seria de pensar, p. ex., num regime burocrático-tecnocrático de assim chamadas "elites ecológicas", que poderia encontrar sua legitimação na consciência ecológica das elites e na política ecologicamente orientada defendida por estas.[84] Desse modo se estabeleceria – com a manutenção, em primeiro plano, como fachada, das estruturas estatais constitucionalmente vigentes – uma ordem estatal – em todo caso parcialmente – autoritária, conduzida e organizada a partir de um centro. Também se pode conceber esse tipo de sistema ou ligado à manutenção formal da propriedade privada (ainda que sob obrigação) ou associado com a socialização dos bens relevantes ao meio ambiente.

---

[81] Cf. sobre esse conceito A. GORZ, *Ökologie und Politik*, Reinbek, 1972, p. 75ss. (aqui p. 86); V. RONGE, in: M. JÄNICKE, *Umweltpolitik*, Opladen, 1978, p. 213ss. (aqui p. 233ss.).

[82] Assim, entre outros, o controle do poder empresarial pela transformação de meios de produção em propriedade de comum e uma condução ecológica dos investimentos fazem parte dos fundamentos de uma política econômica eco-socialista – cf., p. ex., K.-J. SCHERER/F. VILMAR, *Ökosozialismus?*, 2. ed., Berlim, 1986, p. 104ss.

[83] Se o desenvolvimento indicado realmente se limitará a uma "possibilidade teórica" – como pensa D. MURSWIEK, *JZ*, 1988, p. 985ss. (aqui p. 985) – depende decisivamente de que suas possíveis causas sejam analisadas e precocemente combatidas – cf. também P. C. MAYER-TASCH, *Universitas*, 1986 1200ss. (aqui p. 1203s.).

[84] H. M. SCHÖNHERR, *Philosophie und Ökologie*, Essen, 1985, p. 81.

Tal desenvolvimento das democracias ocidentais, na esteira da destruição progressiva do meio ambiente e da necessidade crescente daí decorrente de regulamentação estatal do comportamento ambientalmente relevante, parece mais provável do que uma conversão revolucionária em ecoditadura totalitária. Não é necessário definir aqui o grau de probabilidade de tal mudança.

Os possíveis perigos de uma mudança gradativa da relevância das determinações constitucionais e, em especial, dos direitos fundamentais, pressionada por certas evoluções (irreversíveis), já foram apresentados em outro contexto (exploração da energia nuclear).[85] Algo similar pode valer também para a ampliação da proteção do meio ambiente visando a debelar uma crise ambiental que está se agravando. Justamente por essa razão e por causa do caráter furtivo (*schleichenden Charakters*) de tal transformação, esse modelo para o futuro com certeza representa o maior dos perigos para a ordem constitucional vigente. Em todo caso, a perda de liberdade (*Freiheitsverlust*) mediante muitos pequenos passos é algo muito mais realista do que uma "revolução ecoestatal" [*Ökostaatsumsturz*].

c) "Societarização"(*Vergesellschaftung*)[86] da proteção do meio ambiente como contramedida

Toda ditadura pressupõe uma "monopolização do poder do Estado".[87] Consequentemente a evolução descrita rumo a uma "ecoditadura" poderia ser prevenida – com a melhoria concomitante da situação ambiental – mediante a restrição ampla do papel do Estado na proteção do meio ambiente e a aposta nas forças da sociedade. Nesse tocante, pode-se identificar duas concepções totalmente divergentes, mais precisamente, o princípio da economia de mercado e um princípio mais alternativo:

O princípio da economia de mercado

Na bibliografia sobre o assunto, um dos grupos vê nos instrumentos da economia de mercado princípios eficazes para uma melhoria da qualidade ambiental.[88] De acordo com isso, não existe uma contradição fundamentalmente insuperável entre ecologia e economia de mercado, já que ambos consistiriam de complexos reguladores, cujos mecanismos estariam analogamente estruturados. Mediante a vinculação dos dois complexos seria possível realizar uma ecologia compatível com o mercado. A vinculação poderia ser produzida nos seguintes termos: os bens ambientais, que até agora foram explorados como bens livremente disponíveis, passariam a ser tratados como bens escassos. A monitoria [ou

---

[85] A. ROßNAGEL, *Radioaktiver Zerfall der Grundrechte*, München, 1984, *passim*, que, no entanto, argumenta de modo bastante unilateral.

[86] N. Trad. Optamos por utilizar o neologismo „societarização" e não socialização, pois a ideia está na predominância da sociedade (comunizada) sobre o estatal (comunizado).

[87] H. HELLER, *Rechtsstaat oder Diktatur*, Tübingen, 1930, *apud* E. HENNING, Diktatur, in: A. GÖRLITZ (Ed.), *Handlexikon zur Politikwissenschaft*, v. 1, Reinbek, 1973, p. 75.

[88] Cf. as comprovações na nota 43.

controle] seria feita, consequentemente, pela via do preço mediante a utilização de mecanismos simulados de mercado. Isso poderia ocorrer tanto através de uma fixação do preço, isto é, pela determinação (estatal) de um preço pela utilização do meio ambiente (solução pelo tributo), quanto através de uma fixação de quotas (efetuada pelo Estado), isto é, pela contingenciação de direitos de poluição ([*Kontingentierung von Verschmutzungsrechten*] *Zertifikatslösung* – solução pelo certificado), quanto através de formas que se situam entre essas "soluções angulares" (p. ex. através da "solução da taxação flexível", "liga de emissões [*Emissionsverbund*]"[89] ou "soluções compensatórias"). O papel (de qualquer modo importante) do Estado consistiria na determinação do preço ou das cotas fixados com base em decisões políticas.

Um exemplo corrente, a emissão possível de gases de "efeito estufa" desde 01/01/2005 foi medida mediante o comércio de licenças de emissão (ou seja, direitos de contaminação) com a edição da TEHG.[90]

Além disso, são discutidas possibilidades de inclusão dos interesses ambientais em processos decisórios de economia empresarial (contabilidade ecológica [*ökologische Buchhaltung*]).[91] Também desse modo – em caso de êxito – poderiam ser evitadas intervenções estatais nas rotinas empresariais e se poderia chegar a uma maior privatização da proteção do meio ambiente.

Cada uma das soluções apresentadas carece de um exame mais detalhado em vista de sua admissibilidade e conformação jurídica, sua praticabilidade e seus efeitos econômicos e político-ambientais. Não se deve ignorar que os instrumentos de proteção do Estado de direito e da Constituição até agora utilizados, em comparação com os instrumentos flexíveis, não pegam ou dificilmente pegam devido à voluntariedade jurídica do comportamento pretendido, e por serem relativamente impotentes em termos jurídicos frente às situações de pressão econômica.

O desmonte das intervenções diretas do Estado levanta a pergunta se e em que medida o direito privado poderá ser instrumentalizado futuramente (para além do endurecimento planejado do direito ambiental) visando a uma maior efetividade da proteção do meio ambiente.[92]

Em vista dos deveres de proteção constitucionais do Estado (*verfassungsrechtlichen Schutzpflichten des Staates*) acima descritos, porém, não é possível

---

[89] N. Trad. A "liga de emissões" é uma união oficialmente permitida de detentores de fontes de emissão de poluentes, com a finalidade de compensar a cota maior de emissões de um com a cota menor de outro, sendo que o somatório final deve ser menor do que a soma do total permitido a todos em caso de emissão individual. V. exemplo dessa regulamentação em n.ethz.ch/student/berthflo/download/umweltrecht/rechtteil8.doc. – Ademais, cf. Kloepfer, *Umweltrechts*, 2004, p. 115, 122, 263, 312.

[90] Cf. nota de pé de página n. 39 *retro*.

[91] Cf. R. MÜLLER-WENK, *Die ökologische Buchhaltung*, Frankfurt, 1978, *passim*.

[92] Sobre o papel do direito civil na proteção ambiental cf. especialmente P. MARBURGER, Ausbau des Individualschutzes gegen Umweltbelastungen als Aufgabe des bürgerlichen und des öffentlichen Rechts, Gutachten C zum 56. Deutschen Juristentag Berlin 1986, in: *Verhandlungen des 56. DJT*, v. 1, 1986, C 101ss.; M. KLOEPFER, *VerwArch [Das Verwaltungsarchiv]*, n. 76, 1985, p. 371 (379ss.).

uma substituição fundamental ou até completa da proteção estatal do meio ambiente por um instrumental não estatalmente sustentado (e responsabilizado). Em consequência disso, carece-se no mínimo de uma fixação das metas por parte do Estado.

Uma desestatização ampla da proteção do meio ambiente de modo algum seria unanimemente aplaudida; ela toparia, antes, com a resistência de amplas parcelas da sociedade. Bordões como "mercantilização do meio ambiente",[93] "privatização da natureza"[94] ou "capitalismo ecológico"[95] deixam claro que o princípio da economia de mercado está exposto a uma crítica fundamental, que certamente dificultaria a realização desse modelo. Mas também caso se insista no sistema de proteção estatal do meio ambiente, caracterizado em primeira linha pela ordem legal, resta a pergunta em que medida se pretende permitir a participação de forças "sociais" e – em caso afirmativo – que forma jurídica esta poderia assumir. Especialmente no âmbito da normatização técnica, mas também em outros âmbitos, ainda há muitas questões em aberto referentes à participação de promotores não estatais de proteção do meio ambiente.

O viés "alternativo"

Um caminho fundamentalmente diferente rumo à "societarização" (*Vergesellschaftung*[96]) da proteção do meio ambiente é proposto especialmente pelo assim chamado movimento "alternativo".[97] De acordo com ele, o Estado até deve, por um lado, continuar a impedir modos de produção danosos ao meio ambiente mediante proibições e taxações, mas por outro lado ele deve também promover, pela disponibilização de recursos financeiros, a construção de uma assim chamada economia cíclica [ou circular], de organização descentralizada, autogerida e compatível com o meio ambiente. Com as exigências de descentralização (espacial tanto quanto setorial) e autogestão se associa a suposição de que um sistema composto de unidades mínimas, devido a sua grande flexibilidade e maior facilidade de monitoramento, seria mais facilmente adaptável às exigências ecológicas do que no caso do atual sistema econômico.

Consequentemente, quanto mais próximo se estiver das metas propostas, tanto mais ficará reduzida a importância do Estado na proteção do meio ambiente. Assim sendo, a "concepção alternativa" aposta em primeira linha no comportamento consciente do meio ambiente e compatível com ele por parte dos cidadãos. Isto, porém, pressupõe – bem mais do que nos demais modelos – que tenha ocorrido na população uma correspondente mudança de valores (isto é,

---

[93] B. M. MALUNAT, *NuR*, 1984, p. 1ss.
[94] K. KRUSEWITZ, *Blätter für deutsche und internationale Politik*, 1983, p. 1083ss.
[95] U. BRIEFS, *Blätter für deutsche und internationale Politik*, 1988, p. 684ss.
[96] Cf. N. Trad. p. 32 *retro*, justificando o neologismo.
[97] Cf. sobre isso, p. ex., C. AMERY, *Natur als Politik*, Reinbek, 1980, *passim*; U. BRIEFS, *Blätter für deutsche und internationale Politik*, 1988, p. 684ss.

uma certa renúncia ao conforto em prol de um melhoramento da qualidade de vida não material).

Desregulamentação, etc.

A assim chamada discussão sobre a desregulamentação possui certos paralelos no nível das conclusões com as propostas apresentadas, e isto (também) no âmbito da proteção do meio ambiente, embora ela em princípio tenha pontos de partida teóricos diferentes, não "alternativos". Mais do ponto de vista liberal da economia de mercado é travado já há bastante tempo um debate em torno da limitação do poder regulador do Estado em prol de uma maior autodeterminação social. Esse debate é conhecido de um público mais amplo também pelas palavras-chave – não coincidentes – "desregulamentação", "desjuridicização", "desburocratização", "desestatização" ou "privatização de tarefas públicas" (*Privatisierung öffentlicher Aufgaben*). Todavia, tais concepções sempre levantam a pergunta em que medida elas podem ser coadunadas com os deveres de proteção constitucionalmente prescritos, acima apresentados.[98]

d) O Estado ambiental "cooperativo"

Um princípio adicional poderia ser designado com o conceito do "Estado ambiental cooperativo" (*kooperativen Umweltstaates*), sendo que o conceito "cooperação" é utilizado em vários sentidos: em primeiro lugar, esse conceito recebe o significado tradicional circunscrito pelo princípio cooperativo de política ambiental. De acordo com isso, o princípio da cooperação consiste – em termos genéricos – em seu cerne na colaboração entre Estado e sociedade na proteção ao meio ambiente e especialmente na participação das forças sociais na formação da vontade político-ambiental e no processo decisório. A inclusão de particulares reforça, inicialmente, a consciência de responsabilidade das forças sociais pela proteção ao meio ambiente e se presta ademais à limitação do poder do Estado, o que diminui o risco de eliminação (parcial) das estruturas democráticas e dos direitos individuais à liberdade. Caso uma cooperação nos termos da delimitação acima descrita de tarefas estatais e sociais seja possível, ela, no entanto, cumpre o seu propósito essencialmente apenas quando os aportes da colaboração fundados no princípio da cooperação realmente repousarem na voluntariedade. Em razão disso, eles são passíveis de ordenação legal apenas de modo bastante condicionado. Quando muito se pode disponibilizar quadros de referência legais. Em consequência disso, desde o princípio apenas aspectos parciais do princípio de cooperação podem ficar evidentes nas regulamentações legais.

Para além disso, é objeto de reflexão se um "Estado ambiental cooperativo" não deveria também basear-se numa cooperação entre ser humano e na-

---

[98] Manifestam-se criticamente em relação a uma desestatização da desincumbência de tarefas formulada em termos fundamentais (o "Estado mínimo" conforme R. NOZICK, *Anarchie, Staat, Utopia*, München, s/d. *passim*), p. ex., C. BOHR, *Liberalismus und Minimalismus*, Heidelberg, 1985, p. 117ss.; E. DENNINGER, *KJ*, 1988, p. 1ss.

tureza. Esse princípio, inspirado na filosofia da natureza, que, de início, parece terminologicamente um tanto estranho, quer superar a orientação até agora predominantemente antropocêntrica da proteção do meio ambiente e, por essa razão, conceder à natureza uma condição jurídica própria,[99] que teria de ser levada em conta na exploração da natureza, que também no futuro inevitavelmente teria de prosseguir. As consequências associadas a isso, como, por exemplo, a conformação jurídica da "comunhão legal com a natureza"[100] fundamentada nesses termos, teriam de ser examinadas – também em vista de sua compatibilidade com o princípio (em primeira linha) antropocêntrico da Constituição. Entretanto, realistas parecem ser neste ponto – caso isso seja possível – antes as construções fiduciárias. Mas talvez esse princípio nem seja juridicamente realizável.

Ademais o Estado ambiental poderia se referir especialmente à cooperação no nível estadual e, desse modo, tematizar a colaboração entre as corporações locais com a finalidade de chegar a uma proteção melhorada do meio ambiente.

O quarto estágio deveria ser vislumbrado então na cooperação internacional já mencionada acima, que pode ser instrumentalizada mais fortemente visando a solucionar os problemas que os Estados nacionais não conseguem resolver.

A combinação dos significados acima referidos de cooperação na proteção do meio ambiente poderia levar a uma liga – em primeira linha relevante para a política ambiental – entre ser humano, Estado e natureza que ultrapassa as fronteiras estaduais. Ainda teria de ser discutido com mais profundidade se nessa liga se poderia vislumbrar um modelo realista para um futuro Estado ambiental.

VI. Perspectiva

As exposições precedentes mostram que a evolução para um Estado ambiental já está em andamento na República Federal da Alemanha e também em outras regiões. Tudo indica que ela não levará à introdução de um dos modelos apresentados em sua "forma pura" nos modernos Estados industriais do Ocidente. Pois trata-se de modelos teóricos, cuja realização prática levaria a relativizações. É de se esperar, antes, a imposição de uma forma mista entre administração estatal do meio ambiente e mecanismos de compensação próprios do direito privado.

O modo como os pesos serão distribuídos em cada caso dependerá sobretudo de se a crise ambiental (global tanto quanto regional) poderá ser dominada e, em caso afirmativo, com que rapidez isso será feito. Pois é de se duvidar que, no caso de um agravamento (dramático) da crise ambiental, o sistema político e

---

[99] Do ponto de vista ético-filosófico: H. LENK, *AZP [Allgemeine Zeitschrift für Philosophie]*, n. 3, 1983, p. 1ss.; H. M. SCHÖNHERR, *Universitas*, 1986, p. 687ss.; do ponto de vista da teoria do direito: H. v. LERSNER, *NVwZ*, 1988, p. 988ss.; G. STUTZIN, *Rechtstheorie II*, 1980, p. 344ss.; representando uma "concepção ecológica do direito": K. BOSSELMANN, *KJ*, 1986, p. 1ss. O que parece problemático nessa concepção é sobretudo a questão do fiduciário; cf. sobre isso E. GASSNER, *Treuhandklage zugunsten von Natur und Landschaft*, Berlim, 1984, *passim*; a respeito de um "direito ambiental coletivo", v. S. LANGER, *NuR*, 1986, p. 270ss.

[100] K. M. MEYER-ABICH, *Wege zum Frieden mit der Natur*, München, 1984, p. 162ss.

jurídico estará em condições de restringir, nas condições que se instaurarão, as medidas necessárias à preservação das bases naturais da vida a tal ponto que o nível de liberdade alcançado possa ser mantido. Assim sendo, a proteção do meio ambiente deve ser concebida também como proteção da Constituição liberal vigente.[101-102]

Isso levanta a pergunta fundamental pela tarefa da ciência jurídica na solução da crise ambiental e, desse modo, na manutenção das liberdades individuais e dos princípios estruturadores do Estado. Não é aceitável que a ciência jurídica apenas acompanhe o desenvolvimento por assim dizer como "retaguarda do progresso social" (*Nachhut des gesellschaftlichen Fortschritts*)[103] e procure evitar o pior. Ao contrário, – justamente por causa do perigo da perda furtiva da liberdade em consequência de assim chamadas compulsoriedades na política para o meio ambiente – esse desenvolvimento deve ser precoce e conjuntamente moldado, para que as verdades individuais e os princípios estruturadores do Estado possam ser eficazmente protegidos.

Nesse tocante, porém, não se deve confiar unicamente na eficácia das restrições jurídicas. É importante que desenvolvimentos negativos a serem esperados sejam submetidos em tempo à discussão do conjunto da sociedade, para que se possa travar um debate público acerca do caminho certo na proteção do meio ambiente. Exige-se sobretudo das ciências econômicas, mas também de outras ciências sociais, que investiguem novos instrumentos, incluindo em especial a sua efetividade e aceitabilidade.

As exigências ao direito ou à ciência jurídica, mas também ao sistema político e econômico aumentarão no futuro. A avaliação de desenvolvimentos futuros, necessária como base para a discussão pelo conjunto da sociedade, nunca fez parte do núcleo da atividade jurídica. Contudo, quanto mais os problemas reais desfraldam efeitos de longo prazo, tanto mais as estratégias de solução de problemas lançam seus efeitos para o futuro. Porém, estratégias de longo prazo necessitam precocemente de uma apreciação jurídica abrangente, especialmente quando põem em marcha desenvolvimentos irreversíveis ou que só com dificuldade podem ser revertidos.

Isso vale – como foi mostrado – também para a proteção das bases naturais da vida. Pois se está demandando uma política para o meio ambiente (projetada para o longo prazo), cujo instrumental atue de modo eficiente, isto é, imediato e duradouro, sem entrar em conflito com os valores fundamentais da Constituição. O desenvolvimento desse instrumental exige da ciência jurídica, assim como das ciências econômicas e sociais, e também das ciências naturais ou das disciplinas técnicas, um diálogo interdisciplinar mais intenso do que o praticado até o

---

[101] Cf. também P. C. MAYER-TASCH, *Universitas*, 1986, p. 1200ss. (aqui p. 1203s.).

[102] N. Trad., aqui também no sentido emancipatório.

[103] H. v. LERSNER, Rechtliche Instrumente der Umweltpolitik, in: M. JÄNICKE/ U. E. SIMONIS/G. WEIGMANN, *Wissen für die Umwelt*, Berlim, 1985, p. 196ss. (aqui p. 197).

momento, visando ao aprimoramento da análise prospectiva dos efeitos futuros aqui apenas indicada. Caso contrário, aumentarão as dúvidas sobre se a sociedade moderna é capaz de preparar-se, no quadro do Estado de direito e com os recursos do direito, para as situações ecológicas que oferecem perigo.[104] Uma proteção do meio ambiente não juridicamente determinada, todavia, aumentaria o risco de decisões arbitrárias em atividades relativas ao meio ambiente e, no final das contas, destruiria o sistema político da democracia libertária do Estado de direito. É preciso impedir essa evolução, porque a qualidade da vida não é determinada apenas por um meio ambiente digno, mas também por um sistema político humano.

---

[104] Cf. sobre isso N. LUHMANN, *Ökologische Kommunikation*, Opladen, 1986, p. 124ss.

— 3 —

Direitos Humanos, Meio Ambiente e Sustentabilidade

KLAUS BOSSELMANN
Professor de Direito Ambiental na Universidade de Auckland, Nova Zelândia

Sumário: Introdução; O reconhecimento internacional de direitos humanos ambientais; Dano ambiental e direitos humanos; Direitos ambientais procedimentais; Ameaças a direitos humanos; O direito humano a um meio ambiente saudável; O quadro atual; A ética da sustentabilidade e os direitos humanos; A abordagem ecológica dos direitos humanos; A dimensão social dos direitos humanos; A dimensão ecológica dos direitos humanos; O debate constitucional alemão desde 1985; A abordagem ecológica dos direitos humanos na Carta da Terra.

Introdução

Faz algum tempo que o pensamento a respeito dos direitos humanos vem reagindo às preocupações com a sustentabilidade. O desenvolvimento mais proeminente neste sentido foi o reconhecimento crescente da existência de um direito humano específico a um meio ambiente limpo e saudável. Outros desdobramentos contemplam a importância crescente do direito à vida e ao bem-estar físico em casos de poluição local ou, mais recentemente, processos judiciais amplamente disseminados referentes à mudança climática[1] em que os direitos individuais e os coletivos (de povos indígenas, p. ex.) desempenham um papel central.

A interdependência entre direitos humanos e proteção ambiental tem sido crescentemente reconhecida no direito internacional e nacional. Entretanto, fundamentalmente cada área continua seguindo o caminho de seu próprio regime jurídico. A legislação dos direitos humanos se preocupa com a proteção do bem-estar individual; a legislação ambiental se preocupa com a proteção do bem-estar

---
[1] Veja, por exemplo, Smith, J.; Shearman, D. *Climate Change Litigation*. Adelaide: Presidian Legal Publications, 2006.

coletivo. No presente, há pouca penetração entre ambos os regimes, embora isso possa mudar com o passar do tempo.

A partir de uma perspectiva ecológica, a separação da legislação sobre direitos humanos da legislação ambiental não é, em si, um problema. O que importa efetivamente, contudo, é a racionalidade em que cada uma se baseia. Que forma ou paradigma de racionalidade está em pauta quando pensamos nos direitos humanos (ou no ambiente, respectivamente)?[2] Os paradigmas de racionalidade aproximam sistemas de valores. Os sistemas de valores se referem à importância relativa atribuída a valores concorrentes. Se, por exemplo, o bem-estar humano é considerado superior ao bem-estar ambiental, as colisões serão resolvidas de uma maneira que favoreça as necessidades humanas (em todo o seu espectro) em detrimento das necessidades ambientais. Em consequência, o grau em que a superioridade presumida for usada irá determinar o grau de proteção ambiental. E se essa superioridade se manifestar em direitos irrestritos à propriedade, ao crescimento econômico e a um utilitarismo sem medidas, então está claro que o meio ambiente irá sofrer.

Uma racionalidade econômica dos direitos humanos favorece valores individuais e materiais em detrimento dos valores coletivos e imateriais. Uma racionalidade ecológica dos direitos humanos, por outro lado, não necessariamente inverteria essa ordem, mas questionaria seu utilitarismo subjacente. A racionalidade econômica assume a posição greco-cristã de que tudo na terra se destina ao uso exclusivo da Humanidade.[3] Demandas por um valor intrínseco da natureza tendem a ser desconsideradas por irracionais e não quantificáveis.[4] Até o presente, os direitos humanos não representaram um desafio para a racionalidade econômica. Suas titularidades individuais são compatíveis com o individualismo e o materialismo. De modo semelhante, a delineação do direito ambiental não tem sido inconsistente com a racionalidade econômica. Ao fim e ao cabo, a relação entre os direitos humanos e o meio ambiente é determinada por sua racionalidade prevalecente, e não exatamente por raciocínio jurídico.

Este texto aborda o desenvolvimento dos direitos humanos ambientais[5] em termos de seu reconhecimento jurídico e das filosofias a eles subjacentes. Como veremos, surgiram dois desdobramentos diferentes, um seguindo a racionalidade tradicional de proteção das liberdades individuais, e o outro seguindo a nova racionalidade de proteção do meio ambiente. Embora esses dois desdobramentos venham se influenciando mutuamente, suas racionalidades subjacentes têm sido apenas parcialmente complementares.

---

[2] Veja Hancock, J. *Environmental Human Rights*. Aldershot: Ashgate, 2003, p. 15-33.

[3] Ibid., p. 22.

[4] Gowdy, J. *Coevolutionary Economics:* The Economy, Society and the Environment. Boston: Kluwer, 1999; Bosselmann, K. *When Two Worlds Collide:* Society and Ecology. Auckland: RSVP, 1995.

[5] Este termo é entendido aqui como designação genérica dos direitos humanos com uma dimensão ambiental, seja em função do conteúdo ou do contexto.

Até certo ponto, a preocupação com a proteção dos direitos humanos e a preocupação com a proteção do meio ambiente se reforçam reciprocamente. Tanto os direitos humanos quanto a legislação ambiental são necessários para proporcionar melhores condições de vida para os seres humanos. De outra parte, entretanto, a proteção dos direitos individuais tem caminhado de encontro à proteção ambiental. Os direitos de propriedade, em particular, não têm sido conducentes a alcançar a sustentabilidade ecológica. A importância abrangente da sustentabilidade exige uma abordagem mais coerente, fundamentalmente um regime globalizante e unificador dos direitos e obrigações humanos. Como seria tal regime e que progresso efetivo já foi feito são a preocupação principal deste texto.

Ao abordar o desenvolvimento internacional dos direitos humanos ambientais, precisamos considerar primeiramente dois aspectos metodológicos. Um aspecto diz respeito aos diferentes níveis do direito internacional, do direito nacional e do direito supranacional (União Europeia). Cada um desses níveis segue sua própria abordagem dos direitos humanos, e no nível nacional encontramos toda uma variedade de tradições jurídicas que expressam conceitos bastante diferentes de direitos humanos.[6] Mas há também certos elementos comuns, particularmente no tocante a questões ambientais. O caráter global das questões ambientais torna possível o reconhecimento de uma certa semelhança das reações em termos de direitos humanos. Isso permite um inventário significativo dos direitos ambientais contemporâneos.

O outro aspecto diz respeito às várias formas através das quais os direitos humanos são aplicados ao meio ambiente. Eles podem ser usados para combater indiretamente a degradação ambiental (ameaça a direitos humanos existentes), podem ser usados para processos mais eficazes de tomada de decisões ambientais (direitos humanos procedimentais) e podem ser usados para fazer cumprir mais diretamente a proteção ambiental (direito humano a um meio ambiente saudável). Enquanto cada uma dessas abordagens enfatiza direitos subjetivos e titularidades de direitos, uma quarta abordagem enfatiza as responsabilidades humanas. Neste caso, perguntamos como os deveres para com o meio ambiente podem ser melhor formulados para proteger e preservar a sustentabilidade ecológica.

A partir de uma perspectiva centrada na sustentabilidade, os direitos precisam ser complementados por obrigações. A mera defesa de direitos ambientais não alteraria o conceito antropocêntrico de direitos humanos. Se, por exemplo, os direitos de propriedade continuarem sendo compreendidos de maneira isolada e separada das limitações ecológicas, eles irão reforçar o antropocentrismo e incentivar um comportamento abusivo. Precisamos considerar, então, uma teoria dos direitos humanos que esteja baseada numa ética não antropocêntrica. As abordagens ecológicas dos direitos humanos não são, com efeito, apenas teóricas. Elas

---

[6] Patricia Birnie and Alan Boyle, International Law an the Environment, 2nd ed. (Oxford University Press 2002).

informaram debates constitucionais e documentos internacionais, como veremos depois.

O objetivo geral deste texto é mostrar a influência drástica que o princípio da sustentabilidade está tendo sobre os direitos humanos e nosso pensamento sobre liberdade individual, propriedade e as inter-relações entre direitos e responsabilidades.

O reconhecimento internacional de direitos humanos ambientais

Como indicado, o regime internacional para a proteção dos direitos humanos se desenvolveu de modo diferente da proteção do meio ambiente. O primeiro surgiu do reconhecimento das liberdades fundamentais após a 2ª Guerra Mundial, particularmente da Declaração Universal dos Direitos Humanos de 1948. A segunda surgiu do reconhecimento da existência de uma crise ambiental global, particularmente da Conferência sobre o Meio Ambiente Humano realizada em Estocolmo em 1972. Ao longo dos últimos 30 anos, os dois regimes se influenciaram em grau crescente, mas é importante lembrar a função básica dos direitos humanos no contexto do direito internacional.

Com a adoção da Declaração Universal dos Direitos Humanos de 1948 os Estados restringiram, pela primeira vez em sua história, seus próprios poderes soberanos. Com a adoção posterior dos Pactos Internacionais dos Direitos Econômicos, Sociais e Culturais e dos Direitos Civis e Políticos, em 1966, os Estados reconheceram a existência de restrições à sua governança interna.[7] Com efeito, isso limitou a soberania do Estado. Nenhum Estado pode se eximir da obrigação fundamental de proteger a vida e dignidade de um indivíduo. Isso não pode ser percebido meramente como uma autorrestrição voluntária dos Estados, mas como consequência da natureza dos direitos humanos. Eles estão enraizados no direito natural, refletindo princípios universais de moralidade.[8]

Na medida em que os direitos humanos refletem uma regra de necessidade básica, o mesmo poderia ser dito a respeito do meio ambiente. Teóricos do direito ambiental designaram muitas vezes a proteção ambiental como uma questão de necessidade básica,[9] assemelhando-se ao pensamento baseado no direito natural.[10] Kiss e Shelton, por exemplo, explicam os fundamentos teóricos do direito ambiental internacional como um conglomerado de considerações religiosas, filosóficas e científicas, bem como econômicas e sociais, exigindo uma abordagem

---

[7] Steiner; Alston (eds.). *International Human Rights in Context*. Oxford: Clarendon, 1996, p. 148; Sloane, Robert D. Outrelativizing Relativism: A Liberal Defense of the Universality of International Human Rights. *Vand. J. Transnat'l L.*, v. 34, p. 527ss., à p. 532.

[8] Sloane, supra nota 7, p. 542-543.

[9] Coyle, Sean; Morrow, Karen. *Philosophical Foundations of Environmental Law*. Oxford: Hart Publishing, 2004; Brooks, Richard; Jones, Ross; Virginia, Ross. *Law and Ecology*. Aldershot: Ashgate, 2002.

[10] Veja, em geral, Bosselmann, 1995, p. 231-237.

verdadeiramente interdisciplinar e integrada.[11] Embora o direito ambiental não pudesse ser derivado de uma "lei da natureza" objetiva, sua própria existência reflete uma concepção comum de que o meio ambiente é indispensável. Neste sentido, a proteção da vida e dignidade humana e a proteção do meio ambiente seguem a mesma preocupação básica com a vida.

É claro que a assimilação ética e jurídica dessa preocupação básica mostra-se, ainda, pouco desenvolvida. Em termos jurídicos, os seres humanos valem muito mais do que o meio ambiente como objeto de proteção. Ainda não há uma concepção compartilhada em comum de que o bem-estar humano depende do bem-estar de todo o mundo vivo. Por isso, não surpreende que o desenvolvimento dos direitos humanos ambientais desde a década de 1980 tenha sido dominado pelo antropocentrismo tradicional.

Não obstante essa dominância, é significativo que, no plano internacional, tanto os direitos humanos quanto o direito ambiental tenham sua origem não no direito dos tratados, mas em conferências internacionais e documentos de *soft law*. Já que seus assuntos respectivos estão enraizados mais em preocupações fundamentais da humanidade do que em interesses negociados dos Estados, eles têm em comum um certo grau de partidarismo[12] que não se ajusta com facilidade à soberania do Estado. A maioria dos comentadores é de opinião que o direito dos direitos humanos e o direito ambiental contestam a ortodoxia do direito internacional, ao invés de se harmonizar com ela. Assim, a proeminência de abordagens do direito não vinculativo ou do *soft law* é típica de ambos e também característica do novo terreno que eles prepararam em conjunto, qual seja, dos direitos humanos ambientais.

Dano ambiental e direitos humanos

Sempre que ocorre um dano ambiental, o gozo dos direitos humanos está potencialmente em perigo. Uma situação padrão é, por conseguinte, a exposição de indivíduos à poluição do ar, a água contaminada ou as substâncias químicas poluentes. Neste caso, a abordagem dos direitos humanos é "francamente antropocêntrica",[13] mas pode afetar um amplo espectro de direitos humanos reconhecidos. O argumento básico é que o meio ambiente não deve se deteriorar a tal ponto que o direito à vida, o direito à saúde e ao bem-estar, o direito à família e à vida privada, o direito à propriedade e outros direitos humanos fiquem gravemente comprometidos. Nas palavras do juiz Weeramantry, do Tribunal Internacional de Justiça:

---

[11] Kiss, A.; Shelton, D. *International Environmental Law*. Ardsley, New York: Transnational Publishers, 2000, p. 27.
[12] N.T.: no original *partisanship*, não possuindo cunho político, mas significando devoção a determinadas convicções.
[13] Kiss; Shelton, 2000, p. 143.

> A proteção do meio ambiente é [...] uma parte vital da doutrina contemporânea dos direitos humanos, pois ela é uma *sine qua non* para numerosos direitos humanos, como, por exemplo, o direito à saúde e o próprio direito à vida. Não há muita necessidade de aprofundar isto, já que o dano causado ao meio ambiente pode comprometer e minar todos os direitos humanos de que falam a Declaração Universal e outros instrumentos de direitos humanos.[14]

A partir dessa observação, parece bastante óbvio considerar condições ambientais sadias como parte do direito à vida. Na medida em que esse direito protege contra riscos graves à vida humana, a fonte de tais riscos deveria ser indiferente. Neste sentido, há uma ligação óbvia entre a saúde ambiental e a saúde humana, e o direito internacional dos direitos humanos teve pouca dificuldade para derivar direitos ambientais de direitos humanos já existentes, como o direito à vida, ao bem-estar, à vida privada ou à propriedade.[15] O que é importante, porém, é a dinâmica subjacente a essa constatação. Assim que os elos de ligação entre a saúde ambiental e a saúde humana são percebidos, distinguir as duas torna-se um problema. As perspectivas ecológicas tendem a enfatizar as conexões entre degradação ambiental e violações dos direitos humanos. As perspectivas centradas nos direitos humanos, por outro lado, tendem a manter as diferenças entre elas, não por se negarem a enfrentar os problemas ambientais, mas por razões jurídicas. Por que isso é assim?

Como veremos na seguinte exposição de casos envolvendo os direitos humanos, muitas vezes não há um limiar razoável entre danos ao meio ambiente que sejam considerados uma mera perturbação em termos de direitos humanos, os danos que ultrapassam o limiar da violação de direitos humanos e outros danos que causem ameaças em grande escala à vida e à dignidade humana, e, no entanto, não causem violações de direitos humanos.

Parece evidente que um desastre como uma explosão de gás metano num lixão municipal situado nas proximidades viola direitos à vida, à privacidade ou à propriedade.[16] Menos evidentes, porém, são casos em que o impacto não é tão imediato e individualizado, e sim de longo prazo e em grande escala, afetando populações inteiras. O exemplo principal é o aquecimento global. Normalmente, a mudança climática é percebida como uma ameaça para a saúde ambiental, para a saúde humana e para a propriedade, mas só em grau menor como ameaça para a dignidade e os direitos humanos. Processos judiciais relacionados à mudança climática estão acontecendo em muitos países e é razoável esperar que muitos mais venham a ocorrer nos anos vindouros.[17] Entretanto, as dificuldades para ser bem-sucedido são frequentemente insuperáveis.

Além de estabelecer o nexo causal, há problemas em encontrar a dimensão certa e a forma certa da ação. Buscar indenização por um dano causado pelo aque-

---

[14] Veja o Projeto Gabcikovo-Nagymaros, I. L. M., v. 37, p. 206, cit. ap. ibid.

[15] Birnie; Boyle, 2. ed., 2002, p. 252.

[16] Oneryildiz v. Turkey, 48939 [2004] CEDR 657 (30 nov. 2004).

[17] Veja, por exemplo, Smith, J.; Sherman, D. *Climate Change Litigation*. Adelaide: Presidian Legal Publications, 2006.

cimento global talvez seja possível, por exemplo, no caso de indenização pela perda de casas e gado em decorrência de enchentes. Mas casos de responsabilização civil são raros, pois os processos judiciais são usados, com mais frequência, para prevenir ou reduzir um aquecimento global mais acentuado. Esses processos são movidos contra empresas, autoridades públicas, governos ou Estados, mas, em sua maior parte, seu sucesso reside em seu valor simbólico, pois se focam na atenção pública e podem ter êxito na medida em que influenciem políticas governamentais ou corporativas. Entretanto, o cerne individualista dos direitos humanos não conduz a essa espécie de processo. Mesmo onde grupos ambientalistas e outros que defendem interesses públicos sustentam que há violações de direitos de populações inteiras, o critério jurídico é o direito individual à vida ou à propriedade. Isso fomenta uma lógica reducionista, quase absurda: quanto maior é o número de pessoas ameaçadas, tanto menos prováveis são as violações de direitos humanos. Isso indica a existência de um abismo dramático entre a moralidade e a legalidade da mudança climática, sendo a questão a ser discutida a melhor forma de eliminar o abismo.

Uma possibilidade é insistir na superioridade da moralidade. O argumento consiste em que os direitos humanos refletem fundamentalmente a dignidade e a vida humana como valores supremos da civilização moderna. Portanto, não seria aceitável rejeitar a proteção de direitos humanos por causa de seu caráter individual. Ameaças gigantescas à dignidade e à vida humana terão de ser consideradas violações de direitos humanos individuais.[18]

O argumento contra esse ponto de vista é que ele subestima o poder dos direitos positivados. Eles não são um reflexo direto, mas um reflexo ideologicamente filtrado da moralidade. Histórica e sistematicamente, os direitos humanos surgiram do liberalismo político que favorece a proteção da liberdade individual sobre a proteção de grupos ou populações inteiras. Esse "conceito reduzido de liberdade"[19] significa que os direitos humanos só protegem a posição jurídica individualizada em relativo isolamento das condições sociais e ecológicas. Esse isolamento nunca foi completo e muitas ações judiciais voltadas à proteção dos direitos ambientais mostram que bens coletivos podem ser protegidos através dos direitos humanos. Mas há limites. Se a liberdade individual for considerada ameaçada por interesses coletivos – por mais urgentes que sejam –, ela irá prevalecer. Um exemplo corriqueiro é a predominância de direitos individuais à propriedade sobre responsabilidades sociais e ecológicas. Para eliminar o descompasso entre a moralidade e a legalidade dos direitos, os próprios direitos humanos precisam ser redefinidos.[20]

---

[18] Brown, Don. The Case for Understanding Inadequate National Responses to Climate Change and Human Rights Violations. In: Westra, L.; Bosselmann, K.; Westra, R. (eds.). *Reconciling Human Existence and Ecological Integrity*. London: Earthscan, 2008.

[19] Bosselmann, 1995, p. 226.

[20] Taylor, P. Ecological Integrity and Human Rights. In: Westra, L.; Bosselmann, K.; Westra, R. (eds.). *Reconciling Human Existence and Ecological Integrity*. London: Earthscan, 2008.

Para testar a validade desses dois argumentos, vamos examinar mais de perto o desenvolvimento dos direitos ambientais.[21] Meu argumento é que os direitos humanos ambientais têm um papel a desempenhar, e de fato algumas de suas qualidades são cruciais para melhorar a proteção ambiental, mas eles também são limitados em seu foco e podem ser contraproducentes para a sustentabilidade ecológica. Com esse intuito, necessita-se de uma definição dos direitos humanos sob uma perspectiva ecológica.

Como mencionado acima, há três categorias diferentes de direitos ambientais, a saber, ameaças a direitos humanos já existentes, direitos humanos procedimentais e um direito humano a um meio ambiente saudável.

Direitos ambientais procedimentais

Desses direitos, os procedimentais são os menos problemáticos. Sendo essencialmente democrática e participativa, essa espécie de direitos visa à transparência, prestação de contas e participação na tomada de decisões. Na medida em que prevêem o engajamento público na tomada de decisões ambientais, eles parecem fortalecer as preocupações com a sustentabilidade ecológica. Entretanto, certas limitações precisam ser destacadas.

Há uma longa história da exigência de direitos ambientais de natureza procedimental. O Princípio 23 da Carta Mundial pela Natureza de 1980, por exemplo, afirma que "todas as pessoas devem ter, em consonância com sua legislação nacional, a oportunidade de participar, individualmente ou junto com outras, da formulação de decisões que afetem diretamente seu meio ambiente e devem ter acesso a meios para obter compensação quando seu meio ambiente sofreu dano ou degradação".[22] O Princípio 13 da Carta da Terra exige "fortalecer as instituições democráticas em todos os níveis e proporcionar transparência e prestação de contas na governança, participação inclusiva na tomada de decisões e acesso à justiça".[23] A Agenda 21 reconheceu que "um dos pré-requisitos fundamentais para atingir o desenvolvimento sustentável é a ampla participação pública na tomada de decisões".[24] E o Princípio 10 da Declaração do Rio de Janeiro sobre Meio Ambiente e Desenvolvimento articula aspectos específicos dos direitos ambientais de caráter procedimental.

O instrumento internacional mais avançado é a *Convenção sobre Acesso à Informação, Participação Pública na Tomada de Decisões e Acesso à Justiça*

---

[21] Para um relato recente, veja também Collins, L. Are We There Yet? The Right to Environment in International and European Law. *McGill International Journal of Sustainable Development Law & Policy*, v. 3, p. 119ss., 2007.

[22] Carta Mundial da Natureza, Res. da Assemb. Geral 37/7, ONU Registro Oficial da Assembleia Geral, 37ª. Sessão., Suplemento. núm. 51, preâmbulo, § 3(a), 17, U.N. Doc. A/37/51 (1982), 18.

[23] Online: http://www.earthcharter.org

[24] Agenda 21, § 23.2.

em *Questões Ambientais*, a "Convenção de Aarhus", de 2001.[25] Como convenção regional, iniciada pela Comissão Econômica das Nações Unidas para a Europa, inicialmente ela se restringia a Estados europeus; entretanto, no final de 2007, ela havia sido assinada e ratificada por 40 países, primordialmente da Europa e Ásia Central, e pela União Europeia. Embora seu escopo ainda seja regional, a importância da Convenção de Aarhus é global[26] e ela representa o mais primoroso tratado do Princípio 10 da Declaração do Rio de Janeiro. Como sugere seu título, a Convenção está estruturada em torno de três temas amplos: acesso à informação, participação pública e acesso à justiça. Entretanto, ela também contém uma série de características gerais e importantes. Entre elas está o Princípio 1, que menciona o "direito de toda pessoa das gerações presentes e futuras de viver num meio ambiente adequado para sua saúde e seu bem-estar", como objetivo geral. A questão, no contexto aqui investigado, é até que ponto esse objetivo pode ser efetivamente atingido através da Convenção.

O Princípio 9 ("Acesso à justiça") prevê o acesso a um procedimento revisional diante de um tribunal para "contestar a legalidade substantiva e procedimental" (§ 2) de decisões ambientais. A própria UE introduziu legislação para ativar o acesso público a informações ambientais[27] e a participação pública na elaboração de certos planos e programas.[28] Há também uma proposta de Diretiva sobre o Acesso à Justiça em Questões Ambientais.[29] A legislação da UE foi implementada na maioria dos Estados-Membro, mas há problemas com o alcance efetivo do controle judicial.

A Alemanha, por exemplo, tem uma ampla legislação sobre o acesso à justiça que permite a grupos ambientalistas e outros que representam interesses públicos buscarem a revisão judicial. Quando, recentemente, o *Grupo de Trabalho das Partes da Convenção de Aarhus* revisou o processo de implementação, ele identificou uma série de deficiências e elaborou um "Plano Estratégico de Longo Prazo".[30] Nesse ínterim, ficou claro que os grupos ambientalistas dificilmente conseguiriam obter uma revisão judicial de questões ambientais. No caso da Alemanha, uma revisão do processo de implementação nacional mostrou que as ONGs só conseguiam sustentar violações de direitos procedimentais e individuais. Com efeito, isso excluía quaisquer questões ambientais como "lençol freático, proteção da natureza ou outros campos de proteção ambiental que são regidos no interesse comum e não

---

[25] Veja http://www.unece.org/env/eia/convratif.html.

[26] A Convenção está aberta para a adesão de países não europeus, sujeita à aprovação da Reunião das Partes.

[27] Diretiva 2003/4/Conselho Ambiental Europeu sobre Acesso Público à Informação Ambiental.

[28] Diretiva 2003/35/CAE Garantindo Participação Pública em Respeito ao Delineamento de Determinados Planos e Programas relacionados ao Ambiente.

[29] COM/2003/0624 final – COD 2003/0246.

[30] www.unece.org/env/documents/2007/pp/ece_mp_pp_wg_1_2007_L_12_e.pdf

também no interesse privado".[31] Isso significa que só se lidava com a sustentabilidade ecológica na medida em que direitos individuais eram afetados.

A separação implícita ou explícita de interesses públicos e direitos individuais (privados) sustenta todos os regimes atuais de governança ambiental. Tradicionalmente, as ONGs não são percebidas como representantes de interesses ambientais, mas de interesses públicos. Ambos sobrepõem-se apenas parcialmente, e já que só se podem fazer valer interesses públicos quando se busca acesso à informação e tomada de decisões, qualquer revisão judicial subsequente está limitada a violações de direitos procedimentais (de ONGs) ou direitos ambientais individuais (saúde, propriedade). Os direitos a um ambiente saudável e à sustentabilidade ecológica encontram-se num limbo normativo.

Se a implementação da Convenção de Aarhus é um indicativo dos direitos procedimentais de caráter ambiental de modo geral, então as expectativas de uma proteção ambiental eficaz precisam ser acauteladas. Os direitos procedimentais são direitos democráticos e importantes como tais. Entretanto, eles constituem apenas um pré-requisito para uma melhor tomada de decisões ambientais e não salvaguardam, por conta própria, a sustentabilidade ecológica.

Ameaças a direitos humanos

Desde que a Declaração de Estocolmo de 1972 estabeleceu uma ligação entre a degradação ambiental e o gozo dos direitos humanos, a dimensão ambiental dos direitos humanos é reconhecida no direito internacional e em muitas jurisdições nacionais. Embora não haja um reconhecimento consistente, com padrões uniformes, é comumente aceito hoje em dia que um dano ambiental pode causar uma violação dos direitos humanos.[32]

Vários tribunais de direitos humanos evidenciaram que o fato de autoridades públicas deixarem de proteger cidadãos de um dano ambiental pode levantar questões relativas à proteção dos direitos humanos. O Comitê de Direitos Humanos da ONU, por exemplo, sustentou que o armazenamento de resíduos nucleares na comunidade pode causar uma ameaça aos direitos individuais à vida.[33] Em outro caso, a Comissão Interamericana de Direitos Humanos constatou que o governo brasileiro violou os direitos dos indígenas Yanomami à vida, liberdade e segurança pessoal por ter deixado de impedir que danos ambientais graves fossem causados por empresas de mineração.[34] Estes e outros processos sugerem

---

[31] Grupo de Trabalho das Partes da Convenção de Aarhus (2007), Compilação de Respostas à Minuta de Plano Estratégico, p. 15 (Christian Schrader). Disponível em http://www.unece.org/env/pp/LTSP/Compilation_public_comments_2007_06_01.pdf.

[32] Veja a afirmação de Weeramantry reproduzida acima.

[33] *EHP v. Canada*. Comunicação número 67/1980. In: United Nations. 2 Selected Decisions of the Human Rights Committee under the Optional Protocol, 20, U.N. Doc. CCPR/C/OP/2 (1990).

[34] *Yanomami Indians v. Brazil*. Corte Inter-americana de Direitos Humanos 7615, OEA/Ser. L.V/II/66 doc. 10 rev. 1 (1985).

uma aceitação geral de que danos ambientais podem causar violações de direitos humanos de populações inteiras.

Entretanto, há limitações. No processo *Ominayak v. Canada*,[35] o líder do Grupo do Lago Lubicon dos Índios Cree de Alberta sustentou que a terra do grupo tinha sido expropriada e destruída por causa da exploração de petróleo e gás. Ele alegou que o governo do Canadá tinha violado o direito do grupo à autodeterminação e o direito de dispor livremente de suas riquezas e recursos naturais e de não ser privado de seus próprios meios de subsistência, contrariando os Artigos 1 e 3 do Pacto Internacional dos Direitos Civis, Culturais e Políticos de 1966. Para os Cree, a preservação do meio ambiente é fundacional para sua cultura e constitui parte integrante de sua autodeterminação. O Canadá argumentou que o Pacto não poderia ser invocado porque tratava de direitos individuais, mas o Comitê decidiu que podia examinar o caso sob outros artigos do Pacto, incluindo o Artigo 27. O Comitê afirmou que "[...] os direitos protegidos pelo Artigo 27 incluíam os direitos das pessoas de, em comunidade com outras, se envolver em atividades econômicas e sociais que fazem parte da cultura da comunidade à qual pertencem".[36] Contudo, ele separou esses direitos de preocupações subjacentes ao direito à soberania sobre recursos naturais. Rejeitou o argumento dos Cree de que a ecologia da terra era direito deles, e não os direitos de propriedade e exploração. Num parecer separado, o Sr. Ando discordou da constatação da violação do Artigo 27 dizendo o seguinte: "Não é impossível que uma certa cultura esteja estreitamente ligada a um modo de vida particular e a exploração industrial de recursos naturais afete o modo de vida do grupo [...]".[37] Esta ação judicial, juntamente com outras, ilustra a dificuldade de enquadrar o contexto cultural-ambiental das pessoas em seus direitos humanos individuais. Há tensões entre o meio ambiente como preocupação coletiva e a proteção dos direitos humanos.

Como os povos indígenas são os primeiros a sofrer com a degradação ambiental, sua importância é comparável à de "delatores",[38] como observa Bradford Morse.[39] Ele também salienta que os povos indígenas são mestres de um viver sustentável, detentores de direitos singulares, incluindo a proteção ambiental, e militantes importantes em prol da mudança social. Em seu recente levantamento de processos internacionais e nacionais, Morse encontrou indícios de um maior reconhecimento dos direitos indígenas. Entretanto, o uso das ferramentas

---

[35] *Omniayak and the Lubicon Lake Band v. Canada*. Comitê de Direitos Humanos da ONU, comunicação número 167 (1984), relatado em 3 International Environmental Law Review, Human Rights and Environment (Cairo A. R. Robb et al. [ed.]), p. 27.

[36] *Omniayak and the Lubicon Lake Band v. Canada*. Comitê de Direitos Humanos da ONU, comunicação número 167 (1984), relatado em 3 International Environmental Law Review, Human Rights and Environment (Cairo A. R. Robb et al. [ed.]), p. 59, § 32.2

[37] Ibid., p. 60 (parecer separado do Sr. Ando).

[38]* N.T.: no original temos a expressão *canaries*, uma gíria para *dedo duro, informante, etc.*

[39] Morse, B. Indigenous Rights as a Mechanism to Promote Environmental Sustainability. In: Westra, L.; Bosselmann, K.; Westra, R. (eds.). *Reconciling Human Existence and Ecological Integrity*. London: Earthscan, 2008.

jurídicas disponíveis tem suas limitações. Elas podem aumentar a sensibilidade ambiental, mas em si mesmas não levarão à tão necessária valorização da sustentabilidade ecológica.

O Tribunal Europeu de Direitos Humanos reconheceu, numa série de processos, o impacto que danos ambientais podem ter sobre direitos protegidos sob a Convenção Europeia de Direitos Humanos. Em *Onerylidz v. Turkey*,[40] os requerentes citaram o direito à vida (Artigo 2), o direito à vida privada e familiar (Artigo 8) e o direito ao gozo pacífico de posses (Artigo 1 do Protocolo nº 1), que teriam sido violados em consequência de uma explosão de gás metano num lixão municipal próximo. O tribunal concordou em grande parte e sustentou que o Artigo 2 impõe "uma obrigação positiva aos Estados no sentido de tomar medidas apropriadas para salvaguardar as vidas das pessoas que estão dentro de sua jurisdição".[41] Essa obrigação "acarreta, sobretudo, um dever primordial por parte do Estado de implantar um marco legislativo e administrativo destinado a oferecer uma dissuasão eficaz contra ameaças ao direito à vida [...]".[42]

Potencialmente, esse tipo de raciocínio poderia incluir uma obrigação coercitível do Estado, baseada em direitos, de proteger o meio ambiente. A jurisprudência neste sentido, entretanto, tem ficado restrita a formas graves de poluição ambiental que tenham um impacto direto sobre direitos de indivíduos. Em *Taskin and Others v. Turkey*,[43] por exemplo, o Tribunal decidiu que "o Artigo 8 se aplica à poluição ambiental grave que possa afetar o bem-estar dos indivíduos e impedi-los de desfrutar seus lares de tal maneira que afete adversamente sua vida privada e familiar [...]".[44] Até agora, não há indicação de que se vá além e se afirme um dever geral de proteger o meio ambiente a fim de satisfazer a proteção dos direitos humanos. Há uma interpretação restritiva sugerida quando consideramos violação a direitos humanos somente os efeitos ambientais imediatos sobre saúde e bem-estar humanos. A degradação ambiental só é relevante e coercitível na medida em que cause uma violação direta e grave de direitos de indivíduos.

Infelizmente, a crise ambiental "silenciosa" que se origina em acontecimentos singulares e locais à parte, mas se espalha para regiões, ecossistemas e, em última análise, para o planeta inteiro não está sendo enfrentada através dos direitos humanos existentes. No que diz respeito aos direitos humanos, a "tragédia dos comuns" é que a maioria das formas de degradação ambiental são perfeitamente legais. Individualmente, os direitos humanos, tais como o de propriedade, representam direitos ao uso do meio ambiente. Coletivamente, o exercício dos direitos

---

[40] 48939/99 [2004] CEDH 657 (30 nov. 2004).

[41] Ibid., § 71.

[42] 48939/99 [2004] CEDH 657 (30 nov. 2004), § 89-90.

[43] *Taskin and Others v. Turkey*, 46117/99 [2004] CEDH 621 (10 nov. 2004), § 113, citando *López Ostra v. Spain*, julgamento de 9 dez. 1994, Series A no. 303-C, § 51.

[44] *Taskin and Others v. Turkey*, 46117/99 [2004] CEDH 621 (10 nov. 2004), § 113, citando *López Ostra v. Spain*, julgamento de 9 dez. 1994, Series A no. 303-C, § 51. Veja também *Powell and Rayner v. United Kingdom*, 172 CEDH (ser. A), (1990); *Arrondelle v. United Kingdom*, App. No. 7889/77, 5 Repr. Eur. de D.H. 118, 119 (1982) (Comissão Eur. de D.H.) (acordo amigável).

acarreta degradação ambiental sistemática e em grande escala. Esse fenômeno está sendo pouco enfrentado mediante a dependência em direitos humanos existentes.

O direito humano a um meio ambiente saudável

Uma consequência lógica dessa fraqueza é a postulação de um novo direito humano. Um direito humano específico a um meio ambiente saudável foi formulado pela primeira vez no Princípio 1 da Declaração de Estocolmo de 1972: "O ser humano tem o direito fundamental a liberdade, igualdade e condições de vida adequadas, num meio ambiente de uma qualidade tal que permita uma vida de dignidade e bem-estar, e tem uma responsabilidade solene de proteger e melhorar o meio ambiente para as gerações presentes e as futuras". Nota-se a vinculação do novo direito a uma nova responsabilidade "solene". O nexo que Estocolmo estabeleceu entre o direito a, e a responsabilidade por, o meio ambiente provavelmente refletia o clima político da época. A experiência de uma iminente e ameaçadora crise ambiental era recente nas mentes do público e dos representantes na conferência, levando a uma declaração de direitos e responsabilidades na forma de um pacto.[45]

Desde Estocolmo, o direito humano a um meio ambiente saudável vem sendo reconhecido em numerosos documentos de *soft law* e instrumentos jurídicos, bem como em constituições nacionais e decisões judiciais internas de países. Em contraposição a isso, a responsabilidade pela proteção e melhoria do meio ambiente não foi considerada relevante para esse novo direito humano ou qualquer direito humano já existente. O conceito liberal de direitos humanos não é conducente à aceitação de responsabilidades legais, deixando ao direito ambiental a tarefa de tratar delas. Atualmente, existem leis ambientais em muitos países, e, embora códigos ambientais gerais,[46] contemplando diferentes formas de impacto humano sobre o meio ambiente ainda sejam raros, as leis ambientais aumentaram sua abrangência ao longo do tempo e continuam fazendo-o.[47] O problema pendente é o isolamento do direito ambiental de seu contexto jurídico e ético mais amplo. O direito, de modo geral, ainda gira em torno da propriedade[48] e não existe

---

[45] A Declaração contém responsabilidades referentes à conservação de recursos naturais (Princípios 2 a 7), aspectos específicos sobre a implementação da proteção ambiental (Princípios 8 a 25) e os fundamentos para o desenvolvimento ulterior do direito internacional (Princípios 21 a 26). Junto com o abrangente "Plano de Ações para o Meio Ambiente Humano", a Declaração teve uma importância imensa para o desenvolvimento e a evolução do direito ambiental. Veja Kiss; Shelton, 2000, p.60-64.

[46] P. ex., a Lei Nacional de Proteção Ambiental dos EUA ou a Lei de Gestão de Recursos da Nova Zelândia.

[47] De maneira geral, enquanto que as leis, na maioria dos países da Organização para a Cooperação e Desenvolvimento Econômico (OCDE), vem abrangendo satisfatoriamente o uso da terra, a qualidade da água e do ar, resíduos, produtos químicos e aspectos referentes aos animais e plantas selvagens, outras áreas, como a fertilidade do solo, biodiversidade, clima, fontes renováveis de energia, estão menos presentes na legislação, para não falar das ligações entre atividades sociais e econômicas e a integridade ecológica.

[48] Bosselmann, 1995, p. 51-62.

nenhum conceito fundamental de responsabilidade ambiental. Não há atualmente um marco geral para solucionar valores e objetivos conflitantes.

Na ausência de um referencial jurídico coerente, as responsabilidades ambientais, mesmo onde existem no direito, não podem ser sopesadas contra os direitos de usar o meio ambiente. A questão, portanto, é se um direito humano a um meio ambiente saudável faria uma diferença e elevaria consideravelmente o nível de proteção ambiental.

Nos 15 anos transcorridos entre a Conferência de Estocolmo e a publicação do Relatório Brundtland em 1987, não houve um progresso significativo rumo a um direito humano ao meio ambiente. O próprio Relatório Brundtland não estabeleceu uma conexão entre a nova ideia do desenvolvimento sustentável e o tal direito. Entretanto, ele foi mencionado na Proposta de Princípios Jurídicos para a Proteção Ambiental e o Desenvolvimento Sustentável que acompanhou o Relatório.[49]

Em contraposição ao Princípio 1 da Declaração de Estocolmo, o Princípio 1 da Declaração do Rio de 1992 afirma que "os seres humanos estão no centro das preocupações com o desenvolvimento sustentável. Eles têm direito a uma vida sadia e produtiva em harmonia com a natureza". Não obstante a existência de uma Resolução da ONU de 1990 em favor do direito humano ao meio ambiente,[50] a Declaração do Rio evitou usar uma linguagem inequívoca. O Princípio 1 da Declaração do Rio foi aceito sem reservas em diversas conferências subsequentes da ONU.[51]

O mais abrangente relatório da ONU foi redigido em 1994 por Fatma Ksentini, a relatora especial sobre Direitos Humanos e Meio Ambiente. O relatório[52] destaca a relação recíproca existente entre direitos e deveres no tocante ao meio ambiente. Ele também sustenta que um direito humano ao meio ambiente, embora importante em si mesmo, não deveria ser concebido como substituto de um dever de proteger o meio ambiente. Como apêndice ao relatório, a Minuta de Declaração de Princípios sobre os Direitos Humanos e o Meio Ambiente, de 1994, reflete essa dualidade. O Princípio 2 afirma que "todas as pessoas têm o direito a um meio ambiente seguro, sadio e ecologicamente íntegro" e o categoriza especificamente como direito humano. O Princípio 21 diz que "todas as pessoas, individualmente e em associação com outras, têm um dever de proteger e preservar o meio ambiente".

---

[49] Grupo Especializado em Direito Ambiental da Comissão Mundial sobre Ambiente e Desenvolvimento. *Environmental Protection and Sustainable Development:* Legal Principles and Recommendations, 14, Martinus Nijhoff, 1988.

[50] Nações Unidas. 45a. Sessão, Assembleia Geral, Resolução 45/94 Documento A/RES/45/94, *Need to Ensure a Healthy Environment for the Well-Being of Individuals*, 1990.

[51] A Conferência da ONU sobre População e Desenvolvimento de 1994, a Cúpula Mundial para o Desenvolvimento Social de 1995, a Segunda Conferência da ONU sobre Assentamentos Humanos e a Cúpula Hemisférica da OEA sobre Desenvolvimento Sustentável de 1997, cit. ap. Lee, J. The Underlying Legal Theory to Support a Well-Defined Human Right to a Healthy Environment as a Principle of Customary International Law, *Colum. J. Env. L.*, v. 25, p. 283ss., 2000.

[52] *Review of Further Developments in Fields with Which the Sub-Commission Has Been Concerned, Human Rights and the Environment:* Relatório Final preparado pela Sra. Fatma Zohra Ksentini, Relatora Especial, Registro Oficial do Conselho Econômico e Social da ONU, Comissão de Direitos Humanos, Subcomissão de Prevenção de Discriminação e Proteção de Minorias, ONU Doc. E/CN.4/Sub.2/1994/9, 1994.

Baseando-se no Relatório Ksentini, a Declaração de Biscaia de 1999 reconhece, no Artigo 1, que "todo o mundo tem o direito, individualmente ou em associação com outros, de desfrutar um meio ambiente sadio, ecologicamente equilibrado [...] [que] possa ser exercido perante entidades públicas e organizações privadas". O Preâmbulo dessa Declaração faz referência ao Princípio 1 da Declaração de Estocolmo, ao reconhecimento da titularidade ambiental de direitos[53] da Declaração do Rio, a tratados regionais, à Resolução 45/94 da Assembleia Geral da ONU e a outros documentos internacionais como mostras de um direito humano emergente.

A Declaração da ONU sobre os Direitos dos Povos Indígenas,[54] recentemente adotada, emprega uma abordagem diferente do direito ao meio ambiente, situando-o num contexto mais amplo. O direito dos povos indígenas a um meio ambiente vívido, seguro e sustentável é definido como parte da integridade cultural e do direito à autodeterminação. Em seu recente livro sobre os direitos dos povos indígenas, Laura Westra mostra a importância da integridade ecológica nesse contexto. Pode-se dizer que esta integridade ecológica combina elementos da integridade cultural e da autodeterminação e constitui, por conseguinte, a base para os direitos e deveres para com o meio ambiente.[55]

Também em 2007, o chefe de Estado francês e representantes do primeiro escalão da ONU adotaram o Apelo de Paris, conclamando a adoção de uma "Declaração Universal de Direitos e Deveres Ambientais".[56] A motivação que se encontra por trás desse "apelo" é de que a ética ambiental leve a deveres que complementem quaisquer direitos.

Em nível regional, alguns tratados reconheceram formalmente o direito ao meio ambiente. O Artigo 24 da Carta Africana sobre Direitos Humanos e Direitos dos Povos afirma que "todos os povos terão o direito a um meio ambiente geral satisfatório que seja favorável a seu desenvolvimento". Passando para as Américas, o Protocolo Suplementar à Convenção Americana sobre Direitos Humanos na área de Direitos Econômicos, Sociais e Culturais (o Protocolo de San Salvador) reconhece o direito a um meio ambiente sadio no Artigo 11. O Artigo 2 exige que os Estados promovam a proteção, preservação e melhoria do meio ambiente.[57]

No que diz respeito à União Europeia, nem a Carta de Direitos Fundamentais de 2000 nem a Constituição Europeia de 2004 (rejeitada) preveem um direito

---

[53] N.T.: no original temos a expressão *environmental entitlements*, significando titularidade de direitos ambientais.

[54] Declaração das Nações Unidas sobre os Direitos dos Povos Indígenas, adotada em 17 set. 2007. Disponível em: http://www.iwgia.org/graphics/Synkron-Library/Documents/InternationalProcesses/DraftDeclaration/07-09-13ResolutiontextDeclaration.pdf

[55] Westra, L. *Environmental Justice and the Rights of Indigenous Peoples*. London, UK: Earthscan, 2007.

[56] Apelo de Paris, http://partnerships4planet.ch/en/environmental-rights.php

[57] "2. Os Estados-partes deverão promover a proteção, preservação e melhoria do meio ambiente." Esta obrigação dos Estados de adotarem as medidas necessárias para cumprir os direitos listados no Protocolo é um tanto limitada pela ressalva contida no Artigo 1, dispondo que a disponibilidade de recursos e o grau de desenvolvimento dos Estados devem ser levados em conta.

ao meio ambiente. Entretanto, o parágrafo 37 da Carta[58] e o parágrafo 97 da Constituição[59] reconhecem, correspondentemente, a importância da proteção do meio ambiente: "Um alto nível de proteção ambiental e a melhoria da qualidade do meio ambiente devem ser integrados nas políticas da União e garantidas em concordância com os princípios do desenvolvimento sustentável". Em contraposição a isso, a minuta da constituição de 1994[60] tinha reconhecido um direito individual.[61]

Em 2003, a Assembleia Parlamentar do Conselho da Europa adotou um relatório sobre o meio ambiente e os direitos humanos[62] e recomendou a elaboração de um protocolo adicional à Convenção Europeia sobre Direitos Humanos em que o direito a um meio ambiente saudável seria definido claramente. O relatório levanta algumas questões interessantes. Em primeiro lugar, ele justifica a necessidade de um direito humano ao meio ambiente que seja internacionalmente reconhecido mencionando "deficiências no direito ambiental internacional" descritas em três aspectos: o conflito entre economia e ecologia, a fragmentação do direito ambiental e o descumprimento contínuo.[63] A finalidade de um novo direito humano é, portanto, melhorar o direito e a governança, e não proporcionar uma proteção individual melhor. Em segundo lugar, para superar as deficiências, é necessária uma abordagem radicalmente nova: "A partir de uma perspectiva econômica, o conceito de sustentabilidade precisa ser ampliado agora para incluir a nova ideia da 'sustentabilidade forte' – que se baseia no pressuposto de que há um estoque central de capital natural que não pode ser substituído e precisa, por conseguinte, ser mantido constante ao longo do tempo".[64] Ao relacionar a sustentabilidade (forte) aos direitos humanos, o relatório oferece considerações mais amplas do que as que geralmente são feitas a respeito dos direitos ambientais. Por exemplo, ele reconhece "as dificuldades óbvias implicadas na definição exata do conteúdo e escopo de um direito individual ao meio ambiente"[65] à luz da importância fundamental dos sistemas ecológicos. Nesse sentido, o relatório identifica uma série de fatores limitativos de um direito humano, como, p. ex., a discrepância entre riscos individuais e riscos coletivos,[66] o conceito reducionista de soberania do Estado e restrições resultantes da "individualização" do meio

---

[58] 2000/C 364/01 http://www.europarl.europa.eu/charter/pdf/text_en.pdf

[59] Doc.2004/C310/01 http://eur-lex.europa.eu/LexUriServ/site/en/oj/2004/c_310/c_31020041216en00410054.pdf

[60] Resolução sobre a minuta de Constituição da União Europeia de 9.11.1994.

[61] 59 Título VIII (21): "Toda pessoa tem o direito à proteção e conservação de seu meio ambiente natural."

[62] Doc 9791 16 de abril de 2003 Relatório *Environment and human rights*, Cristina Agudo, Comitê sobre Meio Ambiente, Agricultura e Assuntos Locais e Regionais, http://assembly.coe.int/Documents/WorkingDocs/doc03/EDOC9791.htm

[63] Doc 9791 16 de abril de 2003 Relatório *Environment and human rights*, Cristina Agudo, Comitê sobre Meio Ambiente, Agricultura e Assuntos Locais e Regionais, http://assembly.coe.int/Documents/WorkingDocs/doc03/EDOC9791.htm, Memorando Explanatório, 1.2.

[64] Ibid.

[65] Ibid., 2.4.

[66] Ibid., 2.5.3.

ambiente, incluindo a concorrência entre direitos individuais e a dificuldade dos direitos com base antropocêntrica adotarem o ecocentrismo.[67] Todos esses fatores tornam abordagens alternativas mais atraentes, incluindo obrigações constitucionais do Estado ou direitos específicos para animais e plantas, embora o relatório tache esta última opção de não prática.[68] Obrigações estatais de proteger o meio ambiente são, com efeito, preferidas numa série de países europeus,[69] enquanto um número igual de países europeus optou por um direito individual ao meio ambiente.[70]

Considerando todos os fatos, o relatório recomenda um direito a um meio ambiente saudável como "uma extensão lógica da atual jurisprudência [do Tribunal Europeu de Direitos Humanos]", mas acrescenta que, "naturalmente, não será possível resolver todos os problemas do direito ambiental".[71]

Analisando a jurisprudência do Tribunal Europeu de Direitos Humanos, podemos ver que o direito a um meio ambiente saudável foi reconhecido até certo ponto. Em *Taskin and Others v. Turkey*, mencionado acima, o Tribunal faz referência ao Artigo 8 da Constituição turca e observa que um tribunal nacional tinha extinguido a permissão de operação "com base [...] no gozo efetivo do direito à vida e do direito a um meio ambiente saudável por parte dos requerentes [...] Em vista desta conclusão, não se faz necessário [...] outro exame do aspecto material do caso no tocante à margem de apreciação".[72] Esta referência e outras semelhantes são indicações de que o Tribunal validou um "direito a viver num meio ambiente saudável e equilibrado".[73] Com relação aos "textos relevantes sobre o direito a um meio ambiente saudável",[74] o Tribunal examina depois os direitos ambientais contidos na Declaração do Rio[75] e na Convenção de Aarhus,[76] bem como a já mencionada recomendação da Assembleia Parlamentar do Conselho da Europa. Embora o Tribunal não tenha chegado a comentar sobre o *status* atual do direito ao meio ambiente, suas reflexões são significativas na medida em que não eram necessárias, já que o Tribunal se baseia, em última análise, no direito nacional. De modo geral, o Tribunal Europeu tem se mostrado simpático à ideia de um direito humano ao meio ambiente.

---

[67] Ibid., 2.5.4.
[68] Ibid.
[69] Inclusive nas constituições da Áustria (Art. 10-12), Finlândia (Art. 20), Alemanha (Art. 20, a), Grécia (Art. 24), Holanda (Art. 21), Suécia (Art. 2-2) e Suíça (Art. 24-7).
[70] Nas constituições da Bélgica (Art. 23-4), Hungria, (Cap. I, Par. 18), Noruega (Art. 110, b), Polônia (Art. 71), Portugal (Art. 66-2), Eslováquia (Art. 44 & 45), Eslovênia (Art. 72 & 73), Espanha (Art. 45-1) e Turquia (Art. 56).
[71] Relatório, 2.5.
[72] Supra nota 40, § 117.
[73] Ibid., § 131-132.
[74] Ibid., Parte II, B., § 98 e seg.
[75] Ibid., § 98.
[76] Ibid., § 99.

O quadro atual

Levando em consideração o desenvolvimento da jurisprudência e do Direito Comunitário, bem como as constituições de 13 Estados-Membros da UE[77] e mais seis Estados europeus,[78] podemos concluir que a Europa e a UE, em particular, adotaram amplamente a ideia de um direito humano a um meio ambiente saudável. Em escala global, 56 constituições reconheceram explicitamente o direito a um meio ambiente limpo e saudável.[79] Esse amplo reconhecimento, junto com o desenvolvimento da *soft law* internacional, sugere que o direito a um meio ambiente saudável é um direito humano *in statu nascendi*.

Por outro lado, 97 constituições seguiram na outra direção, pelo menos por enquanto. Elas contêm disposições que tornam um dever do governo nacional a prevenção de danos ao meio ambiente.[80] As razões que fundamentam obrigações do Estado ao invés de uma abordagem baseada em direitos poderão diferir entre os países, mas é significativo que não haja uma reação uniforme à conceitualização dos direitos e responsabilidades ambientais. Alguns preferem os direitos dos cidadãos, outros preferem obrigações do governo, e alguns países propõem combinações de ambas as coisas.[81] Além disso, 56 constituições reconhecem uma responsabilidade dos cidadãos ou residentes pela proteção do meio ambiente.[82]

Mesmo dentro do sistema de direitos ambientais há uma concordância limitada. Está claro que direitos ambientais procedimentais estão firmemente estabelecidos em *soft law* e em *hard law*. A maior parte dos países têm disposições para permitir, de alguma forma, acesso a informações, tomada de decisões e controle judicial de questões ambientais. No tocante aos direitos substanciais, há o reconhecimento, por um lado, da dimensão ambiental dos direitos humanos existentes e, por outro, de um direito humano distinto a um meio ambiente saudável.

Em termos de resultados reais, um direito humano distinto vai mais longe; entretanto, há incerteza quanto a seu conteúdo. Dinah Shelton sustentou que o direito ao meio ambiente inclui elementos de equidade intergeracional e proteção

---

[77] Além das constituições da Bélgica, Bulgária, República Tcheca, Finlândia, Hungria, Letônia, Noruega, Polônia, Portugal, Eslováquia, Eslovênia e Espanha, a França adotou recentemente a "Carta do Meio Ambiente" ("Charte de l'environnement"), declarando "o direito de viver num meio ambiente equilibrado e respeitoso da saúde" ("Chacun a le droit de vivre dans un environnement équilibré et respectueux de la santé."); http://www.ecologie.gouv.fr/IMG/pdf/affiche_charte_environnement.pdf

[78] Croácia, Macedônia, Rússia, Ucrânia, Moldávia e Turquia.

[79] Veja Mollo, M. et al. *Environmental Human Rights Report:* Human Rights and the Environment – Materials for the 61st Session of the United Nations Commission on Human Rights, Geneva, March 14-April 22, 2005. Oakland, California: Earthjustice Legal Defense Fund, 2005, p. 37, n. 172.

[80] Veja Mollo, M. et al. *Environmental Human Rights Report:* Human Rights and the Environment – Materials for the 61st Session of the United Nations Commission on Human Rights, Geneva, March 14-April 22, 2005. Oakland, California: Earthjustice Legal Defense Fund, 2005, p. 37, n. 172, p. 37.

[81] O Relatório Mollo não indica o número exato de sistemas combinados, mas pode-se estimá-lo em cerca de 30.

[82] Ibid., p. 38.

estética.⁸³ Lynda Collins afirmou recentemente que ele também deveria ser entendido de modo a incluir o princípio da precaução.⁸⁴ Estes e possivelmente outros aspectos da sustentabilidade ecológica poderiam fazer parte do conteúdo. Esta assertiva pode ser questionada tendo em vista os poucos indícios de que os tribunais estejam indo muito além do que já está sendo concedido pelo direito humano à vida, ao bem-estar, à privacidade, à propriedade, etc. Parece que a natureza antropocêntrica dos direitos humanos não permite o ecocentrismo nem, por conseguinte, um reconhecimento da sustentabilidade ecológica como um conteúdo que distinguiria um direito ao meio ambiente.

Podemos concluir que os direitos humanos e o meio ambiente estão inseparavelmente interligados. Sem os direitos humanos, a proteção ambiental não poderia ter um cumprimento eficaz. Da mesma forma, sem a inclusão do meio ambiente, os direitos humanos correriam o perigo de perder sua função central, qual seja, a proteção da vida humana, de seu bem-estar e de sua integridade.

O panorama do direito internacional e europeu relativo aos direitos humanos ambientais mostra algumas tendências. Há um reconhecimento jurídico crescente da ideia de que a degradação ambiental pode resultar em privações de direitos humanos já existentes. Há também uma consciência crescente de que o mero reconhecimento dessas privações não é suficiente para promover e assegurar um meio ambiente saudável. Para lograr esse alvo, duas abordagens têm sido seguidas: uma consiste em fortalecer os direitos humanos procedimentais, e a outra em reconhecer um direito humano específico ao meio ambiente. Está claro que o direito ambiental nacional e o internacional adotaram a ideia de que os conceitos tradicionais de direitos humanos são insuficientes para abrigar preocupações com a proteção e sustentabilidade ambiental.

Mas o acréscimo de direitos procedimentais e de um direito ao meio ambiente ao catálogo de direitos humanos será suficiente? Ou será necessário reexaminar a ideia central dos direitos humanos entendidos como proteção contra a arbitrariedade e o abuso de poder? Será possível que os seres humanos necessitem de proteção "contra si mesmos"? Se a noção que afirma que "os seres humanos são os animais mais perigosos da terra" contém alguma verdade, então ganha fôlego a questão dos deveres ambientais como complemento dos direitos ambientais. Os debates acerca dos direitos ambientais têm passado ao largo desta questão. Ainda não há uma teoria sobre a maneira como os direitos ambientais se relacionariam com os deveres ambientais. Enquanto que os primeiros aparecem na forma de titularidades positivadas⁸⁵, os últimos são, na melhor das hipóteses,

---

⁸³ Shelton, D. Human Rights, Environmental Rights, and the Right to Environment. *Stan. L. J.*, v. 28, n. 103, p. 133/134, 1991.

⁸⁴ Collins, L. Are We There Yet? The Right to Environment in International and European Law. *McGill International Journal of Sustainable Development Law & Policy*, v. 3, p.. 119, 2007.

⁸⁵ N.T.: no original *legal entitlements*. O autor contrasta a diferença entre *legal rights* – direito jurídicos, positivados – e *moral rights* – direitos morais –, e, por consequência, a disparidade entre conceder status jurídico-positivo aos direitos mas não às obrigações ambientais.

designados como obrigações morais. A partir de uma perspectiva ecológica, esse desequilíbrio revela a presença de utilitarismo e antropocentrismo. Impor meros deveres morais a nós mesmos é com certeza insuficiente para reconhecer a sustentabilidade ecológica de toda a vida em sentido jurídico. A abordagem ecológica aos direitos humanos sustenta que não só os seres humanos, mas também os não humanos são titulares de direito de proteção da vida, bem-estar e integridade, ainda que não necessariamente da mesma maneira. Os direitos humanos operam não só num contexto social, mas também ecológico. Esta realidade ainda precisa se refletir na teoria e prática dos direitos humanos.

A ética da sustentabilidade e os direitos humanos

Entre muitos autores, há uma preocupação relativa à característica antropocêntrica inerente aos direitos humanos ambientais. Na concepção de alguns deles, a própria existência desses direitos reforça a ideia de que o meio ambiente só existe para o benefício humano e não tem valor intrínseco. Além disso, eles resultam na criação de uma hierarquia, segundo a qual a humanidade é compreendida em uma posição de superioridade e importância acima e à parte de outros membros da comunidade natural.[86] Mais especificamente, os objetivos e padrões aplicados se centram no ser humano. Os objetivos são a sobrevivência da humanidade, seus padrões de vida e seu uso continuado dos recursos. O estado do meio ambiente é determinado pelas necessidades da humanidade, e não pelas necessidades de outras espécies.

Essa centralização dos direitos humanos ambientais no ser humano acarreta uma tensão filosófica entre ecologistas profundos e superficiais. Em consequência dessa tensão, alguns comentadores rejeitam inteiramente as propostas de direitos humanos,[87] enquanto outros propõem uma posição conciliatória.[88]

A corrente que condena a abordagem dos direitos humanos levantam as seguintes preocupações. Em primeiro lugar, as abordagens antropocêntricas da proteção ambiental perpetuam, segundo eles, os valores e atitudes que se encontram na raiz da degradação ambiental. Em segundo lugar, as abordagens antropocêntricas privam o meio ambiente de proteção direta e abrangente. Por exemplo, a vida, a saúde e os padrões de vida "humanos" provavelmente serão o alvo da proteção ambiental. Por conseguinte, o meio ambiente só é protegido como consequência e na medida em que isso seja necessário para proteger o bem-estar humano. Assim, um direito ao meio ambiente submete todas as outras necessidades, interesses e valores da natureza aos da humanidade. A degradação ambiental em

---

[86] Birnie, Patrícia; Boyle, Alan. *International Law and the Environment*. 2. ed. Oxford University Press, 2002, p. 257-258.

[87] Gibson, N. The Right to a Clean Environment. *Saskatchewan Law Review*, v. 54, p. 5, 1990; Giagnocavo, C.; Goldstein, H. Law Reform or World Reform. *McGill Law Journal*, v. 35, p. 346, 1990.

[88] Veja, de modo geral, Shelton, 2000, e Nickel, J. W. The Human Right to a Safe Environment: Philosophical Perspectives on Its Scope and Justification. *Yale Journal of International Law*, v. 18, p. 281, 1993.

si não é suficiente para uma queixa ou denúncia, precisa, isso sim, estar ligada ao bem-estar humano. Em terceiro lugar, os seres humanos são os beneficiários de qualquer compensação[89] pela infração do direito. Não há garantia de que ela seja utilizada em benefício do meio ambiente. Tampouco há um reconhecimento de que a natureza é a vítima da degradação. Em quarto lugar, a proteção ambiental depende de objeção humana.

Por outro lado, apresentam-se uma série de argumentos que podem, até certo ponto, atenuar essas preocupações. Em primeiro lugar, sugere-se que um certo grau de antropocentrismo é necessário à proteção ambiental. Não no sentido de que a humanidade seja o centro da biosfera, mas porque a humanidade é a única espécie de que temos conhecimento que tem a consciência para reconhecer e respeitar a moralidade de direitos e porque os próprios seres humanos são parte integrante da natureza. Em suma, os interesses e deveres da humanidade são inseparáveis da proteção ambiental.

Shelton concorda até este ponto,[90] mas prossegue sustentando que um direito humano ambiental poderia ser um complemento de uma proteção mais ampla da biosfera que reconheça os valores intrínsecos da natureza, independentemente das necessidades humanas. Por outro lado, Birnie e Boyle salientam que "ao se examinar o problema [do direito humano antropocêntrico] isolando-o moralmente de outras espécies, esse direito poderia reforçar a suposição de que o meio ambiente e seus recursos naturais só existam para o benefício humano, não tendo valor intrínseco em si mesmos".[91] Segundo eles, as implicações da questão são, em grande parte, estruturais, exigindo a integração de reivindicações referentes aos direitos humanos dentro de um marco de tomada de decisões mais amplo capaz de levar em conta, entre outros fatores, valores intrínsecos, as necessidades de gerações futuras e os interesses concorrentes dos Estados. Na opinião deles, as instituições de direitos humanos estão, atualmente, bastante limitadas em sua perspectiva para conseguir equilibrar esses fatores.[92]

Rolston também defende uma posição conciliatória. Ele aceita o paradigma dos direitos humanos para a proteção das necessidades humanas de integridade ambiental, mas sugere, além disso, a definição das responsabilidades humanas em relação à natureza.[93] Segundo Nickel, os direitos humanos desempenham um "papel útil e justificável na proteção dos interesses humanos num ambiente seguro e no fornecimento de uma ligação entre o movimento ecológico e o movi-

---

[89] N.T.: preferimos a expressão *compensação* por ter um conteúdo mais abrangente do que indenização. No original: *humans are the beneficiaries of any relief for infringement of the right*.
[90] Shelton, 2000, p. 110.
[91] Birnie; Boyle, 2002, p. 257.
[92] Ibid.
[93] Rolston III, H. Rights and Responsibilities on the Home Planet. *Yale Journal of International Law*, v. 18, p. 251, 259-262, 1993.

mento pelos direitos humanos".[94] Ele rotula sua abordagem de "acomodada",[95] sustentando que o antropocentrismo não representa uma objeção significativa se "puder ser complementado por outras normas que tratem de outras questões".[96] Em outras palavras, ele poderia ser visto como um componente útil do "repertório normativo do ambientalismo".[97]

Em curto prazo, essas abordagens poderiam ser úteis para ajudar o direito ambiental a se transformar, passando de uma perspectiva essencialmente antropocêntrica para uma perspectiva ecocêntrica. Em longo prazo, entretanto, a existência de um direito humano ambiental poderia ser vista como uma contradição em si mesma. Uma opção melhor é o desenvolvimento de *todos os direitos humanos* de uma maneira que demonstre que a humanidade é parte integrante da biosfera, que a natureza tem um valor intrínseco e que a humanidade tem obrigações para com a natureza. Em suma, as limitações ecológicas, junto com obrigações corolárias, deveriam fazer parte do discurso sobre os direitos.

Há muitas tentativas de superar a abordagem antropocêntrica. Entre elas, o conceito dos direitos da natureza está bem documentado desde que se tornou proeminente em 1972, após a publicação do artigo "*Should Trees Have Standing?* (Deveriam as árvores ter legitimidade judicial?)", de Christopher Stone.[98] Há mais de 30 anos, o conceito vem sendo debatido entre juristas, filósofos, teólogos e sociólogos. Esse debate levou à proposição de uma ampla variedade de abordagens dos direitos, incluindo as seguintes: direitos juridicamente exigíveis para a natureza (concebidos por Stone); os chamados "direitos bióticos" (como imperativos morais que não são juridicamente coercitíveis); "responsabilidades" morais; e "retidão" (uma norma que prescreve a necessidade de um relacionamento sadio entre a humanidade e a natureza). O aspecto comum a todas é uma tentativa de reconhecer concreta e significativamente o valor intrínseco da natureza. Elas diferem quanto ao modo de se alcançar isso. Alguns comentadores defendem que isso deveria ser feito dentro do contexto de direitos legalmente coercitíveis, e outros defendem o reconhecimento através da caracterização de valores ou *status*, o que exige que a humanidade leve em conta os interesses da natureza e atribua a esses interesses uma prioridade que não lhes seria concedida de outra forma.

Giagnocavo e Goldstein sustentaram que o conceito de direitos da natureza equivale a uma "saída jurídica rápida", que, como muitas outras soluções jurídicas, evita as questões profundas necessárias para uma mudança genuína do mundo.[99] Em particular, eles contestaram a teoria de que "direitos" sejam um método

---

[94] Nickel, 1993, p. 282.
[95] N.T.: No original *accomodationist*.
[96] Ibid., p. 283.
[97] Ibid.
[98] *Southern California Law Review*, v. 45, p. 450ss., 1972. Veja também Stone, C. *Earth and Other Ethics:* The Case for Moral Pluralism. New York, 1987; id. *Should Trees Have Standing?* Marking the 25th Anniversary. Los Angeles: 1997.
[99] Giagnocavo; Goldstein, 1990.

apropriado de *reforma social*, levando-nos a mudar nossas atitudes e as entidades portadoras de valor (neste caso, a natureza) às quais se atribuem "direitos". Giagnocavo e Goldstein rejeitam essa teoria por ser uma "pretensão falsa". Na opinião deles, "direitos positivos" dão ao portador algumas vantagens (expostas por Stone), mas isso corresponde apenas à valorização por parte de instituições jurídicas, não por parte da sociedade de modo geral.[100]

O próprio Stone reconhece as limitações de sua teoria baseada nos "direitos" e discute, nas páginas finais de seu artigo, a importância de uma mudança na consciência ambiental. Ele afirma que a reforma jurídica, junto com a concomitante reforma social, será insuficiente sem "uma mudança radical na maneira como encaramos 'nosso' lugar no resto da Natureza".[101] Stone nunca considerou os "direitos" como um fim em si mesmos, e sim como *um* meio para um fim.[102]

Levará algum tempo até vermos um tratado internacional de peso refletir uma posição jurídica situada além do antropocentrismo. A melhor ilustração disso talvez seja o destino da "Carta da Terra" das Nações Unidas. A Carta da Terra deveria ser "uma expressão breve, edificante, inspiradora e atemporal de uma ética global ousada e nova".[103] Entretanto, na medida em que o processo de negociação se arrastava, ela acabou sendo chamada de "Declaração do Rio", criticada por muitas pessoas por ser pouco mais do que um documento declaratório dos conflitos sociais e políticos que se introduziam em todas as negociações da Conferência das Nações Unidas sobre Meio Ambiente e Desenvolvimento (UNCED). As ONGs assumiram o desafio quando viram que a UNCED não atingiu seu objetivo e elaboraram sua própria "Carta da Terra". A Carta da Terra das ONGs não se esquiva da tarefa de aceitar responsabilidade pela natureza e a define em termos ecocêntricos,[104] Afirma o Preâmbulo: "Nós aceitamos uma responsabilidade compartilhada de proteger e restaurar a Terra e de permitir um uso sábio e equitativo dos recursos para alcançar um equilíbrio ecológico e novos valores sociais, econômicos e culturais".[105]

Na ausência de uma afirmação clara a respeito de uma nova ética num documento internacional como a proposta de "Carta da Terra da ONU", os desdobramentos na área dos direitos humanos ambientais poderão produzir algum fluxo nos efeitos em favor da criação dos direitos da natureza. Ao contemplar a

---

[100] Ibid., p. 357.

[101] Stone, 1972, p. 495. Veja, de modo geral, p. 489-501.

[102] Veja também Bosselmann, K. Introduction. In: Stone, C. *Umwelt vor Gericht* (tradução para o alemão de *Should Trees have Standing?*). 2. ed. München, 1993.

[103] Grubb, M. et al. *The Earth Summit Agreements:* A Guide and Assessment. London, 1993, p. 83.

[104] Como negociador da ONG Carta da Terra, fiquei surpreso ao ver um compromisso inconteste com o ecocentrismo ético entre as cerca de 100 ONGs representadas nessas negociações no Rio.

[105] A versão em inglês da minuta da Carta da Terra está disponível em: Pacific Institute of Resource Management (ed.). *Commitment for the Future:* The Earth Charter and Treaties agreed to by the International NGOs and Social Movements, Wellington 1992. O primeiro princípio afirma: "Concordamos em respeitar, incentivar, proteger e restaurar os ecossistemas da terra para assegurar a diversidade biológica e cultural." N.T.: Uma versão em português pode ser encontrada em: www.mma.gov.br/estruturas/agenda21/_arquivos/carta_terra.doc

petrificação constitucional de um direito ambiental, os Estados mais preocupados em evitar a característica antropocêntrica desses direitos provavelmente irão explorar, de modo bastante detalhado, a noção dos direitos da natureza.[106] Além disso, os desdobramentos municipais que levem em conta as tradições morais e jurídicas diferentes dos povos indígenas, na medida em que essas tradições se aplicam à natureza, talvez também tenham alguma influência sobre o sistema jurídico internacional. O sistema jurídico internacional, assim como os sistemas locais, está tomando cada vez mais conhecimento da sabedoria das culturas indígenas.

Independentemente de uma implementação do conceito de direitos da natureza, tanto pelo direito internacional quanto pelo municipal, a própria existência do debate contribui para o desenvolvimento dos direitos ecológicos. Ela ajuda a desenvolver uma consciência para além da ética antropocêntrica prevalecente, sugerindo o que, para muitas pessoas, antes talvez fosse o "inconcebível".[107] A aceitação gradativa de responsabilidades morais para com a natureza poderá nos levar a um ponto em que comecemos a aceitar a ideia de limitações ecológicas em relação ao exercício de nossos direitos ou, mais diretamente, concordemos em redefinir o conteúdo de certos direitos (p. ex., direitos de propriedade).[108] Por outro lado, também é preciso ter em mente as limitações do debate sobre os direitos da natureza. Temos de nos precaver de superestimar seu alcance. Pode-se fazer isso vendo os direitos da natureza dentro de um contexto apropriado. Assim, quando processos jurídicos estiverem implicados, temos de reconhecer as limitações desses processos. Entretanto, essas limitações não privam necessariamente os direitos de sua utilidade como ferramenta no processo de transição. O uso deles, em conjunção com outras mudanças na sociedade, poderá resultar na criação de uma certa ressonância em todos os sistemas sociais, o que, por sua vez, acarretará uma mudança duradoura. Esse contexto também inclui o reconhecimento de que outras importantes mudanças paralelas também precisam ocorrer, por exemplo, uma mudança de consciência. O direito e apelos por uma nova moralidade não podem existir e de fato não existem em vácuos, e tampouco podemos esperar que eles nos ofereçam soluções para nossos mais profundos e complexos problemas.

A abordagem ecológica dos direitos humanos

Muitos juristas ambientais têm questionado o caráter fundamentalmente antropocêntrico do direito ambiental. Eles estão exigindo uma reviravolta ecocêntrica. Por isso, alguns sustentaram que não deveríamos ver as questões ambientais

---

[106] Veja a exposição de Stone a respeito de *Seehunde v. Bundesrepublik Deutschland* (em que se moveu um processo em nome de focas que sofriam com a poluição química do Mar Báltico). In: Bosselmann, K. *Im Namen der Natur*. München, 1992, p. 181-189, e Stone, C. *The Gnat is Older than Man:* Global Environment and Human Agenda, Princeton, 1993, p. 85-86.

[107] Stone, 1972, p. 453-57.

[108] Nash, J. A. The Case for Biotic Rights. *Yale Journal of International Law*, v. 18, p. 249, 1993.

através de um foco centrado nos direitos humanos, acarretando uma forma de "chauvinismo de espécie" (Günther Handl). Deveríamos, em vez disso, pensar ou nos direitos da natureza ou em limitações dos direitos humanos no tocante aos "valores intrínsecos" do meio ambiente.

A ideia dos direitos para a natureza foi descrita como a "abordagem forte baseada em direitos", e a ideia dos valores intrínsecos foi chamada de "abordagem branda baseada em direitos",[109] e é esta que é defendida aqui. Há poucas razões para crer que uma reviravolta ecocêntrica possa ser alcançada meramente acrescentando direitos da natureza ao catálogo dos direitos dos seres humanos. Como vimos acima, há uma série de dificuldades relacionadas à corrente que apela para "direitos" e a mais importante delas é que só acabaríamos fomentando a tradição antropocêntrica e individualista dos direitos, que representa justamente a doutrina que causou a crise ambiental global.

O projeto dos direitos humanos ecológicos[110] tenta reconciliar os fundamentos filosóficos dos direitos humanos com princípios ecológicos. O objetivo é ligar os valores intrínsecos dos humanos com os valores intrínsecos de outras espécies e do meio ambiente. Em face disto, os direitos humanos (como, p. ex., dignidade humana, liberdade, propriedade, desenvolvimento) precisam corresponder ao fato de que o indivíduo opera não só num ambiente social, mas também num ambiente natural. Da mesma maneira como o indivíduo tem de respeitar o valor intrínseco de seus pares humanos, ele também tem de respeitar o valor intrínseco de seus outros pares, os demais seres (animais, plantas, ecossistemas).

A referência ao "respeito" pelos outros como o fator determinante para a liberdade individual não é incidental. Tanto na literatura sobre a ética ambiental quanto na literatura sobre os direitos humanos há um certo espaço comum. As reflexões éticas sobre nosso relacionamento com o meio ambiente usam, muitas vezes, a categoria de respeito, como, por exemplo, Tom Taylor em sua influente obra *"Respect for Nature* (Respeito pela Natureza)" (1986) ou Tom Regan quando tratou das obrigações morais e jurídicas.[111] O debate ético contemporâneo foca-se, em grande parte, nos valores intrínsecos como o fundamento das consi-

---

[109] Redgwell, Catherine. Life, the Universe and Everything: A Critique of Anthropocentric Rights. In: Boyle, Alan; Anderson, Michael (eds.). *Human Rights Approaches to Environmental Protection*. Oxford: Clarendon, 1996, p. 71ss., à p. 73.

[110] Bosselmann, K. Human Rights and the Environment: Redefining Fundamental Principles. In: Gleeson, Brendan; Low, Nicholas (eds.). *Governing for the Environment*. Basingstoke, Hampshire: Palgrave, 2001. Além disso, id. Un Approcio Ecologico ai Diritti Umani. In: Greco, M. (ed.). *Diritti umani e ambiente*. Fiesole: Edizioni Cultura della Pace, 2000, p. 67-87; id. Human Rights and the Environment: The Search for Common Ground. *Revista de Direito Ambiental*, v. 23, jul.-set., p. 12-28; id. Im Namen der Natur. München: Scherz, 1992, p. 181-249; id. *When Two Worlds Collide:* Society and Ecology. Auckland: RSVP, 1995, p. 222-263; id., Ökologische Grundrechte. *Nomos*, Baden-Baden, 2001; id.; Schröter. Umwelt und Gerechtigkeit. *Nomos*, Baden-Baden, 2001; Taylor, P. *An Ecological Approach to International Law*. London: Routledge, 1998, p. 196-257; id. From Environmental to Ecological Rights: A New Dynamic in International Law? *Georgetown International Environmental Law Review*, v. 10, n. 2, p. 309-397, 1998; id. Ecological Integrity and Human Rights. In: Westra; Bosselmann; Westra (eds.), 2008.

[111] Regan, T. Does Environmental Ethics Rest on a Mistake?, *Monist*, v. 75, p. 161-182, 1992.

derações sobre moralidade e no respeito quando trata das obrigações pessoais.[112] Boa parte do ímpeto pelo respeito provavelmente deve ser creditado a Kant, cuja insistência de que as pessoas deveriam ser tratadas como fins, e não apenas como meios, tornou-se a pedra de toque do humanismo atual. Embora o foco de Kant seja o respeito pelas pessoas, e não o respeito pela vida, isso não exclui necessariamente a vida como o objeto genuíno de respeito; a extensão do conceito de *persona* para incluir entes não humanos foi defendida por juristas especializados em meio ambiente como Christopher Stone e Tom Regan. Entretanto, numa perspectiva kantiana, essa extensão não pode ser levada a cabo, na medida em que ela está estreitamente vinculada com a percepção das pessoas como seres com a capacidade de fazer uma escolha ou como centros de consciência racional, e a "vida" não se presta tão facilmente a tais atribuições. Mas isso não significa que o discurso acerca do respeito pela vida (pelo valor intrínseco da vida) não faça sentido. O conceito de respeito no sentido de reconhecimento e *referentia* (e não no sentido kantiano de *observantia*) não se limita à consciência racional.[113]

Na teoria dos direitos humanos, encontramos com frequência o conceito de "respeito" como base dos direitos humanos. Mais uma vez, as categorias de "respeito" idealizadas por Kant vêm exercendo muita influência, sendo que algumas limitações destas categorias podem ser reconhecidas quando tratamos com um conceito não antropocêntrico de direitos humanos. Não obstante, é possível incluir entes não humanos nela. McDougal, Lasswell e Chen, em seu texto-padrão sobre direitos humanos (1980), por exemplo, sugerem que o uso do conceito de respeito como princípio universal permitiria que se incluíssem todos os aspectos da vida na proteção dos direitos fundamentais. A obra *"A Theory of Justice"* de John Rawls pode não estar longe disso ao enfatizar um princípio universal que precisa ser aceito por todos a fim de criar uma sociedade justa.[114] O respeito pelo valor intrínseco da vida poderia orientar tanto a relação entre o indivíduo e a sociedade, por um lado, quanto à relação entre os seres humanos e o meio ambiente, por outro.

A dimensão social dos direitos humanos

Em termos estruturais, os direitos humanos podem ser limitados por necessidades[115] ecológicas da mesma maneira como estão atualmente limitados por necessidades de caráter social e democrático. Os direitos humanos não são abso-

---

[112] Veja Elliot, R. (ed.). *Environmental Ethics*. Oxford, 1996, p. 15.

[113] Kleinig, J. *Valueing Life*. Princeton, 1991, p. 18.

[114] É claro que a abordagem individualista do liberalismo de Rawls é uma questão diferente; para uma crítica geral, veja, p. ex., Douzinas, Costas; Warrington, R. *Justice Miscarried*. Harvester Wheatsheaf, 1994; Bosselmann, Klaus. Justice and Environment: Building Blocks for a Theory of Ecological Justice. In: id.; Richardson, Benjamin (eds.). *Environmental Justice and Market Mechanisms*. London: Kluwer, 1998, p. 30-57; Bosselmann, Klaus. Ecological Justice and Law. In: Richardson, Benjamin; Wood, Stepan (eds.). *Environmental Law for Sustainability: A Critical Reader*. Oxford: Hart Publ., 2006, p. 129-163.

[115] N.T.: no original *considerations*

lutos, mas sim sujeitos a vários fatores limitantes. Há limitações gerais e específicas dos direitos individuais. Existe toda uma série de limitações no catálogo de direitos humanos da Constituição alemã, como ilustra o seguinte exemplo:

Artigo 1º Da proteção da dignidade humana:
(1) A dignidade do ser humano é inviolável. [...]
(2) O povo alemão reconhece os direitos humanos invioláveis e inalienáveis como base de toda comunidade, da paz e justiça no mundo.
(3) Os seguintes direitos básicos são vinculantes para o Legislativo, o Executivo e o Judiciário como direito diretamente aplicável.

Artigo 2º Do direito à liberdade:
(1) Toda pessoa terá o direito ao livre desenvolvimento de sua personalidade na medida em que não violar os direitos de outras ou infringir a ordem constitucional ou o código moral.
[...]

Artigo 5º Da liberdade de expressão:
[...]
(3) A arte e a ciência, a pesquisa e o ensino serão livres. A liberdade do ensino não isentará de lealdade à constituição. [...]

Artigo 14. Da propriedade:
(1) Garantem-se a propriedade e o direito de herança. Seu conteúdo e seus limites serão determinados pela legislação.
(2) A propriedade impõe deveres. Seu uso também deveria servir ao bem comum.

A legislação traz, com frequência, a seguinte referência geral: "limites razoáveis prescritos pela lei que podem ser justificados de modo aferível numa sociedade livre e democrática". Esta expressão aparece, por exemplo, na Convenção Europeia para a Proteção dos Direitos Humanos e Liberdades Fundamentais, na Carta de Direitos e Liberdades do Canadá e na Declaração de Direitos da Nova Zelândia. Normalmente, qualquer limitação de um direito fundamental individual tem de passar por um teste de proporcionalidade em relação à necessidade, ao menor prejuízo possível e ao equilíbrio de direitos conflitantes.

Há um considerável número de meios para se efetivar a ponderação de bens. Por exemplo: os países da *civil law* e os Estados Unidos seguem uma "abordagem absolutista", que coloca forte ênfase na supremacia da lei, particularmente da Constituição, e uma tentativa de evitar questões substantivas. Por outro lado, países como a Grã-Bretanha, Austrália ou Nova Zelândia seguem uma abordagem centrada no "equilíbrio de interesses" que tenta ponderar os vários interesses. Entretanto, o resultado final é o mesmo em todas essas jurisdições. A preocupação com os direitos de todos os membros da sociedade, que determina, em última análise, até que ponto os direitos do indivíduo poderão ser limitados, está sempre presente.

Esse resultado final pode ser designado como a "dimensão social dos direitos humanos".[116]

Assim sendo, isso permitiria um exame mais atento do que é a essência dos direitos humanos e das liberdades fundamentais. A essência parece ser a tentativa de definir a liberdade do indivíduo em interação com outros indivíduos. Portanto, é com a esfera social da existência humana, e não com a biosfera, que os direitos humanos estão preocupados. Atualmente, a biosfera (meio ambiente) não é devidamente valorizada e não tem qualidade jurídica. Os direitos humanos são histórica e sistematicamente criados para proteger os cidadãos contra o Estado, ou seja, para proteger os seres humanos uns dos outros; eles não contêm qualquer dispositivo para impedir os humanos de explorar os não humanos e de mudar fundamentalmente as condições da vida. Enquanto os direitos humanos não forem infringidos, somos livres para destruir o meio ambiente e toda a vida que nos cerca.

A única restrição existente nessa seara é nossa moralidade antropocêntrica, que pode exigir que não se torture animais, não se transforme uma bela paisagem terrestre numa paisagem lunar ou que se limite a engenharia genética às áreas benéficas para nós humanos. Os limites são sempre traçados por nossa preocupação com o bem-estar humano, excluindo o bem-estar de outras formas de vida. O dilema, naturalmente, é que não podemos sobreviver sem nos preocupar com o bem-estar da vida como um todo. Esta é a dura realidade descoberta pela ecologia.

As limitações em face do antropocentrismo na tradição ocidental têm uma longa história e são possivelmente sistêmicas. Entretanto, o que as torna tão perigosas hoje em dia, literalmente uma ameaça para a vida, é que elas reforçam a arrogância humana até mesmo na mais avançada legislação ambiental. O direito solidificou a concepção de que só os seres humanos importam e o meio ambiente só tem valor instrumental – uma concepção que contém uma grave cegueira ecológica.

Há duas opções para superar essa cegueira: ou conseguimos realizar a mudança de paradigmas éticos na sociedade e não nos preocupamos com os direitos humanos, simplesmente assumindo que a percepção humana vá prevalecer; ou promovemos a mudança de paradigmas éticos em todos os níveis sociais, incluindo o direito.

Sem examinar até que ponto o direito pode fazer uma diferença para o comportamento social, ambas as concepções clássicas parecem erradas. Assim como não é verdadeira a concepção liberal tradicional, que sustenta a existência de uma diferença profunda entre normas jurídicas e realidade social, tampouco é apropriada a concepção marxista, que nega a existência de qualquer diferença entre normas jurídicas e realidade social. A lei tem tanto refletido puramente

---

[116] Este é o termo comum usado em teorias alemãs sobre os direitos fundamentais. Da mesma forma, pode-se postular uma dimensão ecológica dos direitos humanos; veja Bosselmann, p. 132-134.

como influenciado ativamente a maneira como a sociedade opera. É por isso que a existência ou inexistência de reflexões ecológicas nas normas jurídicas é importante.

A dimensão ecológica dos direitos humanos

No caso de um conceito tão revolucionário quanto é o conceito não antropocêntrico de direitos humanos, o ônus da prova cabe, é claro, aos seus proponentes. Qual é, então, a vantagem dos direitos humanos ecológicos? Eles fariam qualquer diferença para o efetivo resultado da tomada de decisões? Um exemplo poderá ilustrar isso. Ele vai demonstrar por que não seria suficiente se basear meramente na dimensão social dos direitos humanos.

O exemplo é o direito a respeito da biotecnologia. No nível internacional, a biotecnologia tornou-se objeto do direito internacional através da Convenção sobre Diversidade Biológica de 1992.[117] Acompanhando uma tendência geral do recente direito ambiental internacional, a Convenção sobre Biodiversidade adota a abordagem da proteção ecossistêmica (por exemplo, proteger hábitats inteiros e não espécies individuais como tais).[118] Ela faz isso apresentando (no Preâmbulo) um "valor intrínseco da diversidade biológica", além dos "valores ecológico, genético, social, econômico, científico, educacional, cultural, recreacional e estético da biodiversidade e de seus componentes". Este é o reconhecimento da distinção entre valores (ecocêntricos) intrínsecos e valores (antropocêntricos) instrumentais do meio ambiente.

Com efeito, há um conjunto específico de acordos ambientais com um foco ecocêntrico.[119] Exemplos desses acordos são o Protocolo sobre Proteção Ambiental de 1991, que altera o Tratado Antártico de 1959, a Carta Mundial pela Natureza, de 1982, e os 32 denominados Tratados Alternativos que várias centenas de organizações não governamentais negociaram na Eco 92 no Rio. O artigo 4º da Minuta do Pacto Internacional sobre o Meio Ambiente e o Desenvolvimento, de 1995, estabelece o princípio do respeito por todas as formas de vida, e o Princípio 1 da Carta da Terra de 2000 propõe "respeito pela Terra e pela vida em toda a sua diversidade".

O artigo 19 da Convenção sobre Biodiversidade conclama os Estados Contratantes a tomar medidas legislativas visando a controlar as atividades de pesquisa biotecnológica. O problema é que a Convenção, como a maioria dos tratados, deixa os meios de implementação totalmente a critério dos Estados.

No nível local, diversos países introduziram essa legislação de controle; entre eles está a Alemanha, com sua *Gentechnikgesetz* (Lei de Tecnologia Genética) de 1990. Esse tipo de legislação regulamenta detalhes referentes à notificação e

---
[117] ONU Doc. 6.10. 31 I.L.; 818 (1992).
[118] Kiss; Shelton, 2000, p. 17, 299-288.
[119] Redgwell, 1996.

ao licenciamento de produtos geneticamente modificados (p. ex., à liberação desses produtos no meio ambiente), mas sempre faz isso partindo do pressuposto de que há um direito fundamental de realizar engenharia genética. O princípio de livre produção e comercialização é a regra, e quaisquer restrições são a exceção. O ônus da prova, por conseguinte, não é do produtor que introduz um novo potencial de risco, mas do público em geral (representado, p. ex., por comissões de especialistas como a Autoridade de Gestão de Risco Ambiental da Nova Zelândia ou várias comissões existentes no Reino Unido). É ponderando os custos e benefícios sociais que se determina se as atividades da engenharia genética são aceitáveis ou não. O problema é que esses custos e benefícios sociais são determinados exclusivamente por valores de utilidade humana. Não há valores intrínsecos de ecossistemas e seus componentes a serem levados em consideração.

É bastante óbvio que há um hiato entre a abordagem ecocêntrica da Convenção sobre Biodiversidade e sua implementação por meio da abordagem antropocêntrica da legislação local. Para preencher essa lacuna, poder-se-ia imaginar um simples documento legislativo para impor o ônus da prova ao produtor (ou importador), com a consequência de que quaisquer dúvidas restantes se dirigem contra o requerente. Entretanto, essa interpretação radical do princípio do poluidor-pagador e do princípio da precaução não foi feita em lugar algum e é improvável ou até impossível de ser feita com base em nosso atual conceito antropocêntrico de direitos humanos.

A pesquisa, o desenvolvimento e a aplicação comercial da engenharia genética são considerados livres até o ponto em que direitos de outros possam ser infringidos. Esses direitos afetados poderão incluir direitos do consumidor (como o direito de fazer escolhas bem informadas), direitos de proteção da saúde (por exemplo, contra riscos à saúde humana associados com produtos geneticamente modificados) e talvez a dignidade humana ou o direito à identidade e autodeterminação pessoal. Entretanto, no momento em que se fizer jus a essas preocupações, nada poderia impedir a engenharia genética de alterar fundamentalmente a estrutura genética da qual a natureza é constituída. Esta é a razão, por exemplo, pela qual a clonagem humana poderá ser considerada restrita pelo princípio da dignidade humana ou pelo direito à identidade e autodeterminação pessoal, mas não a clonagem de animais e plantas. Isso seria puramente uma questão de considerações utilitárias. Se os "experimentos do tipo Dolly" parecerem úteis aos seres humanos e suas necessidades imediatas, eles serão considerados lícitos.[120] As ovelhas, assim como todos os animais e plantas, são as vítimas de nossa moralidade antropocêntrica.[121]

Pode ser, é claro, que nossa moralidade mude com o passar do tempo e que, um dia, comitês de ética tenham a sabedoria e o poder de impedir que a engenharia

---

[120] É assim, é claro, que eles são considerados no presente.
[121] Para uma crítica, veja, p. ex., Lowry, M.-L. *Of Mice and Genes:* Ethics and European Law on Biotechnology. European University Institute, 1996.

genética perca o rumo.[122] De momento, os comitês de ética se orientam por uma liberdade absoluta de pesquisa, por um lado, e por uma análise utilitária baseada no custo-benefício, por outro. Visto que ambos os princípios estão firmemente ancorados em nosso conceito de direitos humanos, as implicações ecológicas de longo prazo da engenharia genética não terão influência.

Um exame mais atento da jurisprudência atual revela que os direitos humanos ecológicos teriam alterado o resultado. No que diz respeito aos direitos de propriedade, por exemplo, os tribunais alemães têm reconhecido, em grau crescente, que o uso da terra e dos recursos naturais é restrito por exigências do "bem público" (artigo 14). Isso acarretou, por exemplo, restrições ao uso de fertilizantes químicos e pesticidas em terras agricultáveis, proteção contra o consumo excessivo de pastagens por rebanhos demasiado grandes ou a proscrição de certas substâncias perigosas. Entretanto, em todos os casos as restrições foram determinadas, em última análise, por padrões de saúde humana, e não por preocupações ecológicas. Como afirmou o Tribunal Constitucional Federal alemão (num processo de 1982 referente ao nível do lençol freático): "O uso privado de terra está limitado pelos direitos e interesses do público em geral de ter acesso a certos bens essenciais para o bem-estar humano, como a água, por exemplo".[123] O respeito pelo valor intrínseco da vida (e não exclusivamente da vida humana) teria levado a restrições muito mais rigorosas do que assegurar o abastecimento de água para as pessoas. Entretanto, para citar outra decisão, desta vez do Tribunal Administrativo Federal alemão (de 1987): "A lei não pode proporcionar a saúde dos ecossistemas em si, mas apenas na medida em que for necessário para proteger os direitos das pessoas afetadas".[124]

Uma exceção notável a esse reducionismo antropocêntrico (e uma exceção que confirma a regra) é a proteção dos animais. Nos últimos anos, vários países europeus alteraram o *status* jurídico dos animais. Eles não são mais considerados "coisas" que podem ser possuídas e usadas como carros, mas "criaturas" por direito próprio. Consequentemente, há agora uma série de ações que penalizam o tratamento "desumano" de animais (p. ex., o banimento de certas formas de matar os animais ou a exigência de um tamanho mínimo da gaiola no caso de aves). Assim, o reconhecimento de, no mínimo, uma forma rudimentar de valor intrínseco dos animais fez uma diferença significativa. Aparentemente, o movimento em prol dos direitos dos animais das décadas de 1970 e 1980 está produzindo seus frutos.

Alguns juristas falam agora da existência de um "efeito *spill-over*" (transbordamento), causado pela tendência internacional de reconhecimento de um direito humano a um ambiente decente e dos direitos dos animais. Embora sejam

---

[122] N.T.: no original temos a expressão "ethical committees have the wisdom and power to stop genetic engineering *going mad*", que preferimos traduzi-la para "perder o rumo", sentido mais condizente com o context do que a literal tradução "enlouquecer".
[123] Bosselmann, p. 94-7.
[124] Ibid.

ambos de natureza nitidamente antropocêntrica, o "efeito *spill-over*" existe efetivamente. Nas palavras de Catherine Redgwell: "O dique do antropocentrismo foi claramente atravessado. Dada a crescente consciência da interconexão entre os seres humanos e a natureza e do valor intrínseco desta última, [...] é improvável que a natureza seja simplesmente ignorada; o problema consiste, antes, em reconciliar uma agenda ambiental e uma agenda dos direitos humanos que são diversas".[125]

O debate constitucional alemão desde 1985

É possível reconciliar as duas agendas integrando o meio ambiente no conceito de direitos humanos. Os direitos humanos podem ser moldados por limitações extraídas tanto de seu contexto social *quanto* ecológico. Na Alemanha, essa ponderação tem feito parte de um debate mais amplo em torno dos valores centrais da *Grundgesetz* (Lei Fundamental). Um desses valores centrais diz respeito à passagem para uma abordagem não antropocêntrica.

O desenvolvimento constitucional na Alemanha reflete tanto o apoio quanto a oposição a essa ideia. Em meados da década de 1980, os poderes penetrantes do ecologismo foram fortes o suficiente para instigar um amplo debate público sobre os méritos de um novo objetivo estatal. Os objetivos estatais (*Staatsziele*) são direitos constitucionais vinculantes que obrigam o governo a procurar cumprir certas tarefas. A incorporação de um objetivo estatal de proteger o meio ambiente encontrou rápida aceitação, mas sua razão, finalidade e extensão foram altamente controvertidas e acabaram revelando dois blocos. Um bloco exigia que o Estado protegesse o meio ambiente *para benefício próprio deste* (*um ihrer selbst Willen*), enquanto o outro insistia que o meio ambiente representava meros *recursos naturais dos seres humanos* (*natürliche Lebensgrundlagen des Menschen*).[126] O primeiro bloco consistia de grupos ecológicos, juristas ambientalistas, das igrejas e da então oposição formada pelo Partido Social-Democrata e pelo Partido Verde, e o outro bloco era constituído pelos constitucionalistas e pelo governo. A Comissão Constitucional Conjunta da Câmara dos Deputados (*Bundestag*) e do Senado (*Bundesrat*) considerou a questão sobre as vertentes antropocêntrica e não antropocêntrica importante demais para ser decidida nesse estágio e exigiu mais debate público. Entretanto, a Comissão chegou à conclusão de que o meio ambiente como tal não poderia ser portador de um valor constitucional intrínseco comparável ao dos seres humanos.[127]

A introdução de um novo Artigo 20a em 1994 representou um acordo político entre ambos os blocos: "O Estado, também em sua responsabilidade pelas gerações futuras, protege os fundamentos naturais da vida no marco da ordem

---

[125] Redgwell, 1996, p. 73.
[126] Veja Bosselmann, p. 195-202.
[127] Bericht der gemeinsamen Verfassungskommission, BT-Drucksache 12/6000, p. 661. Bericht der Sachverständigenkommission "Staatszielbestimmungen / Gesetzgebungsaufträge", Rdnr. 144.

constitucional, pela legislação e, de acordo com o direito e a justiça, através do poder executivo e dos tribunais."

A introdução da expressão "fundamentos naturais da vida" (e não da vida *humana*) representou certo distanciamento de uma abordagem antropocêntrica estrita.[128] Mas o debate não parou em 1994. O movimento em favor dos direitos dos animais promoveu então um *lobby* defendendo um objetivo estatal específico de proteção dos animais. Em 2002, a expressão "e os animais" foi acrescentada aos "fundamentos naturais da vida". Se este acréscimo fortaleceu ou enfraqueceu uma abordagem não antropocêntrica à Constituição pode ser uma questão de interpretação. Isso prova, contudo, que o discurso ético fez progressos junto ao discurso jurídico.

As mudanças constitucionais tiveram ainda mais êxito na Suíça. Uma emenda à Constituição Federal de 1992 exigiu que o Estado levasse em conta a *Würde der Kreatur*.[129] Esta noção poderia ser traduzida por dignidade da "criação",[130] só que isto lembra o termo alemão *Schöpfung* (que reflete a terminologia cristã). A outra língua oficial, o francês, capta muito melhor a ideia da *Würde der Kreatur* (em italiano: *dignità della creatura*): *l'integrité des organismes vivants*. Essa "integridade dos organismos vivos" estaria bem próxima da integridade ecológica expressa, por exemplo, na Carta da Terra. Entretanto, há um debate contínuo sobre o verdadeiro sentido de *Würde der Kreatur*.

Segundo Peter Saladin, *Würde der Kreatur* tem um núcleo essencial que não pode ser violado e não pode ser deixado de lado pelo processo de ponderação. Em seu relatório de 1994 para a Agência de Proteção Ambiental suíça, ele enfatizou que *Würde des Menschen* [dignidade do ser humano] e *Würde der Kreatur* [dignidade da criação] não indicam algo substancialmente distinto.[131] Ambos os termos refletem um valor e uma dignidade intrínsecos. Não chega a surpreender que a Agência tenha solicitado um segundo parecer. Ele veio de um grupo de ética da Universidade de Zurique e sustentou que o conceito *Würde der Kreatur* deve ser visto num nível diferente da dignidade humana. O relatório de 1997 desse grupo[132] exigiu a interpretação mais estreita da dignidade que protege os seres

---

[128] N.T.: no original "marked a step away from crude anthropocentricity"

[129] A nova constituição suíça de 2000 incorpora o equivalente do artigo de 1992 como artigo 120 ("tecnologia genética na área não humana"):
(1) As pessoas e seu ambiente serão protegidas contra abusos da tecnologia genética.
(2) A Confederação legislará a respeito do uso do material reprodutivo e genético de animais, plantas e outros organismos. Ao fazer isso, ela levará em conta a *dignidade da criação* e a segurança dos seres humanos, dos animais e do meio ambiente e protegerá a multiplicidade genética das espécies animais e vegetais.

[130] Tradução proposta pelo governo suíço.

[131] Saladin, P. *Die Würde der Kreatur*. 1994, p. 121 (Schriftenreihe Umwelt, 260). Veja também o comentário-padrão da constituição suíça: Saladin, P. et al. *Kommentar zur Bundesverfassung*. 1995, Art. 24, Abs. 3.

[132] Publicado em inglês em: Balzer, P.; Rippe, K. P.; Schaber, P. Two Concepts of Dignity for Humans and Non-Human Organisms in the Context of Genetic Engineering. *Journal of Agricultural and Environmental Ethics*, v. 13, p. 7ss., 2000.

humanos da degradação. O reconhecimento pleno da integridade ainda está em pauta e só o tempo dirá se as constituições irão incorporar o ecocentrismo.

No tocante aos direitos humanos, a reforma da Constituição alemã envolveu várias tentativas de formular limitações ecológicas. Uma proposta feita pelo estado de Bremen incluía uma obrigação do Estado de proteger o mundo natural (*natürliche Mitwelt*) *para benefício próprio deste* (*um ihrer selbst Willen*) e uma restrição ecológica de liberdades individuais, por exemplo, nos artigos 2 (direito à liberdade) e 14 (propriedade). No Senado (*Bundesrat*), dez estados votaram a favor dessa proposta e seis abstiveram-se.[133]

Depois da unificação alemã em 1990, uma ampla aliança de cientistas políticos, constitucionalistas e partidos políticos redigiu uma nova Constituição (*Verfassung*, para substituir a *Grundgesetz*). Essa minuta de constituição – a única até agora – tornou a ecologia um princípio fundamental, juntamente da democracia, da liberdade individual e da justiça social.[134] A responsabilidade ecológica é vista como um "fio verde que perpassa toda a Constituição",[135] afetando de igual maneira o Estado e o indivíduo. A minuta de constituição rejeita um direito humano a um meio ambiente saudável, pois isso refletiria "um problemático ponto de vista antropocêntrico em relação à natureza".[136] Em vez disso, diversos direitos humanos contêm limitações para refletir responsabilidades ecológicas. O conceito de propriedade do Artigo 14, por exemplo, inclui a preservação das condições naturais da vida (*Erhaltung der natürlichen Lebensgrundlagen*) como barreira ao uso da propriedade.[137] De modo semelhante, a liberdade da ciência e da pesquisa é restringida. O artigo 5 b (2) exige notificação pública para qualquer pesquisa que envolva riscos especiais (*besondere Risiken*) e permite restrições se essa pesquisa puder causar uma ameaça à dignidade humana ou às condições naturais da vida.[138]

O reconhecimento do valor intrínseco da vida é a justificação tanto jurídica quanto ética das limitações ecológicas. Alguns exemplos[139] – usando os mesmos direitos fundamentais alemães mostrados acima – podem ilustrar o uso desse conceito:[140]

Artigo 1º Da proteção da dignidade humana:
(1) A dignidade do ser humano é inviolável. [...]

---

[133] Bosselmann, 1992, p. 200-202.

[134] Kuratorium für einen demokratisch verfassten Bund deutscher Länder. *Vom Grundgesetz zur deutschen Verfassung:* Denkschrift und Verfassungsentwurf. Baden-Baden: Nomos, 1991, p. 21-23.

[135] Ibid., p. 39.

[136] Kuratorium für einen demokratisch verfassten Bund deutscher Länder. *Vom Grundgesetz zur deutschen Verfassung:* Denkschrift und Verfassungsentwurf. Baden-Baden: Nomos, 1991, p. 40.

[137] Ibid., p. 40 e 86.

[138] Ibid., p. 73.

[139] Veja Bosselmann, 1992, p. 80-126.

[140] As emendas propostas estão em itálico.

(2) O povo alemão reconhece os direitos humanos invioláveis e inalienáveis *e o respeito pelo valor intrínseco da vida* como base de toda comunidade, da paz e justiça no mundo.

(3) Os seguintes direitos básicos são vinculantes para o Legislativo, o Executivo e o Judiciário como direito diretamente aplicável.

Artigo 2º Do direito à liberdade:

(1) Toda pessoa terá o direito ao livre desenvolvimento de sua personalidade na medida em que não violar os direitos de outras *ou a sustentabilidade das condições naturais da vida.*

[...]

Artigo 5º Da liberdade de expressão:

[...]

(3) A arte e a ciência, a pesquisa e o ensino serão livres. *Eles respeitam a dignidade do ser humano e o valor intrínseco da vida.*

[...]

Artigo 14. Da propriedade:

(1) Garantem-se a propriedade e o direito de herança. Seu conteúdo e seus limites serão determinados pela legislação.

(2) A propriedade impõe deveres. Seu uso também deveria servir ao bem comum *e à sustentabilidade das condições naturais da vida.*

A importância não reside na formulação exata,[141] mas na intenção ou, mais precisamente, na dinâmica que sustenta a interpretação ecológica dos direitos humanos.

A abordagem ecológica dos direitos humanos na Carta da Terra

Um exemplo internacional encontra-se na Carta da Terra.[142] Como marco ético para um vindouro mundo justo, sustentável e pacífico, a Carta da Terra contém valores e princípios relevantes, incluindo sua interconexão.

A Carta da Terra considera os direitos humanos como a base do bem-estar e da existência humanos e, ao mesmo tempo, como limitação destes. Ela se baseia na unidade da vida humana e não humana. Nesse sentido, direitos humanos procedimentais e certos direitos humanos substanciais são fortalecidos, enquanto que outros direitos humanos substanciais são limitados. Isso é uma novidade no direito internacional dos direitos humanos.

Alguns excertos podem ilustrar isso (grifou-se):

Preâmbulo

[...] Devemos somar forças para gerar uma *sociedade global sustentável baseada no respeito pela natureza, nos direitos humanos universais*, na justiça econômica e numa cultura da paz.

---

[141] Para uma proposta referente à constituição austríaca, veja Pernthaler, P. Reform der Bundesverfassung. In: Pernthaler, P.; Wimmer, K.; Wimmer, N. *Umweltpolitik durch Recht*. Wien, 1992, p. 10; no tocante à constituição suíça, veja Bundesamt für Umwelt, Wald und Landschaft (ed.). *Die Würde der Kreatur*. [parecer] 1995.

[142] Adotada em junho de 2000 em Haia; <www.earthcharter.org>.

[...] O espírito de *solidariedade humana* e de *parentesco com toda a vida* é fortalecido quando vivemos com reverência para com o mistério da existência, com gratidão pelo dom da vida e com humildade em relação ao lugar que o ser humano ocupa na natureza.

[...] Afirmamos *os seguintes princípios, todos interdependentes*, visando um modo de vida sustentável como critério comum.

A Carta em si, com seus 16 princípios, contém referências tanto aos aspectos que fortalecem os direitos humanos quanto aos que os limitam.

1. Fortalecimento dos direitos humanos na Carta da Terra:

Princípio 3 (a)

Assegurar que as comunidades em todos os níveis *garantam os direitos humanos e as liberdades fundamentais e proporcionem a cada um/uma a oportunidade de realizar seu pleno potencial.*

Princípio 7

Adotar padrões de produção, consumo e reprodução que *protejam* as capacidades regenerativas da Terra, *os direitos humanos* e o bem-estar comunitário.

Princípio 8 (a)

Garantir que *informações* de vital importância para a saúde humana e para a proteção ambiental, incluindo informação genética, estejam *disponíveis ao domínio público.*

Princípio 9 (a)

Garantir o direito à água potável, ao ar puro, à segurança alimentar, *aos solos não contaminados, ao abrigo e saneamento seguro* [...].

Princípio 11

Afirmar a igualdade e a equidade de gênero como pré-requisitos para o desenvolvimento sustentável e assegurar o acesso universal à educação, assistência à saúde e às oportunidades econômicas.

Princípio 12

Defender, sem discriminação, *o direito de todas as pessoas a um ambiente* natural e social capaz de assegurar a dignidade humana, a saúde corporal e o bem-estar espiritual, concedendo especial atenção aos *direitos dos povos indígenas e minorias.*

Princípio 13

Fortalecer as instituições democráticas em todos os níveis e proporcionar-lhes transparência e prestação de contas no exercício do governo, *participação* inclusiva *na tomada de decisões e acesso à justiça.*

2. Deveres com limitações dos direitos humanos na Carta da Terra:

Princípio 1 (a)

Reconhecer que todos os seres são interligados e *cada forma de vida tem valor, independentemente de sua utilidade para os seres humanos.*

Princípio 2 (a)

Aceitar que, *com o direito de possuir, administrar e usar os recursos naturais vem o dever de impedir o dano ao meio ambiente e de proteger os direitos das pessoas.*

Princípio 6 (a)
Impor o ônus da prova àqueles que afirmarem que a atividade proposta não causará dano significativo e fazer com que as partes sejam responsabilizadas pelo dano ambiental.

Historicamente, a ideia dos direitos humanos foi moldada por duas importantes tradições políticas, *i. e.*, o pensamento liberal e o pensamento social. Primeiro, o liberalismo do século 18 estabeleceu a ideia da liberdade individual (em francês: *liberté*). Em segundo lugar, os princípios democráticos e sociais dos séculos 19 e 20 acrescentaram as ideias da igualdade e solidariedade (em francês: *egalité* e *fraternité*). Conceitualizar os seres humanos como indivíduos numa sociedade livre, democrática e social foi a conquista da modernidade.

Mas o tempo não pára. Enquanto os seres humanos continuam sendo uma ameaça para si mesmos, eles estão ameaçando, em grau crescente, as condições naturais das quais dependem. Isso exige uma ampliação do conceito de solidariedade. As gerações futuras e o meio ambiente natural deveriam estar incluídos no âmbito da solidariedade.

Conclusão

A abordagem ecológica dos direitos humanos reconhece a interdependência de direitos e deveres. Os seres humanos precisam usar os recursos naturais, mas também dependem completamente do ambiente natural. Isso torna as autorrestrições essenciais, não só em termos práticos, mas também em termos normativos. Intitulações a recursos naturais e a um meio ambiente saudável, utilmente expressadas em direitos, não podem mais ser percebidas em termos puramente antropocêntricos.

Os direitos humanos, como todos os instrumentos jurídicos, precisam respeitar as fronteiras ecológicas. Essas fronteiras podem ser expressas em termos éticos e jurídicos na medida em que definem conteúdo e limitações de direitos humanos. Será que as instituições conseguirão se adaptar a esses novos direitos humanos ecológicos? Para o bem da coerência e eficácia do Direito, elas deveriam-no. Para o bem da sobrevivência humana, a elas o urge!

— 4 —

Uma reflexão crítica sobre as dimensões socioeconômicas do direito sul-africano ao meio ambiente

LOUIS J. KOTZÉ

Bacharel em Comércio, Bacharel, Mestre (Universidade de Potchefstroom) e
Doutor em Direito (NWU). Professor Titular da Faculdade de Direito
da North-West University, África do Sul.

LINDA JANSEN VAN RENSBURG

Bacharel em Comércio, Bacharel, Mestre (Universidade de Potchefstroom) e
Doutora em Direito (RAU). Professora da Faculdade de Direito
da North-West University, África do Sul.

Sumário: 1. Introdução; 2. Os direitos socioeconômicos; 3. O desenvolvimento do direito ambiental na África do Sul; 4. O direito ao meio ambiente; 4.1. A natureza do direito;4.2. O significado de "saúde", "bem-estar" e "desenvolvimento sustentável" e conceitos como a equidade intergeracional no artigo 24; 4.3. A aplicação do direito; 4.4. A interpretação do direito; 4.4.1. Uma questão de interpretação; 4.4.2. O relacionamento entre o artigo 24(a) e 24(b); 4.4.3 O significado de "medidas legislativas e outras medidas razoáveis"; 4.4.4. A realização progressiva; 5. A jurisprudência; 5.1. O caso Minister of Public Works and Others v Kyalami Ridge Environmental Association and Others (Kyalami); 5.2. Hichange Investments (Pty) Ltd v Cape Produce Company (Pty) Ltd t/a Pelts Products e Outros (Hichange); 5.3. BP Southern Africa (Pty) Ltd v MEC for Agriculture, Conservation and Land Affairs (BP); 5.4. HTF Developers (Pty) Ltd (Pty) Ltd v Minister of Environmental Affairs and Tourism and Others (HTF). 6. Conclusão.

1. Introdução

Antes da promulgação da Constituição da República da África do Sul de 1994[1] e da Constituição da República da África do Sul, em 1996,[2] as preocupa-

---

[1] Chamada, de agora em diante, de Constituição Interina. Suas disposições não são expostas tendo em vista a finalidade deste artigo. Para uma exposição do desenvolvimento da Constituição Interina, cf., entre outros, J. C. Mubangizi. *The Protection of Human Rights in South Africa*, 2004, p. 52-55.

[2] Doravante denominada "Constituição".

ções ambientais na África do Sul eram vistas em geral como preocupações elitistas de brancos que "[...] estavam vinculadas à imposição das políticas e planos do governo anterior".[3] Além disso, a ordem anterior não oferecia um *corpus* de leis ambientais abrangente baseado na Constituição. Mas isto mudou drasticamente com o início do atual regime constitucional, que prevê explicitamente um direito ambiental. O artigo 24 afirma o seguinte:

> Todas as pessoas têm o direito – (a) a um meio ambiente que não seja prejudicial à sua saúde ou bem-estar; e (b) a ter o meio ambiente protegido, para o benefício das gerações presentes e futuras, através de medidas legislativas e outras medidas razoáveis que – (i) previnam a poluição e a degradação ecológica: (ii) promovam a conservação; e (iii) garantam o desenvolvimento e uso ecologicamente sustentável dos recursos naturais ao mesmo tempo em que promovam um desenvolvimento econômico e social justificável.[4]

Embora a existência de um direto ao ambiente na África do Sul certamente não seja um caso isolado,[5] é preciso reconhecer o papel fundamental que o artigo 24, a respeito do direito ambiental, exerceu e continua a exercer no desenvolvimento do direito ambiental na África do Sul. Disposições constitucionais, e mais especificamente um direito ambiental constitucional, foram anunciados como mecanismos importantes para proteger o ambiente.[6] Dispor sobre um direito ambiental na própria Declaração de Direitos é um reconhecimento de que este direito deve ser respeitado, protegido, promovido e cumprido de forma semelhante

---

[3] J. Glazewski, Environmental Justice and the New South African Democratic Legal Order, in: J. Glazewski e G. Bradfield (eds.), *Environmental Justice and the Legal Process*, 1999, p. 2. Para uma exposição geral das disposições da Constituição Interina que se relacionam direta ou indiretamente com o meio ambiente, veja T. Winstanley, Entrenching Environmental Protection in the New Constitution, *South African Journal of Environmental Law and Policy*, n. 2, n. 1, 1995, p. 85-97. Deve-se destacar aqui que a África do Sul teve cinco constituições até hoje, remontando ao ano de 1910. Entretanto, só a Constituição Interina e a de 1996 podem ser consideradas constituições democráticas.

[4] Deve-se observar que o direito sul-africano não prevê explicitamente um direito ao desenvolvimento. Pode-se, porém, derivar da formulação do artigo 24 que esse direito protege e promove implicitamente certos aspectos do desenvolvimento. Veja, ainda, G. M. Ferreira, Volhoubare Ontwikkeling, Regverdige Ontwikkeling en die Fundamentele Reg op 'n Skoon en Gesonde Omgewing, *Journal of South African Law*, v. 3, 1999, p. 436-437. Observa-se, além disso, que, em geral, os direitos ambientais estão orientados pelo ser humano, tendo uma forte premissa antropocêntrica. Veja J. W. Nickel. The Human right to a Safe Environment: Philosophical Perspectives on its Scope and Justification. *Yale Journal of International Law*, v. 18, 1993, p. (281) 283. O mesmo parece aplicar-se ao artigo 24, já que o direito coloca a ênfase claramente em "todas as pessoas", ou nos seres humanos e seus interesses, e não necessariamente nos direitos do meio ambiente natural. Tendo dito isso, pode-se, contudo, sustentar que esse artigo tende indiretamente para uma abordagem ecocêntrica ao endossar o conceito de "desenvolvimento ecologicamente sustentável". O "desenvolvimento", porém, sempre precisa ser equilibrado com o desenvolvimento econômico e social justificável, o que, por sua vez, enfatiza o caráter antropocêntrico do artigo 24.

[5] Atualmente, cerca de 54 Estados têm um direito ao meio ambiente petrificado em suas constituições. Veja, sobre isso, Winstanley, p. 86-87. Esta contribuição não leva em consideração o debate conceitual sobre os direitos humanos e o meio ambiente, já que só focaliza o direito ao ambiente e a proteção constitucional no direito da África do Sul. Para uma exposição sucinta dessas questões, veja L. A. Feris e D. Tladi, Environmental Rights, in: D. Brand e C. Heyns (eds.). *Socio-economic Rights in South Africa*, 2005, p. 249-255.

[6] C. Bruch, W. Coker e C. Van Arsdale, Breathing Life into Fundamental Principles: Implementing Constitutional Environmental Protections in Africa, *South African Journal of Environmental Law and Policy*, v. 7, p. 21, 2000.

a todos os outros direitos da Declaração de Direitos, como os direitos à vida, à dignidade humana e à igualdade.[7]

O direito ao ambiente transpira aspectos que podem ser atribuídos aos direitos socioeconômicos. O Judiciário reiterou a natureza socioeconômica do direito ao ambiente em um caso decidido recentemente ao afirmar o seguinte:

> Ao elevar o meio ambiente à condição de um direito humano fundamental jusdiciável, a África do Sul tomou irreversivelmente um rumo que levará ao objetivo de alcançar um meio ambiente protegido por uma abordagem integrada, que leva em consideração, entre outras coisas, preocupações e princípios socioeconômicos.[8]

Além disso, o artigo 24 é, muitas vezes, classificado como um direito (verde) de terceira geração ou coletivo em termos da classificação tradicional dos direitos. Mas a maioria dos juristas sul-africanos também concorda que o artigo 24 apresenta características de um direito socioeconômico. A hipótese deste trabalho é que este de fato é o caso. O que precisa ser determinado são as dimensões socioeconômicas do direito ambiental. Esta questão é investigada a seguir com referência específica aos direitos socioeconômicos, em geral; ao desenvolvimento do artigo 24 na África do Sul; à natureza e aos componentes do artigo 24; a uma interpretação do artigo 24; e à jurisprudência que lidou com os aspectos socioeconômicos do direito ambiental.

2. Os direitos socioeconômicos

Os direitos socioeconômicos podem ser descritos como posições jurídicas "que concernem às dimensões materiais do bem-estar social".[9] A Constituição sul-africana contém vários direitos socioeconômicos, por exemplo, o direito ao acesso à moradia adequada, direito ao acesso à assistência da saúde, à alimentação, à água, à assistência social e à educação. Estes direitos indicam que a Constituição, juntamente com os direitos inseridos nela, exerce um papel transformador na medida em que deveria, além de proteger as pessoas contra o abuso do poder estatal, também se empenhar para promover/alcançar ideais de liberdade, igualdade, dignidade e justiça social.[10] A Constituição impõe ao Estado um dever de *implementar* e *fazer cumprir* os direitos socioeconômicos. Os direitos socioeconômicos, neste sentido, impõem ao Estado um dever positivo de realizar o direito ou os objetivos do direito. O artigo 7(2) determina quanto a isso o se-

---

[7] Em alguns casos, ele até foi descrito como "[...] não menos importante do que o próprio direito à vida". B. T. Mekete e J. B. Ojwang, The Right to a Healthy Environment: Possible Juridical Bases, *South African Journal of Environmental Law and Policy*, v. 3, p. 155, 1996.

[8] BP Southern Africa (Pty) Ltd v MEC for Agriculture, Conservation and Land Affairs 2004 (5) SA 124 (W).

[9] Liebenberg, p. 31-33.

[10] Brand, Introduction to Socio-Economic Rights in the South African Constitution, in: Brand e Heyns (eds.), *Socio-economic Rights in South Africa*, 2005, p. 1.

guinte: "[O] Estado deve *respeitar, proteger, promover* e *cumprir* os direitos que constam na Declaração de Direitos".[11] Brand[12] afirma o seguinte:

> Neste sentido, os direitos socioeconômicos constitucionais são projetos para as múltiplas atividades do Estado que orientam e moldam ativamente a ação legislativa, a formulação de políticas e a tomada de decisões executivas e administrativas. Por outro lado, eles também são ferramentas de ação política (...)

Liebenberg[13] distingue entre três categorias de direitos socioeconômicos, ou seja, direitos socioeconômicos que são qualificados por uma limitação interna, direitos socioeconômicos que impõem uma proibição ao Estado e à ação privada, e direitos socioeconômicos básicos não qualificados. A categoria específica é determinada de acordo com a formulação do direito.

O artigo 24, quando lido em conjunto com o artigo 7(2) da Constituição, revela características de um direito socioeconômico *qualificado*, porque implica um dever positivo do Estado de proteger e realizar o direito a um meio ambiente que não seja prejudicial à saúde ou ao bem-estar do indivíduo. O artigo 24 também é qualificado no sentido de que o artigo 24(b) oferece uma limitação interna porque "as medidas legislativas e outras medidas" devem ser *razoáveis*, um aspecto ao qual voltarei mais tarde.

De maneira semelhante a outros direitos socioeconômicos, o direito ambiental, quando lido junto com o artigo 7(2) da Constituição, impõe tanto um dever negativo quanto um positivo ao Estado (e a entes privados) de fazer cumprir o direito.[14] Outros direitos socioeconômicos que podem ser discernidos neste caso incluem o direito ao acesso à moradia adequada, nos seguintes termos:

> 26.(1) Todas as pessoas têm o direito de ter acesso à moradia adequada.
> (2) O Estado deve tomar medidas legislativas e outras medidas razoáveis, dentro da disponibilidade de seus recursos, para alcançar a realização progressiva deste direito.
> (3) Ninguém pode ser despejado de seu lar, ou vê-lo demolido, sem uma ordem do tribunal dada depois de considerar todas as circunstâncias relevantes. Nenhuma legislação pode permitir despejos arbitrários.[15]

O artigo 27 também prevê o direito ao acesso à assistência à saúde já que:

> 27. (1) Todas as pessoas têm o direito a ter acesso a
> (a) serviços de assistência à saúde, incluindo assistência à reprodução;
> (b) alimentação e água suficientes; e
> (c) seguridade social incluindo, se não tiverem condições de se sustentar a si mesmos e a seus dependentes, assistência social adequada,

---

[11] Grifos nossos.

[12] Brand, p. 2.

[13] Liebenberg, p. 33-5-33-6. Brand (p. 3) faz uma distinção semelhante entre os direitos socioeconômicos.

[14] D. Brand, 2005 [nota 10], p. 10-11, onde ele sustenta que essa distinção pouco mais é do que uma distinção semântica, mas continua sendo importante por razões estratégicas porque os tribunais estarão mais dispostos a fazer cumprir deveres negativos do que positivos.

[15] Artigo 26.

(2) O Estado deve tomar medidas legislativas e outras medidas razoáveis, dentro de sua disponibilidade de recursos, para alcançar a realização progressiva de cada um destes direitos.

(3) A ninguém se pode negar o tratamento médico de emergência.[16]

Embora também se possam discernir outros direitos socioeconômicos, este trabalho empregará estes dois direitos como ponto de referência para fins de comparação com o direito ambiental.

O dever de respeitar direitos no contexto dos direitos fundamentais impõe ao Estado (e a outros entes) a obrigação negativa de não impedir ou prejudicar estes direitos.[17] A execução negativa dos direitos socioeconômicos não torna necessário o uso de limitações internas nos artigos 26(2) e 27(2), onde se afirma que o governo deve "[...] tomar medidas legislativas e outras medidas razoáveis, dentro de sua disponibilidade de recursos, para alcançar a realização progressiva de cada um destes direitos".[18] O artigo 24(b), de forma semelhante, limita internamente o direito ambiental exigindo que o Estado tome medidas legislativas e outras medidas razoáveis para proteger o direito em questão.[19] No contexto do conteúdo negativo do direito, ele é considerado um direito autônomo.[20] Em outras palavras, o artigo 24(a), que determina obrigações negativas como forma de concretização do direito ambiental pode ser, justificadamente, considerado um direito autônomo.

3. O desenvolvimento do direito ambiental na África do Sul

As preocupações ambientais no regime pré-constitucional na África do Sul foram abordadas de forma insuficiente.[21] A proteção ambiental durante este período deve ser considerada no contexto da falta geral de um Estado de direito e do constitucionalismo; do reinado supremo do sistema do *apartheid*, da falta

---

[16] Artigo 27.

[17] S. Liebenberg, The interpretation of socio-economic rights, in: S. Woolman et al., *Constitutional Law of South Africa*, 2. ed., 2006, p. 33-17-33-18; D. Bilchitz, Towards a reasonable approach to the minimum core: Laying the foundations for future socio-economic rights jurisprudence, SAJHR, v. 19, p. 1, 7, 2003.

[18] Jafta v Schoeman; Van Rooyen v Stoltz 2005 (2) SA 140 (CC) para 31-33; Residents of Bona Vista Mansions v Southern Metropolitan Local Council 2002 (6) BCLR 625 (W) para 15-18. Liebenberg, p. 33-18; C. Steinberg, Can reasonableness protect the poor? A review of South Africa's socio-economic rights jurisprudence, SALJ, n. 123, p. 264, 267, 2006.

[19] Brand, p. 3.

[20] Steinberg, p. 267.

[21] Isso está correlacionado, em grande parte, com o cenário internacional, onde a grande degradação ambiental em escala mundial ocasionou o desenvolvimento de um direito ao meio ambiente na arena internacional. Veja, neste sentido, V. Vukasovic, Protection of the Environment: One of the Key Issues in the Field of Human Rights, *Revista Juridica UPR*, v. 59, n. 4, p. 889-896, 1990. Não há um instrumento jurídico internacional único e abrangente relativo aos direitos humanos e ao ambiente. Entretanto, alguns instrumentos internacionais reconhecem um direito ao ambiente: a Conferência das Nações Unidas sobre o Meio Ambiente Humano, de 1972, a Carta Africana dos Direitos Humanos e dos Povos, de 1981, e a Carta Mundial para a Natureza, de 1982, entre outros. Veja também M. Déjeant-Pons e M. Pallemaerts, *Human Rights and the Environment*, 2002, que contém uma exposição detalhada do desenvolvimento do direito ao ambiente no contexto internacional. Veja também Feris e Tladi, p. 255-256.

de soberania parlamentar e da falta de respeito pelos direitos humanos e de sua proteção.[22] Em vez de defender a sustentabilidade e uma abordagem integrada do direito ambiental e da governança, as práticas, legislação e políticas do passado estavam essencialmente preocupadas com a facilitação da alocação de recursos e exploração de recursos.[23] O desenvolvimento do direito ambiental também deve ser considerado em termos do passado colonial da África do Sul, que se caracterizou por conflitos envolvendo a terra e o acesso a recursos naturais.[24] Além disso, a ideologia do *apartheid* estava essencialmente preocupada com a engenharia social que exacerbava esta situação já insustentável, pois criava discrepâncias adicionais em termos de planejamento físico, espacial e econômico e falta de resposta do Estado à degradação ambiental e às necessidades humanas.[25] Quando considerado neste contexto, não surpreende, pois, que o desenvolvimento do direito ambiental fosse principalmente motivado e impelido pelas pessoas que procuravam atacar as injustiças civis e políticas do *apartheid* e as injustiças ambientais subsequentes causadas por esta ideologia.[26]

Durante o início da década de 1990, fez-se uma tentativa de incluir um direito a um meio ambiente limpo e saudável naquela que se tornaria a Lei de Conservação Ambiental 73 de 1989 (ECA = *Environment Conservation Act*).[27] Este empreendimento, porém, jamais se concretizou.[28] Foi somente durante o processo de negociação que levou ao estabelecimento da Constituição Interina que se considerou de novo a possível inclusão de um direito ambiental. O processo de negociação requisitava um grau significativo de acordos políticos. Por isso, os proponentes que defendiam a inclusão de um direito ambiental na Constituição Interina tinham que ponderar com cuidado a natureza, extensão e conteúdo deste direito; sua relação com outros direitos fundamentais; e o papel potencial de um direito humano ambiental na nova ordem democrática sul-africana.[29] O resultado do processo de negociação foi a inclusão de um direito ambiental formulado de forma estrita no artigo 29 da Constituição Interina. O artigo 29 determinava o

---

[22] Para uma exposição perceptiva da transição da África do Sul de um Estado não democrático para um Estado democrático e constitucional, veja Mubangizi, p. 1-11, 35-42.

[23] W. Du Plessis e J. G. Nel, An Evaluation of NEMA Based on a Generic Framework for Environmental Framework Legislation, *South African Journal of Environmental Law and Policy*, v. 8, n. 1, p. 1-3, 2001.

[24] F. Du Bois e J. Glazewski, *The Environment and the Bill of Rights*, 2004, p. 3.

[25] Ibid.

[26] Ibid.

[27] A ECA serviu como a lei primordial de proteção ambiental durante mais de uma década. Veja M. A. Rabie, Environment Conservation Act, in: R. F. Fuggle e M. A. Rabie (eds.), *Environmental Management in South Africa*, 1992, p. 99-119. A maior parte de seus dispositivos foram revogados pela Lei Nacional de Gestão Ambiental 107 de 1998. Esta última lei é considerada legislação ambiental progressista e moderna, servindo atualmente de referencial primordial para a governança ambiental e os esforços de gestão na África do Sul. Para uma exposição abrangente, veja Du Plessis e Nel, 2001, p. 1-37, e J. Glazewski, *Environmental Law in South Africa*, 2. ed., 2005, p. 131-161.

[28] Mesmo que um direito ambiental estivesse incluído na ECA, é duvidoso que essa proteção teria sido adequada, já que a ECA não é um arranjo legislativo constitucional, mas uma lei ambiental normal do Parlamento operando sob os dispositivos constitucionais.

[29] Glazewski, p. 67.

seguinte: "Todas as pessoas têm o direito a um meio ambiente que não seja prejudicial ao seu bem-estar".

Pode-se argumentar que a natureza limitada deste direito é um indício dos acordos políticos que foram feitos. Primeiramente, o artigo 29 foi formulado de maneira a conferir um direito individual, e não um direito coletivo, excluindo, assim, a aplicação do direito a grupos lesados.[30] Isto representou uma deficiência significativa, pois eram especialmente grupos que sofriam injustiças ambientais nas mãos do antigo governo do *apartheid*.[31] Em segundo lugar, o direito foi formulado negativamente, o que pode implicar que não existiam deveres positivos da parte do governo de proteger o ambiente.[32] O direito foi, por conseguinte, relegado a um clássico direito humano fundamental negativo, em vez de ser um direito positivo que impõe deveres ao governo (e possivelmente a terceiros) para cumprir as metas e os objetivos do direito. Ele meramente agia como um "escudo" contra intervenções estatais e particulares. Em terceiro lugar, nota-se que o artigo 29 talvez tenha sido de natureza demasiadamente antropocêntrica, pois não previa especificamente medidas de proteção para o benefício do meio ambiente natural.[33] Ele também deixou de endossar o conceito de desenvolvimento sustentável, sumamente importante e internacionalmente reconhecido, e, além disso, não fez referência a componentes geralmente aceitos do direito ambiental, ou seja, utilização e conservação de recursos, controle da poluição, gestão e planejamento de resíduos e uso da terra.[34]

O processo de negociação que precedeu a Constituição de 1996 levou em consideração uma série destas preocupações. O resultado disso é que o direito ambiental, da forma como está atualmente formulado e contido na Constituição, pode ser considerado o fulcro em torno do qual se encontram os empreendimentos de proteção ambiental na África do Sul. Grande parte do desenvolvimento do direito foi caracterizado por processos, interesses e agendas políticas. Pode-se inferir que a política está preocupada também com as dimensões materiais do bem-estar social – como estão os direitos socioeconômicos. Por conseguinte, observa-se, já a partir do desenvolvimento histórico do direito, que sua razão de ser primordial está profundamente inserida em considerações socioeconômicas e políticas que têm a ver com melhorar a qualidade de vida das pessoas ou retificar no presente males sociais causados no passado (*apartheid*).

---

[30] M. Kidd, *Environmental Law:* A South African Guide, 1997, p. 36, também observa que o caráter individual do artigo 29 é contrário ao caráter de terceira geração geralmente atribuído aos direitos ambientais, na medida em que eles se aplicam a grupos, e não a indivíduos.

[31] Para uma exposição do tema da justiça ambiental e do ordenamento jurídico ambiental da África do Sul, veja L. A. Feris, *The Conceptualisation of Environmental Justice within the Context of the South African Constitution*, LLD Thesis, University of Stellenbosch, 2000.

[32] Kidd, p. 36.

[33] Van der Linde e Basson, p. 50-10.

[34] Kidd, p. 36, e Winstanley, p. 85.

4. O direito ao meio ambiente

4.1. A natureza do direito

O artigo 24 faz parte da Declaração de Direitos da Constituição e, portanto, pode ser classificado como um direito fundamental justiciável.[35] Isto significa que se atribui ao direito ao ambiente o mesmo *status* conferido a outros direitos fundamentais na Constituição. Embora a Constituição sul-africana não faça uma diferenciação formal entre categorias ou gerações de direitos, é importante refletir brevemente sobre a categorização tradicional dos direitos fundamentais para discutir a natureza do artigo 24. Os direitos fundamentais são divididos em três gerações ou categorias diferentes. Os direitos da primeira geração, ou "azuis", são direitos civis ou políticos de indivíduos, incluindo, por exemplo, o direito à igualdade e o direito à vida. Na maioria dos casos, exige-se especificamente que o Estado se abstenha de infringir estes tipos de direitos.[36] Os direitos de segunda geração, ou "vermelhos", são direitos socioeconômicos que impõem um dever positivo ao Estado de realizar seu conteúdo substantivo. Estes direitos podem, por exemplo, incluir o direito de acesso à alimentação, educação e moradia.[37] Os direitos ambientais são normalmente classificados como direitos de terceira geração, ou "verdes", que são aplicáveis a um certo grupo. O artigo 24 sobre o direito ao ambiente na Constituição sul-africana é singular no sentido de conter aspectos de cada uma destas classificações, como será esclarecido abaixo.[38]

Além disso, a Constituição é a lei suprema da África do Sul.[39] A inclusão do direito de cunho ambiental significa, pois, que os indivíduos podem reivindicar este direito em uma base constitucional. Isso aumenta significativamente o número, a natureza e o escopo dos recursos jurídicos disponíveis para fazê-lo cumprir, especialmente na medida em que é possível utilizar-se de todos os recursos constitucionais disponíveis para reivindicar este direito.[40] No que concerne à

---

[35] Quanto à classificação do direito ao ambiente como direito humano fundamental, veja C. Theron, Environmental Rights: An Overview of Interpretations, *South African Journal of Environmental Law and Policy*, v. 4, n. 1, p. 29-36, 1997, e Mekete e Ojwang, 1996, p. 155-176.

[36] Entretanto, também é possível que se espere que o Estado cumpra direitos civis e políticos, impondo, assim, um dever positivo ao Estado. Um exemplo disso é a expectativa de que o Estado providencie a infraestrutura necessária para que os eleitores votem. Veja August v Electoral Commission 1999 (3) SA 1 (CC).

[37] Veja artigos 26, 27, 28(1)(c) e 29 da Constituição.

[38] Veja Kidd, p. 35, e Mekete e Ojwang, p. 157-158; Van der Linde e Basson, p. 50-11. Veja também T. P. Van Reenen, Constitutional Protection of the Environment: Fundamental (Human) Right or Principle of State Policy? *South African Journal of Environmental Law and Policy*, v. 4, p. 270-273, 1997, onde o autor classifica os direitos ambientais primordialmente como direitos fundamentais sociais – uma teoria que enfatiza as precondições sociais necessárias para a realização dos direitos.

[39] Artigo 2 da Constituição.

[40] Os tribunais podem, por exemplo, declarar inválidas e inconstitucionais leis, regulamentações e todas as outras medidas. Eles podem, além disso, outorgar ressarcimento de dano, ordenar interditos, reparações administrativas ou emitir uma declaração de direitos. Para mais sobre esse assunto ver I. Currie e J. De Waal, *The Bill of Rights Handbook*, 2005, p. 199-226; Van der Linde e Basson, p. 50-44-50-50.

Declaração de Direitos, o artigo 7 da Constituição reforça a importância do direito ao ambiente constitucionalmente protegido ao afirmar o seguinte:

7(1) Esta Declaração de Direitos é uma pedra fundamental da democracia na África do Sul. Ela contém os direitos de todas as pessoas em nosso país e afirma os valores democráticos da dignidade, igualdade e liberdade humana.

(2) O Estado precisa respeitar, proteger, promover e cumprir os direitos constantes na Declaração de Direitos.

(3) Os direitos constantes na Declaração de Direitos estão sujeitos às limitações contidas ou mencionadas no artigo 36 ou em outras partes da Declaração.

É possível derivar da formulação do artigo 7 que o direito ao ambiente faz parte do sistema democrático da África do Sul. Ele se encontra em estreita relação com os valores da dignidade, igualdade e liberdade humana. Além disso, impõe ao Estado e a outros entes o dever de respeitar, proteger e realizar os direitos ambientais. Por fim, a posição jurídica de cunho ambiental, como no caso de todos os direitos fundamentais, pode ser limitada em termos do artigo 36, que afirma o seguinte:

36.(1) Os direitos constantes na Declaração de Direitos somente podem ser limitados em termos de direito de aplicação geral na medida em que a limitação for razoável e justificável em uma sociedade aberta e democrática baseada na dignidade, igualdade e liberdade humana, levando em consideração todos os fatores relevantes, incluindo

(a) a natureza do direito;

(b) a importância do propósito da limitação;

(c) a natureza e extensão da limitação;

(d) a relação entre a limitação e seu propósito; e

(e) meios menos restritivos para alcançar o propósito.

(2) Exceto como disposto no subparágrafo (1) ou em qualquer outra disposição da Constituição, nenhuma lei pode limitar qualquer direito petrificado na Declaração de Direitos.

4.2. O significado de "saúde", "bem-estar" e "desenvolvimento sustentável" e conceitos como a equidade intergeracional no artigo 24

O artigo 24 pode ser especificamente invocado onde a saúde ou o bem-estar de indivíduos forem afetados em um contexto ambiental. "Saúde" deveria ser interpretada como significando a saúde de indivíduos ou do público em geral, especificamente onde a saúde é afetada por atividades poluidoras.[41] Glazewski sustenta que "saúde" neste contexto vai além do artigo 27 sobre o direito ao acesso à assistência à saúde e a provisão dos serviços de assistência à saúde.[42] Bilchitz indica que, no direito internacional, o direito à saúde é "expressão taqui-

---

[41] Para uma exposição detalhada, veja Van der Linde e Basson, p. 13-50.

[42] O artigo 27 afirma, entre outras coisas: "(1) Todas as pessoas têm direito a ter acesso a: (a) serviços de assistência à saúde, incluindo a assistência à saúde reprodutiva [...]." Para uma exposição detalhada, veja Glazewski, 2005, p. 76-77.

gráfica[43] para designar um direito que se compõe de dois elementos: um direito de assistência à saúde e um direito a condições saudáveis".[44] Para os propósitos desta exposição, "saúde", incluindo o direito à assistência à saúde e o direito a um meio ambiente saudável, deveria ser entendida como tendo o objetivo último de realizar o mais alto padrão alcançável de saúde.[45] Quanto ao artigo 24, "saúde" se refere especificamente à provisão de um meio ambiente saudável, livre de poluição, que pode incluir a integridade mental e física das pessoas.[46]

"Bem-estar" é um conceito ainda mais amplo do que "saúde" e se refere àqueles casos onde os interesses ambientais de uma pessoa são afetados. Ele implica, além disso, que o ambiente e os interesses que as pessoas possam ter no meio ambiente têm um valor inerente ou intrínseco específico para as pessoas, o que pode incluir, por exemplo, o valor estético que alguns componentes do meio ambiente podem ter para elas.[47] O valor estético de uma vista do oceano, por exemplo, pode ser apreciado sob o termo "bem-estar".[48] Por isso, ele denota um certo significado espiritual e psicológico que pode até mesmo incluir dimensões socioeconômicas do bem-estar humano.[49]

4.3. A aplicação do direito

Quanto à aplicação do artigo 24, pode-se extrair da literalidade da norma, em primeiro lugar, que ninguém tem o direito a um meio ambiente limpo, não poluído. O direito reconhece que a poluição é inevitável em uma sociedade industrializada, especialmente considerando os limites atuais do conhecimento tecnológico e científico. Ao fazer isso, o direito permite alguma medida de desenvolvimento que possa implicar um certo grau de poluição, contanto que esta poluição não seja prejudicial à nossa saúde ou bem-estar.[50]

---

[43] N.T.: No original "shorthand expression" que significa uma escrita abreviada, como a estenografia, a taquigrafia.

[44] D. Bilchitz, Health, in: S. Woolman et al., *Constitutional Law of South Africa*, 2. ed., 2006, p. 56A-5. Veja C. Ngwena e R. Cook, Rights concerning health, in: D. Brand e C. Heyns (eds.), Socio-economic Rights in South África, 2005, p. 107-108, que concordam com o ponto de vista acima.

[45] Ngwena e Cook, p. 107.

[46] Feris e Tladi, p. 260.

[47] Veja, além disso, Glazewski, p. 77; Currie e De Waal, p. 526; Kidd, p. 155. Veja também G. M. Ferreira, Omgewinsbeleid en die Fundamentele Reg op 'n Skoon en Gesonde Omgewing, *Journal of South African Law*, 1, p. 90-91, 106-110, 1999, para uma reflexão adicional sobre o dever imposto ao Estado pelo artigo 24(b). O autor enfatiza especificamente que a implementação dos direitos socioeconômicos depende, em grande parte, de considerações políticas, e não tanto jurídicas. Além disso, afirma-se, neste tocante, que um dos problemas fundamentais com o cumprimento dos direitos socioeconômicos é a distribuição razoável dos recursos limitados que se mostra essencial no momento da satisfação de tais direitos.

[48] Veja, neste sentido, Paola v Jeeva No and Others 2004 1 SA 396 (SCA), e Van der Linde e Basson, p. 15-16. Veja também Mubangizi, p. 128-129, para uma exposição adicional sobre o sentido desses conceitos.

[49] Feris e Tladi, p. 260.

[50] Isso está em conformidade com o princípio internacionalmente reconhecido do desenvolvimento sustentável, segundo o qual se deve criar um equilíbrio entre considerações econômicas, sociais e ambientais.

Em segundo lugar, a expressão "todas as pessoas" visa a incluir somente pessoas, e não objetos inanimados, tais como plantas e animais. Isto se conforma à abordagem antropocêntrica ortodoxa adotada pelo direito ambiental sul-africano, pelo qual geralmente se aceita que os seres humanos são o foco da proteção ambiental e dos esforços de governança.[51] Isto levanta outra questão. Para determinar a aplicação do direito ao meio ambiente, também é necessário definir "meio ambiente". O meio ambiente é definido no artigo 1 da Lei de Gestão Ambiental Nacional 107 de 1998 (NEMA) como:

> [...] o entorno em que os seres humanos existem e que consiste (i) da terra, água e atmosfera do planeta; (ii) de microorganismos, vida vegetal e animal; (iii) qualquer parte ou combinação de (i) e (ii) e os inter-relacionamentos entre eles; e (iv) as propriedades e condições físicas, químicas, estéticas e culturais dos fatores precedentes que influenciam a saúde e o bem-estar humanos.

Em consonância com a abordagem antropocêntrica sul-africana, esta definição de meio ambiente inclui os seres humanos e os relacionamentos que estes têm com e em tal meio. Mas ela também inclui todos os meios ambientais, formas e processos de vida biológica, componentes químicos, estéticos e culturais – uma definição muito abrangente, como se pode depreender. Em face desta ampla definição, o direito ao meio ambiente não deveria também ser aplicável a outros componentes do ambiente além dos seres humanos, como plantas e animais? Sustenta-se que a definição de meio ambiente consiste claramente de duas considerações muito distintas, ou seja, a existência humana e o *relacionamento* entre os seres humanos e o ambiente não humano que influencia a saúde e o bem-estar humanos.[52] Semanticamente, a ênfase não está, portanto, necessariamente nos componentes não humanos, mas sim no relacionamento com estes componentes e na contribuição que eles podem dar para promover a saúde e o bem-estar dos seres humanos. Este argumento, associado ao fato de que "todas as pessoas" e não "todas as coisas" têm um direito ambiental, sugere claramente que o direito sul-africano ao meio ambiente somente se aplica aos seres humanos. Assim, é possível chegar à conclusão de que o direito ao ambiente, assim como outros direitos socioeconômicos, concerne às dimensões materiais do bem-estar social, pois a ênfase está nas pessoas.

Em terceiro lugar, a formulação do artigo 24(a) sugere que ele tem efeito vertical e horizontal. Os indivíduos podem, assim, afirmar seu direito de cunho ambiental contra o Estado e contra terceiros que possam afetar negativamente seu direito.[53] Isto deve ser interpretado em conjunto com o artigo 8 da Constituição, que regula a aplicação da Declaração de Direitos. O artigo 8 afirma que a Declaração de Direitos se aplica a todo direito e vincula o legislativo, o executivo, o judiciário e todos os órgãos do Estado. De acordo com o artigo 8, uma disposição da Declaração de Direitos também vincula uma pessoa física ou uma

---

[51] Glazewski, p. 72-75.
[52] Grifos nossos.
[53] Veja ainda, a este respeito, Currie e De Waal, p. 524, e Glazewski, p. 74-75.

pessoa jurídica.⁵⁴ Ao mesmo tempo em que se estabelece uma ampla plataforma para o cumprimento do direito ambiental, o governo, todas as normas, incluindo a legislação, os precedentes judiciais, o direito comum, o direito consuetudinário, o direito internacional, o direito autóctone e os indivíduos privados ficam sujeitos à Declaração de Direitos e, portanto, também ao direito ao meio ambiente. A natureza do direito também se presta para que seja coercitível entre partes privadas (horizontal) e entre partes privadas e o Estado (vertical). O objetivo primordial do direito não é somente assegurar o cumprimento eficaz pela ação governamental, mas também oferecer recursos para indivíduos reivindicarem este direito onde sua saúde e/ou bem-estar é afetado, por exemplo, pelas atividades poluidoras da indústria.⁵⁵

4.4. A interpretação do direito

4.4.1. Uma questão de interpretação

A formulação, e implicitamente o caráter do artigo 24, levanta uma série de questões interessantes e não respondidas sobre a interpretação deste artigo. Por exemplo, qual é a relação entre os artigos 24(a) e 24(b)? Conectada a esta pergunta está a pergunta de se o artigo 24(a) deveria ser limitado pelo artigo 24(b); em outras palavras, se o artigo 24(a) deveria ser considerado um direito autônomo, independente. O artigo 24(b)(i)-(iii) descreve os objetivos específicos a serem alcançados na realização do direito ao meio ambiente. De acordo com este artigo, espera-se que o Estado *proteja* tomando medidas para *prevenir*, *promover* e *assegurar* o direito de cunho ambiental. Isto levanta a pergunta de se o artigo 24(b) é uma lista fechada ou exaustiva ou se os deveres do artigo 7(2), que impõem o dever de respeitar, promover, proteger e realizar o direito, também seriam aplicáveis. Uma outra pergunta concerne à análise do significado da expressão "medidas legislativas e outras medidas razoáveis". Relacionada com a pergunta pelo conteúdo da razoabilidade está a omissão das expressões "realização progressiva e recursos disponíveis", normalmente conectada a outros direitos socioeconômicos (como os artigos 26 e 27), do artigo 24(b). Na ausência destas expressões, poder-se-ia inferir que o Estado tem uma obrigação imediata de realizar o direito ao ambiente e, possivelmente, que recursos limitados não deveriam afetar sua realização. A pergunta final que necessita ser abordada é se o artigo 24 deveria ser limitado somente por suas próprias limitações internas ou se o artigo 36 (a cláusula de limitação geral) também deveria ser empregado.

---

⁵⁴ As pessoas jurídicas incluem empresas, corporações de capital fechado e associações.

⁵⁵ Veja também a decisão em Minister of Health and Welfare v Woodcarb (Pty) Ltd and Others 1996 (3) SA 155 (N), onde o tribunal afirmou que uma infração da legislação ambiental, neste caso da Lei de Prevenção da Poluição Atmosférica 45 de 1965, afeta negativamente o direito ambiental das pessoas sob a Constituição Interina. Veja, além disso, Glazewski, p. 74-75, e Feris e Tladi, p. 258-259, a este respeito.

4.4.2. O relacionamento entre o artigo 24(a) e 24(b)

O artigo 24(a), por um lado, pode ser interpretado como um direito fundamental clássico ou tradicional que, por sua natureza, está em correlação com o direito à dignidade humana e o direito à vida.[56] Currie e De Waal observam que o artigo 24(a) é formulado em termos negativos, o que implica que é um "direito negativo ortodoxo" que determina um certo padrão mínimo e não um direito positivo de extensão indeterminada.[57] O artigo 24(b), por outro lado, pode ser interpretado como um direito socioeconômico que impõe ao governo deveres de proteger o meio ambiente para as gerações presentes e futuras.[58] O caráter socioeconômico do artigo 24(b) está em correlação com outros direitos socioeconômicos da Constituição, incluindo, entre outros, o direito de acesso à moradia e o direito de acesso à saúde, alimentação, água e seguridade social.[59]

O ponto de vista acima mencionado de que o artigo 24(a) é um direito civil clássico, e o artigo 24(b) é um direito socioeconômico está, contudo, sujeito a críticas. Sustentar que o artigo 24(a) é um direito que somente impõe obrigações negativas ao Estado, porque está formulado em termos negativos, reflete uma abordagem interpretativa literalista. Afirmamos que o artigo 24(a) deveria ser lido junto com o artigo 7(2) da Constituição que exige que o Estado *respeite, proteja, promova* e *cumpra* o direito a um meio ambiente que não seja prejudicial à saúde ou bem-estar da pessoa. Em um nível primário, o dever de respeitar exige uma ação negativa do Estado, e os tribunais trazem a expectativa de que o Estado não irá interferir indevidamente nos direitos fundamentais da pessoa.[60] Em um nível secundário, espera-se que o Estado proteja o gozo existente de todos os direitos fundamentais contra a interferência de terceiros.[61] O dever de proteger exige que o Estado tome medidas legislativas e outras, incluindo a provisão de recursos efetivos para proteger o indivíduo contra possíveis violações de seus direitos por entes mais poderosos.[62] Em um nível terciário, o artigo 7(2) exige que o Estado promova e cumpra os direitos de todas as pessoas.[63] O beneficiário

---

[56] Veja, respectivamente, os artigos 10 e 11 da Constituição de 1996.

[57] Currie e De Waal, p. 525.

[58] Veja também H. Stacy, Environmental Justice and Transformative Law in South Africa and some Cross-jurisdictional Notes about Australia, the United States and Canada, in: J. Glazewski e G. Bradfield (eds.), *Environmental Justice and the Legal Process*, 1999, p. 51, e Mubangizi, p. 119-122, para uma exposição da natureza e do cumprimento de direitos socioeconômicos na África do Sul.

[59] Veja, respectivamente, os artigos 26 e 27 da Constituição de 1996. Como já indicamos, esses tipos de direitos socioeconômicos são categorizados como direitos socioeconômicos qualificados. Liebenberg, p. 33-1. Brand, p. 3.

[60] P. De Vos, Pious wishes or directly enforceable human rights?: Social and economic rights in South Africa's 1996 Constitution, *South African Journal on Human Rights*, v. 13, p. 83, 1997; Liebenberg, p. 33-6; Brand, p. 9.

[61] De Vos, p. 83; Liebenberg, p. 33-6; Brand, p. 10.

[62] Liebenberg, p. 33-6. É preciso reiterar, a esta altura da exposição, que a linguagem usada no artigo 24(b) espera que o Estado "proteja" e não "cumpra" o direito em questão, o que implica textualmente que o Estado só tem um dever de criar um amparo jurídico ou de outra natureza para proteger o indivíduo ou grupo contra a interferência de terceiros. O dever de "proteger" não exige uma assistência positiva por parte do Estado na forma de medidas orçamentárias concretas para realizar o direito.

[63] De Vos, p. 86; Liebenberg, p. 33-6; Brand, p. 10.

tem o direito de exigir assistência positiva ou um benefício ou serviço do Estado. Pode-se chegar à conclusão de que todos os direitos, independentemente de sua assim chamada classificação ou geração, podem impor deveres negativos bem como positivos ao Estado. A natureza e escopo destas obrigações impostas ao Estado dependerão da formulação exata do direito fundamental.

O que foi dito acima leva a questionamento, no curso, a respeito da possível independência do artigo 24(a) de (b); ou seja, o artigo 24(a) constitui um direito autônomo? Se o artigo 24(a) constitui um direito autônomo, é possível sustentar que este direito é imediatamente executável e não está sujeito às considerações mencionadas no artigo 24(b) relacionadas a medidas legislativas e outras medidas razoáveis. Nos casos *Grootboom*[64] e *TAC*,[65] o Tribunal Constitucional abordou a questão de se os artigos 26(1) e 27(1), respectivamente, constituíam direitos independentes, autônomos. No caso *TAC*, o Tribunal, através de uma abordagem finalista, concluiu que "[...] o artigo 27(1) da Constituição não origina um direito positivo autônomo e independente que possa ser executado sem levar em conta as considerações mencionadas no artigo 27(2)".[66] Contudo, em *Jafta v Schoeman; Van Rooyen v Stoltz*, O Tribunal Constitucional observou que o cumprimento do aspecto negativo de direitos socioeconômicos não torna necessário o uso das limitações internas nos artigos 25(5), 26(2) e 27(2).[67] Tudo depende do contexto em que se interpreta o direito. No contexto da dimensão negativa do direito ao meio ambiente, ou seja, a obrigação de respeitar o meio ambiente que não seja prejudicial à saúde ou ao bem-estar da pessoa, ele é considerado um direito autônomo e não deveria ser limitado pelo artigo 24(b). Quanto ao contexto positivo do direito de cunho ambiental, ou seja, a obrigação de proteger, promover e cumprir, o artigo 24(a) deve ser lido junto com o 24(b). Isto implica que o Estado somente tem de tomar medidas dentro dos parâmetros do artigo 24(b), e ele não é, portanto, um direito autônomo, mas é de fato limitado pelo artigo 24(b).

Diferentemente de outros direitos socioeconômicos, o artigo 24(b) não se dirige ao Estado diretamente em seu texto. Os artigos 26(2) e 27(2) se referem explicitamente ao Estado determinando que "*o Estado* deve tomar medidas razoáveis e outras medidas (...)", enquanto o artigo 24(b) não se dirige diretamente ao Estado. No caso TAC, o segundo *amicus curiae*, em nome do requerente, também chamou a atenção para a linguagem da Constituição e para a diferença na formulação dos artigos 24(b) e dos artigos 26(2) e 27(2):

> O artigo 24(b), por outro lado, confere a todas as pessoas o direito de "ter o meio ambiente protegido [...] através de medidas legislativas e outras medidas razoáveis", *mas não está vinculado a um dever separado imposto ao Estado de tomar tais medidas.*[68]

---

[64] Grootboom § 34.
[65] TAC § 26-39.
[66] TAC § 39.
[67] Nota 18 supra, § 31-33; Residents of Bon Vista Mansions v Southern Metropolitan Local Council par 15-18. Liebenberg, p. 33-18; Steinberg, SALJ, p. 264, 267.
[68] TAC § 28. Grifos nossos.

É nossa opinião que a natureza do dever contido no artigo 24(b), ou seja, proteger o meio ambiente através de medidas legislativas e outras medidas razoáveis, somente pode ser aplicável ao Estado. Somente o Estado tem o poder de criar um marco ambiental sistematizado para proteger o indivíduo contra a interferência em seu direito por parte de partes privadas. Assim, embora o artigo 24(b) não imponha explicitamente a obrigação ao Estado, ela está implícita pela natureza do dever exigido para realizar o direito.

Outra divergência em relação aos artigos 26(2) e 27(2) é a linguagem do artigo 24(b) que exige do Estado que *proteja, previna, promova* e *assegure*, e não que *realize* o direito em questão. Textualmente ela implica que o Estado somente tem o dever de criar uma sistematização legislativa ou de outra natureza para proteger o indivíduo ou grupo contra a interferência de outras partes. O dever de "proteger" não exige assistência positiva da parte do Estado na forma de medidas orçamentárias concretas para realizar o direito. Como já indicamos, sustentamos que uma abordagem bem estruturada (interpretação finalista)[69] exige que o artigo 24(b) seja lido junto com o artigo 7(2). Isto implica que se esperará que o Estado também respeite, proteja, promova e cumpra ou realize o direito.

4.4.3. O significado de "medidas legislativas e outras medidas razoáveis"

Enquanto o significado do termo "medidas legislativas" seja óbvio,[70] o termo "outras medidas" pode ser interpretado como significando, entre outras coisas, medidas administrativas executadas em termos de mandatos de governança ambiental, incluindo, entre outros, proteção dos recursos naturais, regulamentação da poluição, cumprimento de leis ambientais e desenvolvimento de políticas. "Outras medidas" pode também incluir medidas de natureza administrativa, técnica, financeira e educacional.[71] Estas disposições, além disso, não significam somente que todas as pessoas têm direito à realização do artigo 24 mediante medidas legislativas e outras medidas razoáveis, mas também que todas as medidas legislativas e outras devem se conformar aos critérios propostos pelo artigo 24(b)(i)-24(b)(iii).[72] Acima de tudo, estas medidas devem ser razoáveis. Esta é uma limitação inerente no artigo 24(b), pois ela pode diminuir ou qualificar o dever socioeconômico do Estado de realizar o artigo 24.

O Tribunal Constitucional lidou amplamente com o significado de "razoabilidade" nos artigos 26(2) e 27(2), e isto poderia servir como diretriz valiosa

---

[69] N.T.: no original "purposive approach" que significa um estudo, abordagem ou construção do conteúdo, significado e alcance da norma, ou seja, sua interpretação, de forma a se atingir determinadas metas ou propósitos.

[70] As medidas legislativas, neste contexto, incluem a legislação promulgada, adotada e feita cumprir pelo governo.

[71] Feris e Tladi, p. 263.

[72] As medidas legislativas razoáveis, bem como as de outra natureza, precisam "[...] impedir a poluição e a degradação ecológica; promover a conservação; e assegurar o desenvolvimento e uso ecologicamente sustentável dos recursos naturais e, ao mesmo tempo, promover o desenvolvimento econômico e social justificável". Glazewski, p. 78-81.

para definir "razoabilidade" no artigo 24(b).[73] Para serem razoáveis, as medidas deveriam (i) "alocar claramente responsabilidades e tarefas às diferentes esferas do governo e assegurar que os recursos financeiros e humanos apropriados estejam disponíveis";[74] (ii) "ser capazes de facilitar a realização do direito";[75] (iii) "ser razoáveis tanto em sua concepção quanto em sua implementação";[76] (iv) "ser equilibradas e flexíveis"; (v) "manter provisões apropriadas para crises e para necessidades de curto, médio e longo prazo", (vi) não "excluir um segmento significativo da sociedade"; (vii) "ser sujeitas a contínuo controle";[77] e (viii) "ser transparentes".[78] Estas diretrizes também podem ser usadas para definir a razoabilidade no artigo 24(b).[79]

Diferentemente das qualificações encontradas nos artigos 26(2) e 27(2) que somente determinam que o Estado deve tomar medidas razoáveis e outras medidas, o artigo 24(b)(i) até (iii) também descreve o propósito ou o objetivo que estas medidas devem cumprir. Ele deve (i) impedir a poluição e a degradação ecológica, (ii) promover a conservação, (iii) assegurar o desenvolvimento e uso sustentável e promover um desenvolvimento econômico e social justificável.[80]

---

[73] Van der Linde e Basson, p. 50-23-50-24.
[74] Grootboom § 39.
[75] Grootboom § 41.
[76] Grootboom § 42.
[77] Grootboom § 43.
[78] TAC § 123.
[79] Essas diretrizes sobre o sentido da razoabilidade estão sujeitas a críticas. As diretrizes oferecidas pelo Tribunal são de natureza formal e procedimental e também podem ser descritas como princípios de boa governança (D. Brand, The Proceduralisation of South African Socio-economic Rights Jurisprudence or "What are Socio-economic Rights for?", in: H. Botha, A. Van der Walt e J. Van der Walt (eds.), *Rights and Democracy in a Transformative Constitution*, 2003, p. 37). Nos casos Grootboom e TAC, o Tribunal relutou em explicar o conteúdo substancial dos direitos socioeconômicos (veja ainda, a este respeito, D. M. Davis, Adjudicating the socio-economic rights in the South African Constitution: towards "deference lite"?, SAJHR, v. 22, p. 312, 2006; D. Bilchitz, Giving socio-economic rights teeth: The minimum core and its importance, SALJ, n. 119, p. 496, 2002; M. Pieterse, Coming to terms with judicial enforcement of socio-economic rights, SAJHR, v. 20, p. 387, 2004). A razão dessa relutância tem a ver com a ideia ou argumento de que os tribunais não são adequados para julgar em questões que tenham múltiplas conseqüências sociais e econômicas para a comunidade (BP Southern Africa [Pty] Ltd v MEC for Agriculture, Conservation and Land Affairs par 142. Grootboom par 32, 33; TAC par 26-39). Em vez de explicar o conteúdo dos direitos, o Tribunal se concentra na razoabilidade das medidas. A aplicação dessas diretrizes ao direito ao ambiente só leva à conclusão de que as medidas são racionais, coerentes, inclusivas e abrangentes, etc. (Brand, ibid., p. 49). Ela não trata do conteúdo do próprio direito. Se as medidas do Estado (ação ou inação) na realização do direito ao ambiente só são avaliadas em relação aos princípios da boa governança, existe a possibilidade de que se percam a essência e importância desse direito. Sustentamos que é necessário que o Tribunal dê conteúdo substancial aos direitos socioeconômicos, incluindo o direito ao meio ambiente.

[80] Alguns juristas sugerem que a inclusão de um dever de promover o desenvolvimento econômico justificável é uma inserção infeliz em qualquer direito de cunho ambiental. O objetivo principal da proteção ambiental não é promover o desenvolvimento econômico, mas assegurar o desenvolvimento sustentável criando um equilíbrio entre considerações econômicas, sociais e ambientais no processo de desenvolvimento. Sustentamos que teria sido mais apropriado formular este dispositivo específico no sentido de que medidas legislativas razoáveis ou medidas de outra natureza não deveriam impedir o desenvolvimento econômico de maneira não razoável. Veja, ainda, Kidd, p. 38.

Estas disposições podem ser consideradas, por um lado, disposições que aprofundam o significado do artigo 24(a) e, por outro lado, podem ser consideradas limitações internas adicionais que delimitam o escopo e a aplicação do direito contido no artigo 24(a). Para serem medidas razoáveis para as finalidades do artigo 24, um tribunal deveria levar em consideração as diretrizes já desenvolvidas sobre a razoabilidade quanto aos artigos 26(2) e 27(2) e deveria, além disso, orientar-se pelos objetivos mencionados no artigo 24(b)(i) até (iii).

4.4.4. A realização progressiva

Uma outra distinção entre o artigo 24(b) e os artigos 26(2) e 27(2) é a ausência da qualificação, no artigo 24, de que o Estado deve *realizar progressivamente* o direito *dentro da disponibilidade de recursos* conforme o que está contido nos artigos 26(2) e 27(2).[81] Afirmamos que *recursos disponíveis* e *realização progressiva* serão fatores que terão certa importância na consideração da razoabilidade.[82] É inevitável que os recursos disponíveis e a realização progressiva adquiram certa importância quando um tribunal considera as medidas que foram tomadas para realizar o direito ao meio ambiente razoáveis, apesar de isto não estar especificamente disposto no artigo 24. Pode-se argumentar, então, que o governo pode basear-se, por exemplo, na falta de recursos humanos e financeiros para justificar por que não tomou medidas legislativas e outras medidas para fazer cumprir o direito de cunho ambiental.[83] Esse direito, poder-se-ia sustentar, não leva à promoção da proteção ambiental em um país em desenvolvimento que tem de alocar e gastar cuidadosamente os recursos financeiros disponíveis para garantir uma governança eficaz de todos os setores da sociedade sul-africana. Esta situação, porém, não é peculiar ao direito de cunho ambiental, pois a maioria dos outros direitos socioeconômicos que constam na Constituição está qualificada de forma semelhante.

5. A jurisprudência

Esta seção investiga como o Judiciário sul-africano, em todos os níveis e em todas as jurisdições, abordou as dimensões socioeconômicas do direito ao ambiente.

---

[81] Van der Linde e Basson, p. 50-24.

[82] Isso está em consonância com a abordagem usada em Grootboom § 46, onde o Tribunal afirma: "As medidas precisam ser calculadas de modo a atingir o objetivo de modo expedito e eficaz, mas a disponibilidade de recursos é um fator importante na determinação do que é razoável."

[83] Feris e Tladi, p. 263.

5.1. O caso Minister of Public Works and Others v Kyalami Ridge Environmental Association and Others (Kyalami)[84][85]

Chuvas intensas em partes de Johannesburgo causaram uma grande enchente que destruiu os lares de aproximadamente 300 pessoas. As vítimas sem-teto da enchente foram forçadas a viver em barracas superlotadas sem água ou instalações sanitárias suficientes. Decidiu-se remover estas vítimas para um terreno de propriedade do Estado onde se estabeleceria um acampamento provisório de transição até que se pudessem oferecer moradias mais permanentes. Mas, residentes na vizinhança deste terreno formaram uma associação de moradores que se opôs ao estabelecimento do campo de transição. Eles alegaram no tribunal *a quo* (Tribunal Superior) que não existia legislação que autorizasse o governo a tomar a decisão, que a decisão era ilegal e, além disso, que o estabelecimento do acampamento era contrário ao planejamento urbano e à legislação ambiental, sem conceder aos requerentes uma oitiva justa. O governo, por seu lado, sustentou, entre outras coisas, que tinha um dever constitucional de socorrer vítimas de enchentes e, como proprietário do terreno em questão, estava autorizado e obrigado a tornar a terra disponível para tal finalidade. O tribunal *a quo* ordenou que a decisão do governo fosse revista e suspensa e que o governo consultasse adequadamente os Residentes de Kyalami na questão.

Os recorrentes no presente caso acorreram diretamente ao Tribunal Constitucional requisitando licença para apelar da decisão do Tribunal Superior, afirmando que o apelo levantava importantes questões constitucionais, incluindo, entre outras, questões de natureza procedimental, como o direito à justiça administrativa,[86] e a legalidade da decisão do governo de estabelecer o acampamento.[87] Também enfocaram direitos constitucionais ambientais subjetivos[88] e o direito ao acesso à moradia nos termos do artigo 26 da Constituição. Em consonância com o objetivo primário do presente levantamento, este trabalho somente enfoca alguns dos aspectos ambientais levantados, o que inclui a afirmação dos Residentes de Kyalami de que seu direito ao ambiente previsto no artigo 24 seria infringido com o estabelecimento do acampamento de transição na área, por causa do dano ambiental que seria causado[89] e, além disso, que o estabelecimento do acampamento

---

[84] N.T.: Nesta seção o título de cada item se refere a um caso judicial específico, portanto deixamos tais referências no original para facilitar consulta futura na fonte, abrangendo do 5.1 ao 5.4.

[85] 2001 3 SA 1151 (CC).

[86] Veja § 52, em 1172 e seguintes.

[87] Veja § 33, em 1167 e seguintes.

[88] N.T.: no original "constitutional environmental entitlements", onde a expressão "entitlement" significa ser titular ou possuir um título que representa um direito certo, líquido.

[89] O dano foi objeto de estimativa num "relatório ambiental preliminar" que identificou "problemas ambientais em potencial". Esses problemas incluíam a erosão do solo, a poluição do ar pelo uso de fogueiras a carvão, a poluição da água na ausência de serviços de esgoto e remoção de resíduos sólidos, danos à flora e à fauna, a possível perda do potencial agrícola da terra e o impacto que o estabelecimento do acampamento terá sobre o ambiente sociocultural da área e os valores das propriedades. Veja § 70, em 1177.

seria contrário a algumas das disposições, entre outras, do marco legal ambiental primário da África do Sul, a Lei Nacional de Gestão Ambiental (NEMA).[90]

Todas as partes envolvidas no caso concordavam que as vítimas tinham o direito constitucional de receber acesso à moradia adequada e que o governo tinha o dever de cumprir este direito.[91] Isto corresponde ao artigo 26 da Constituição, que determina o seguinte:

> 26. (1) Todas as pessoas têm o direito de ter acesso à moradia adequada.
>
> (2) O Estado deve tomar medidas legislativas e outras medidas razoáveis, dentro de sua disponibilidade de recursos, para alcançar a progressiva realização deste direito.

No que concerne aos interesses ambientais, havia necessidade de se encontrar um substancial equilíbrio entre o direito à moradia adequada e as preocupações ambientais.[92]

Nem as partes da disputa, nem o Tribunal se empenharam em explorar o direito ao ambiente. O Tribunal se baseou, antes, parcialmente nos princípios da sustentabilidade previstos no artigo 2 da NEMA, que[93]

> [...] se aplicam em toda a República às ações de todos os órgãos do Estado que podem afetar significativamente o meio ambiente e
>
> (a) aplicar-se-ão ao lado de todas as outras considerações apropriadas e relevantes, incluindo a responsabilidade do Estado de respeitar, proteger, promover e cumprir os direitos sociais e econômicos contidos no capítulo 2 da Constituição e, particularmente, as necessidades básicas de categorias de pessoas prejudicadas por uma discriminação injusta;
>
> (b) servem como o marco geral dentro do qual a gestão ambiental e os planos de implementação devem ser formulados;
>
> (c) servem como diretrizes às quais qualquer órgão do Estado deve fazer referência ao exercer qualquer função quando toma qualquer decisão em termos desta Lei ou qualquer disposição legal concernente à proteção do ambiente;
>
> (d) servem como princípios aos quais o conciliador indicado sob esta Lei deve se referir ao fazer recomendações; e
>
> (e) guiar a interpretação, administração e implementação desta Lei e qualquer outra lei relativa à proteção ou gestão do meio ambiente.

Ao invés de examinar e aplicar criticamente tais disposições ao presente caso, o Tribunal restringiu sua interpretação à aplicação dos princípios à implementação ambiental e aos planos de gestão. Estes planos devem ser redigidos pelo governo para assegurar uma eficaz governança ambiental integrada.[94] O Tribunal afirmou incorretamente quanto a isso o seguinte:

---

[90] A NEMA é considerada uma das leis primordiais (talvez a única) que corporificam de maneira abrangente o artigo 24 da Constituição. Ela reitera, por exemplo, a formulação desse artigo em seu preâmbulo.

[91] § 28, em 1164.

[92] Veja também Glazewski, *Environmental Law in South Africa*, 2005, p. 81.

[93] Esses princípios incluem, entre outros, o princípio do poluidor-pagador, os princípios da precaução e da prevenção, um amplo dever de cuidado, transparência, democracia e participação pública.

[94] Veja o capítulo 3 da NEMA.

Vistos no contexto da Lei de Gestão (NEMA) como um todo, os princípios estão dirigidos para a formulação de políticas ambientais pelos órgãos de Estado relevantes, *e para a redação e adoção de seus planos de implementação e gestão ambiental, e não para o controle do modo como os órgãos do Estado usam sua propriedade.*[95] Este artigo não contém qualquer disposição para direitos e obrigações; em lugar disso, expõe princípios expressos às vezes em termos abstratos, e não concretos.

Os planos de implementação e gestão ambiental são, entretanto, apenas uma das considerações que devem se orientar por estes princípios. Outras são: os princípios devem orientar o governo no cumprimento de suas obrigações constitucionais em termos da Declaração de Direitos (incluindo o direito ao meio ambiente); orientar o governo no exercício de qualquer função legal que possa afetar o meio ambiente; e orientar a interpretação, administração e aplicação de todas as leis ambientais na África do Sul ou quaisquer leis que tenham incidência sobre o meio ambiente. Além disso, estes princípios também visam de fato a controlar o modo como os órgãos do Estado usam sua propriedade, isto é, de uma forma ambientalmente responsável. Isto fica evidente a partir da simples formulação do artigo 2.

Esta interpretação, e o fato de o Tribunal não ter demonstrado empenho em examinar crítica e abrangentemente o artigo 24, levou-o a crer que as preocupações e interesses ambientais pesavam menos do que a difícil situação dos sem-teto, e fez com que subsequentemente "[...] o dever do governo de cumprir suas obrigações em termos do direito [ao acesso] à moradia superasse[96*] outras reivindicações legais, incluindo as preocupações ambientais dos requerentes".[97]

5.2. *Hichange Investments (Pty) Ltd v Cape Produce Company (Pty) Ltd t/a Pelts Products e Outros (Hichange)*[98]

O requerente era o proprietário de terra adjacente à do primeiro demandado. Este atuava como um curtume de semiprocessamento e produzia uma série de resíduos químicos, incluindo o fétido sulfeto de hidrogênio, uma substância controlada segundo a legislação sul-africana de poluição do ar.[99] O requerente alegou que os gases nocivos causavam um odor repugnante e desagradável, rápida e incontrolável corrosão de estruturas metálicas e que estes gases eram prejudiciais à *saúde* e ao *bem-estar* das pessoas.[100] O requerente também afirmou que o governo tinha deixado, negligenciado ou recusado tomar medidas razoáveis para parar a poluição, o que nestas circunstâncias seriam medidas para orientar o primeiro réu no sentido de cessar suas atividades poluidoras.

---

[95] Grifos nossos.
[96*] N.T.: no original "trumped".
[97] Glazewski, *Environmental Law in South Africa*, 2005, p. 81.
[98] 2004 2 SA 393 (E).
[99] Lei de Prevenção da Poluição Atmosférica 45 de 1965, especialmente a Lista 2.
[100] Grifos nossos. A ênfase dada a esses dois conceitos ficará patente abaixo.

Primeiramente, o Tribunal iniciou uma investigação do que constituiria, neste caso, um "remédio jurídico apropriado" para o requerente, afirmando o seguinte:

> Ao considerar esta questão, é útil, como ponto de partida, lembrar que a inclusão de certos direitos na Declaração de Direitos impõe ao Estado o *dever* de não realizar um ato que infrinja estes direitos e, em certas circunstâncias, também leva a um componente positivo que obriga o Estado e seus órgãos a *oferecer proteção apropriada* a todas as pessoas mediante leis e estruturas [...] a NEMA parece ser uma tentativa da parte do Legislativo de oferecer leis e estruturas que visam a oferecer proteção a direitos fundamentais [presumivelmente incluindo o artigo 24] com probabilidade de serem afetados adversamente pela poluição – de fato isto é exposto claramente no preâmbulo da Lei. E, embora os tribunais deste país estejam obrigados a permanecer vigilantes e não devam hesitar em assegurar que o direito comum [...] seja desenvolvido para refletir o espírito, teor e objetivos da Declaração de Direitos, os juízes deveriam ter em mente que o motor principal para reforma do direito é o Legislativo, não o Judiciário.[101]
>
> O Tribunal afirmou, além disso, que, mesmo que tivesse os poderes para levar o governo a tomar ações que assegurem que os direitos (ambientais) de outras pessoas não sejam infringidos, seu julgamento dependerá do nível e gravidade da poluição infratora. As causas e conseqüências da poluição são, por sua própria natureza, questões da ciência, como são as medidas que podem ser tomadas para combatê-la e impedi-la de ocorrer. A poluição é, portanto, um assunto complexo, técnico e científico, que levanta questões que só podem ser respondidas apropriadamente com o conhecimento e as informações científicas detalhadas.[102]

De acordo com o Tribunal, não se provou adequadamente que a poluição é grave. Logo, o Tribunal não pode ordenar ao governo que tome medidas apropriadas contra o primeiro demandado no sentido de fazê-lo cessar a poluição.[103]

Também se exigiu que o Tribunal determinasse o que "poluição significativa" implica termos do artigo 28 da NEMA.[104] Em sua avaliação, ele se referiu aos conceitos de "saúde" e "bem-estar" que constam no artigo 24 da Constituição e afirmou o seguinte:

> [...] a avaliação do que é significativo implica, em meu ponto de vista [Leach J], uma medida considerável de considerações subjetivas. Em todo caso, à luz do direito [ambiental] constitucional que a pessoa tem a um meio ambiente que leve à saúde e ao bem-estar, concordo com a concepção expressa por Glazewski na obra *Environmental Law in South Africa* de [...] que o nível da significância não será particularmente alto.[105]

O Tribunal, em consequência desta interpretação ampla de saúde e bem-estar, continuou constatando que um meio ambiente contaminado pelos gases em questão será adverso ao bem-estar da pessoa e causaria, assim, "poluição significativa". Esse precedente é especialmente significativo na medida em que o

---

[101] § E-H at 411.
[102] § D-H at 413.
[103] § A-D at 413.
[104] O artigo 28(1) da NEMA afirma, entre outras coisas: "Toda pessoa que causa, causou ou poderá causar uma poluição ou degradação *significativa* do meio ambiente precisa tomar medidas razoáveis para prevenir essa poluição ou degradação de ocorrer, de continuar ou de voltar a ocorrer, ou, na medida em que esse dano ao meio ambiente esteja autorizado pela lei ou não possa ser razoavelmente evitado ou detido, para minimizar e retificar essa poluição ou degradação do meio ambiente." Grifos nossos.
[105] § H-J at 415.

[...] direito ao bem-estar [previsto pelo direito ao ambiente] é potencialmente ilimitado e também é relevante no contexto da poluição [...] o termo "bem-estar" abrange a essência da preocupação ambiental, ou seja, um senso de integridade ambiental; um senso de que deveríamos utilizar o meio ambiente de uma maneira moralmente responsável, respeitosa e ética.[106]

A interpretação ampla de saúde e bem-estar também pode atestar o fato de que o direito ao ambiente está preocupado com pelo menos algumas das dimensões materiais do bem-estar social. Também é significativa no contexto do direito ao ambiente do artigo 24, porque realça as questões por vezes complexas (mais frequentemente mais científicas e menos jurídicas em sua natureza) em torno da poluição e da responsabilidade do governo, nos termos do artigo 24, de prevenir a poluição. O julgamento no caso *Hichange* também sublinha o fato de que o direito ao ambiente possui efeito vertical muito forte na medida em que há um dever da parte do governo de não infringir quaisquer direitos fundamentais e um dever de proporcionar a todas as pessoas a proteção apropriada onde o direito de cunho ambiental tenha sido infringido.

5.3. BP Southern Africa (Pty) Ltd v MEC for Agriculture, Conservation and Land Affairs (BP)[107]

Este julgamento talvez seja o mais citado por comentadores do direito ao ambiente sul-africano. Resumindo os fatos, o requerente solicitou o estabelecimento de um novo posto de gasolina, o que também exigia que se fizesse uma avaliação de impacto ambiental[108] (AIA).[109] O Departamento de Agricultura, Conservação e Questões Agrárias (Departamento) se recusou a conceder a autorização, baseado na AIA, o que significava que o projeto não podia ter seguimento. Um dos principais motivos para recusar a autorização foi a proliferação de postos de gasolina muito próximos uns dos outros. O requerente apelou contra a recusa do Departamento, que se tornou recorrido. O apelo não teve êxito. O presente caso implica uma análise da decisão de recusar a autorização. As alegações do requerente incluíam, entre outras, que o Departamento recusava o requerimento não porque o novo posto de gasolina representasse qualquer perigo para o meio ambiente, mas porque havia dois outros postos de gasolina na vizinhança do lugar proposto pelo requerente e porque

[...] o departamento considerava inaceitável permitir a proliferação de postos de gasolina onde os postos de gasolina existentes são economicamente vulneráveis a mais concorrência [e que o departamento], sob o pretexto de "preocupações ambientais" [...] estava, isso sim, procurando regulamentar a economia [...].[110]

---

[106] Glazewski, *Environmental Law in South Africa*, 2005, p. 77.

[107] 2004 5 SA 124 (WLD).

[108] N.T.: no original "environmental impact assessment (EIA)".

[109] Nos termos dos artigos 21 e 23 da Lei de Conservação do Meio Ambiente 73 de 1989. Essas disposições foram recentemente revogadas pelo capítulo 5 da NEMA, que atualmente dispõe sobre todas as exigências legais relativas à AIA.

[110] § B em 137.

O Departamento, por outro lado, afirmou que isso de fato não era o caso, pois sua decisão se baseava primordialmente em possíveis efeitos ambientais nocivos que os postos de gasolina podem ter, incluindo, entre outros: impactos sobre a água, qualidade do ar, impactos sociais, resíduos e impactos no solo, fogo e explosões, transporte, impactos sobre áreas sensíveis, efeitos cumulativos, viabilidade/sustentabilidade, desejabilidade e uso final limitado.[111] O requerido acrescentou que derivava este mandado de assegurar que se evitem ou mitiguem impactos ambientais negativos de, entre outros, a Constituição.

Por conseguinte, o Tribunal iniciou uma longa análise das disposições constitucionais relevantes. Afirmou que a Constituição reina suprema e que, entre outras coisas, a promoção dos direitos humanos é um dos fundamentos da democracia da África do Sul.[112] Neste sentido, a Declaração de Direitos exerce um papel central, porque incorpora um conjunto de valores fundamentais que deveriam ser promovidos permanentemente. Também enfatizou que a Declaração de Direitos vincula o governo, as pessoas físicas e as jurídicas, isto é, aplica-se vertical e horizontalmente,[113] e, além disso, que os direitos constitucionais devem ser interpretados generosamente.[114] O Tribunal reiterou que o Departamento não pode recusar seu dever constitucional previsto no artigo 24 da Constituição. De fato, o Tribunal enfatizou que o artigo 24(b) obriga o governo a tomar medidas legislativas e outras medidas razoáveis para proteger o meio ambiente. O Tribunal citou o caso *Government of the Republic of South Africa and Others v Grootboom and Others*,[115] onde se constatou o seguinte:

> O Estado tem a obrigação de tomar medidas legislativas *e* outras medidas razoáveis. As medidas legislativas por si só provavelmente não constituem cumprimento constitucional. *A mera legislação não é suficiente*. O Estado é obrigado a agir para alcançar os resultados pretendidos, e as medidas legislativas terão invariavelmente de ser *apoiadas por políticas e programas bem orientados e apropriados implementados pelo* [Poder] *Executivo*. Estas políticas e programas devem ser razoáveis tanto em sua concepção quanto em sua implementação.[116]

Além de serem razoáveis, estas medidas também devem ser capazes de realizar progressivamente o direito protegido que está em pauta.[117]

---

[111] § H em 137 – par H em 138.

[112] § G-J em 140.

[113] § A-E em 141.

[114] O Tribunal remeteu ao artigo 39 da Constituição, que dispõe o seguinte: "39.(1) Ao interpretar a Declaração de Direitos, uma corte, tribunal ou fórum – (a) precisa promover os valores subjacentes a uma sociedade aberta e democrática baseada na dignidade humana, igualdade e liberdade; (b) precisa levar em consideração o direito internacional; e (c) poderá levar em consideração o direito estrangeiro. (2) Ao interpretar qualquer legislação e ao desenvolver o direito jurisprudencial ou consuetudinário, toda corte, tribunal ou fórum deve promover o espírito, o teor e os objetos da Declaração de Direitos. (3) A Declaração de Direitos não nega a existência de quaisquer outros direitos ou liberdades que sejam reconhecidos ou conferidos pelo direito jurisprudencial ou consuetudinário ou pela legislação, na medida em que sejam consistentes com a Declaração."

[115] 2001 1 SA 46 (CC).

[116] Citação do julgamento do caso Grootboom apud J. Yacoob, § 69B-D. Grifos do Tribunal.

[117] § H-J em 142.

As dimensões socioeconômicas do direito ao meio ambiente são muito habilmente expostas no caso *BP*. O Tribunal enfatizou o dever do governo de colocar em vigor o direito e foi inclusive mais longe afirmando que deve haver uma realização progressiva. O Estado não deve somente empregar medidas legislativas razoáveis para cumprir este dever. A legislação não é suficiente. Ele tem que agir conscientemente por meio de políticas e programas para alcançar resultados.

5.4. HTF Developers (Pty) Ltd (Pty) Ltd v Minister of Environmental Affairs and Tourism and Others (HTF)[118]

Este caso concerne à legalidade de uma norma emitida nos termos do artigo 31A da *Lei de Conservação Ambiental* 73 de 1989 (ECA) pelo Departamento de Agricultura, Conservação e Meio Ambiente (Departamento).[119] A norma foi emitida pelo Departamento porque, entre outras razões, entendia-se que o requerente (uma incorporadora imobiliária que pedia autorização para a subdivisão de terras) empreendeu uma atividade ilegal que ameaçava gravemente um meio ambiente muito sensível.[120] As políticas departamentais da época determinavam que nenhuma subdivisão dessa terra poderia ser permitida, que somente se levariam em consideração incorporações de pouco impacto e somente após uma ampla AIA e um processo de participação pública com relatórios de especialistas e após a conclusão de estudos ecológicos, hidrológicos, geotécnicos, de poluição e sociais. O requerente continuou afirmando que as políticas precedentes do Departamento não tinham força ou efeito legal.

Em uma interpretação do alcance e âmbito da legislação e das políticas aplicáveis, o Tribunal recorreu a uma investigação do artigo 24 da Constituição. Reiterou que neste encontram-se obrigações positivas e "programáticas" para que o governo proteja o meio ambiente, mas não explicou o que queria dizer com a expressão "programáticas". Porém, no que talvez seja uma das interpretações mais ilustrativas e esclarecedoras do artigo 24, pelo menos até hoje, o Tribunal afirmou também o seguinte:

> O artigo 24 [...] contém dois componentes. O artigo 24(a) contém o direito fundamental a um meio ambiente não prejudicial à saúde ou bem-estar, enquanto o art. 24(b) possui mais a natureza de um princípio diretivo, tendo o caráter de um chamado direito de *segunda geração* [ou socioeconômico], e impondo ao Estado um imperativo constitucional de assegurar os direitos ambientais mediante uma

---

[118] 2006 5 SA 512 (T).

[119] O artigo 31A da ECA afirma: "(1) Se, na opinião do ministro ou da autoridade competente, autoridade local ou instituição governamental responsável, qualquer pessoa realizar qualquer atividade ou deixar de realizar qualquer atividade em decorrência da qual o meio ambiente é ou poderá ser gravemente danificado, ameaçado ou afetado de maneira prejudicial, o Ministro, autoridade competente, autoridade local ou instituição governamental, conforme for o caso, poderá orientar, por escrito, essa pessoa a (a) cessar tal atividade ou (b) tomar as medidas que o Ministro, autoridade competente, autoridade local ou instituição governamental, conforme for o caso, considere adequadas, dentro de um prazo especificado na orientação, visando a eliminar, reduzir ou prevenir o dano, perigo ou efeito prejudicial".

[120] § 7-9 em 516.

legislação razoável e outras medidas. A despeito de sua forma de *aspiração*, ou talvez por causa dela, o art. 24(b) dá conteúdo ao direito a que se visa [artigo 24(a)] ao identificar especificamente os *objetos de regulamentação*, quais sejam, a prevenção da poluição e da degradação ambiental; a promoção da conservação; e o asseguramento de um desenvolvimento e uso ecologicamente sustentável dos recursos naturais ao mesmo tempo em que promove um desenvolvimento econômico e social justificável.[121]

O escopo do direito, concluiu o Tribunal, é, portanto, muito amplo, pois objetiva realizar toda uma série de aspectos, incluindo, entre outras, assegurar um meio ambiente que não seja prejudicial à saúde e ao bem-estar, sendo este último "[...] aberto e, claramente, não-passível de uma definição precisa".[122] Essas também definem, para autoridades ambientais, os objetivos de suas tarefas e impõem às autoridades uma forma de conduta[123*] "(...) mediante a qual a presente geração [presumivelmente incluindo as autoridades ambientais] é constituída como guardiã ou administradora do meio ambiente para as gerações futuras".[124]

O Tribunal concluiu que o direito ao ambiente apresenta claramente características de um direito socioeconômico, por causa de seus imperativos diretivos de que o governo alcance certos objetivos mediante a regulamentação ou governança, ou seja: a prevenção de poluição e degradação ambiental; a promoção da conservação; e o asseguramento de um desenvolvimento e uso ecologicamente sustentável dos recursos naturais ao mesmo tempo em que promove um desenvolvimento econômico e social justificável. Além disso, o Tribunal ressaltou que o direito ambiental, e especificamente o artigo 24(b) (a parte socioeconômica), é aspiracional. Isto pode ser interpretado no sentido de que os objetivos da parte socioeconômica do direito estabelecem ideais que deveriam ser alcançados pelo governo mediante seus processos de governança. A aplicação de todo o artigo 24 também é potencialmente muito ampla, dadas as interpretações abertas e potencialmente vastas de conceitos fundamentais (como saúde e bem-estar) no próprio direito.

6. Conclusão

Do acima exposto é possível concluir que o artigo 24 pode ser considerado um direito socioeconômico, ou pelo menos um direito fundamental tradicional com fortes dimensões socioeconômicas. Isto fica evidente a partir do seguinte: o desenvolvimento histórico do direito, os componentes e a aplicação do direito, as obrigações do governo de realizar o direito, interpretações recentes dadas pelos tribunais e uma comparação entre o artigo 24 e outros direitos socioeconômicos, como os artigos 26 e 27. Em alguns sentidos, o artigo 24 difere destes direitos no tocante à formulação. Apesar disso, o direito ambiental apresenta mais semelhan-

---

[121] § 17 em 518. Grifos nossos.
[122] § 18 em 518.
[123*] N.T.: no original "stewardship".
[124] § 18 em 518.

ças com os direitos socioeconômicos tradicionais na Constituição sul-africana do que diferenças. O caráter socioeconômico do direito dependerá amplamente do contexto em que é usado, o que sugere que é menos rígido do que outros direitos socioeconômicos e talvez mais flexível para a interpretação e em sua aplicação.

Além disso, o meio ambiente invariavelmente causa impacto na vida e na qualidade de vida das pessoas. A sustentabilidade sugere que a governança ambiental deveria se preocupar em alcançar um equilíbrio entre considerações e interesses sociais, econômicos e ambientais. Esses interesses e considerações estão inerentemente vinculados e inter-relacionados. Um meio ambiente degradado decerto não levará, portanto, ao fomento de condições sociais e econômicas desejadas para a sociedade. O meio ambiente, que no caso da África do Sul é constitucionalmente protegido, está, pois, inerentemente vinculado às condições sociais e econômicas. Isto também se mostra na natureza do direito ao meio ambiente, que, ao incluir fortes dimensões socioeconômicas, tenta lidar com todos os interesses da sustentabilidade de uma forma integrada e eficaz.

A sociedade sul-africana enfrenta muitos desafios que, em sua maioria, implicam esforços para melhorar as condições materiais do bem-estar humano. Os direitos socioeconômicos são ideais para facilitar esta melhoria. A importância do meio ambiente e de atividades de governança adequadas e eficazes para alcançar a sustentabilidade não devem ser subestimadas em qualquer esforço de melhorar a vida e a qualidade de vida ou sustento das pessoas. As pessoas são parte integrante do meio ambiente. E ainda mais na África do Sul, que segue uma abordagem antropocêntrica na governança ambiental. As várias dimensões socioeconômicas do direito ambiental podem ser, assim, utilizadas exitosamente em um esforço de enfrentar desafios socioeconômicos atuais e futuros e reparar erros socioeconômicos cometidos no passado.

— 5 —

Um campo de verde? O passado e o futuro de serviços ecossistêmicos[1]

JAMES SALZMAN

Professor de Direito e Professor de Política Ambiental do
Nicholas Institute da Duke University

Para compreender o poder e o desafio dos serviços ecossistêmicos é melhor começar nossa história 15 anos atrás, sob o sol ardente do deserto do Arizona. Lá, em 26 de setembro de 1991, passando por meio de uma multidão de repórteres e sob os *flashes* de câmeras fotográficas, oito homens e mulheres entraram em uma enorme estrutura de vidro e selaram a porta externa. Seu mundo em miniatura de 3,15 acres, denominado Biosfera II, tinha sido projetado, sem economia de despesas, para recriar as condições da Terra (presumivelmente chamada de Biosfera I). A Biosfera II procurou recriar um meio ambiente verdadeiramente auto-sustentável, completo com habitats projetados de florestas tropicais, oceanos, banhados, savanas e desertos. Os oito corajosos aventureiros, chamados de "bionautas", pretendiam permanecer dentro de seu micromundo durante dois anos. Mas, 16 meses após o início de sua aventura, os níveis de oxigênio tinham despencado 33%, os níveis de óxido nitroso tinham aumentado 160 vezes, atingindo um patamar que causava danos ao cérebro, formigas e trepadeiras tinham sobrepujado a vegetação, e 19 das 25 espécies vertebradas tinham sido extintas, bem como todos os polinizadores. O experimento foi abandonado.[2]

---

[1] Estas observações foram apresentadas no outono de 2005 numa conferência promovida pela revista *Journal of Land Use and Environmental Law*, bem como por ocasião do I Seminário Internacional sobre o Estado Socioambiental realizado na PUCRS (Salão de Atos), em 2007.

[2] Maugh, Thomas H. 2 Years Inside a Living Lab – Is it Science or a Stunt? *L. A. Times*, p. 1, 23 set. 1991; TILMAN, David; COHEN, Joel. *Biosphere 2 and Biodiversity: The Lessons So Far*, 274 SCI. 1150, 15 nov. 1996; RADFORD, Tim. The Buck Stops Here: How Do You Calculate the Real Value of the Earth's Life Support System. *Guardian*, p. 6, 6 mar. 1997.

O que deu errado? Com um orçamento superavitário em 200 milhões de dólares, os projetistas da Biosfera II tinham tentado estabelecer sistemas biológicos capazes de recriar os serviços básicos que sustentam a própria vida – serviços como a purificação do ar e da água, o controle de pragas, a renovação da fertilidade do solo, a regulação do clima, a polinização de colheitas e vegetação, e a desintoxicação e decomposição de resíduos. Estes serviços da natureza, conhecidos como "serviços ecossistêmicos", muitas vezes não são devidamente valorizados, mas são absolutamente essenciais para nossa existência, como os habitantes da Biosfera II aprenderam da pior forma possível.[3]

Criados pelas interações de organismos vivos com seu meio ambiente, os serviços ecossistêmicos fornecem tanto as condições quanto os processos que sustentam a vida humana. Dada sua óbvia importância para nosso bem-estar, poder-se-ia assumir que os serviços ecossistêmicos fossem apreciados por mercados e protegidos por reguladores. Com raras exceções, porém, nada disso acontece. Os motivos básicos para esta falta de reconhecimento são três.

O primeiro é a ignorância. Na sociedade atual, desfrutamos os benefícios de alimentação e serviços com a passada de um cartão de crédito que reis e imperadores do passado somente poderiam ter imaginado, mas tendemos a esquecer de onde estes benefícios provêm. É realmente surpreendente que muitas crianças, quando perguntadas de onde vem o leite, respondam sem hesitar: "do supermercado"?[4] A dissociação feita na sociedade moderna entre computadores, carros e roupas, de um lado, e biodiversidade, ciclo de nutrientes e polinização, de outro, é muito real e difícil de superar para uma população crescentemente urbanizada.

Mas a ignorância em relação aos serviços ecossistêmicos vai além do público em geral. Para projetar instrumentos de políticas que protejam serviços ou gerenciem a paisagem para fornecer serviços, temos que entender a prestação de serviços em uma escala ecológica local – como são gerados e como são fornecidos. Temos uma boa noção de que a eliminação de uma floresta, por exemplo, enfraquecerá drasticamente os serviços ecossistêmicos de retenção de nutrientes, purificação da água e controle de enchentes. Mas, por sorte, a maioria das ações gerenciais não implica a destruição indiscriminada de uma área. Muito mais comum é a mudança marginal – de que forma o corte de 20% *desta* floresta *neste* lugar impactará na qualidade da água, na ocorrência de enchentes ou nas populações locais de pássaros? Na maioria dos casos que envolvem uma mudança no uso da terra, sejam florestas, banhados ou alguma outra área, nós simplesmente não sabemos a resposta.

---

[3] Além dos listados acima, outros serviços ecossistêmicos são a mitigação de inundações e secas, a biodiversidade e a ciclagem da matéria. Daily, Gretchen [daqui em diante Daily] (ed.). *Nature's Services:* Societal Dependence on Natural Ecosystems. 1997, p. 3.

[4] Veja, p. ex., Cashman, Tyrone. Where Does it Come From? Where Does it Go? *Media Values*, verão de 1990, p. 12, disponível em: http://www.medialit.org/reading_room/articles49.html; Mazzucco, Roberta. From the Farm to Your Table: Where Does Our Food Come From? 7 Yale-New Haven Teachers Institute, 1997, disponível em: http://www.yale.edu/ynhti/curriculum/units/1997/7/97.07.07.x.html.

Esta falta de conhecimento se deve em parte à ausência de dados relevantes e em parte à dificuldade da tarefa. Os experimentos em nível ecossistêmico são difíceis e precisam ser longos para obter dados confiáveis. Em nível mais fundamental, a pesquisa científica até hoje se concentrou muito mais em compreender os processos ecossistêmicos do que em determinar os serviços ecossistêmicos. Da mesma forma, o modo como um ecossistema funciona não é o mesmo que os serviços por ele fornecidos.[5] Isso começou a mudar, com estudos de fornecimento de serviços em paisagens gerenciadas publicados em revistas proeminentes, mas trata-se de uma tendência recente.

O segundo obstáculo para o reconhecimento e a proteção de serviços é econômico. A maioria dos serviços ecossistêmicos são bens públicos. Todas as pessoas que vivem em um país com fronteiras seguras e baixos índices de criminalidade, por exemplo, são beneficiárias, pagando impostos ou não. De forma semelhante, as pessoas que vivem às margens de banhados se beneficiam do papel que os banhados exercem em desacelerar a água de enchentes, independentemente de terem pago para conservar os banhados ou não. De fato, muitos serviços ecossistêmicos, desde o controle de enchentes e a estabilidade climática até a polinização, fornecem estes benefícios não excludentes.[6] Não é difícil achar mercados para bens ecossistêmicos (como água limpa e maçãs), mas os serviços ecossistêmicos que estão na base destes bens (como a purificação de água e polinização) são gratuitos. Os serviços não têm valor de mercado pela simples razão de não haver mercados em que eles possam ser comprados ou vendidos. Por conseguinte, não há mecanismos diretos de preço para indicar a escassez ou a degradação destes bens públicos até que se tornem insuficientes (quando seu valor oculto se torna evidente por causa dos custos para restaurá-los ou substituí-los). Quando compramos uma propriedade em área de banhado, pagamos pela localização e beleza do cenário, mas não por seu papel como berçário da vida marinha ou filtro de nutrientes. Estes permanecem exterioridades positivas. Tais circunstâncias fazem com que seja muito fácil não dar o devido valor aos serviços ecossistêmicos.

Isto ficou tragicamente evidente nas recentes enchentes ocorridas em New Orleans. Os banhados que poderiam ter desacelerado as águas da enchente foram constantemente degradados ao longo do tempo mediante oleodutos, desenvolvimento e canalização do Rio Mississipi, o que privou os banhados de sedimentos.[7] Quando as águas da enchente subiram em New Orleans, as pessoas perceberam a

---

[5] Kremen, Claire. Managing Ecosystem Services: What Do We Need to Know About Their Ecology? *Ecology Letters*, n. 8, p. 468, 2005 (declarando que "temos poucas condições de prever quanta terra precisa ser protegida e como o uso da terra adjacente deve ser restringido para fornecer água em quantidade e qualidade suficiente"); entrevista por telefone com Gretchen C. Daily, professora do Departamento de Ciências Biológicas da Stanford University (14 jan. 2003).

[6] Eles também não implicam rivalidade na medida em que o desfrute e consumo dos serviços por parte de uma pessoa não prejudica os benefícios de outra.

[7] Hirsh, Dennis. Wetlands' Importance Now Made Clear. *Atlanta Journal-Constitution*, p. A11, 12 set. 2005, disponível em: http://www.ajc.com/opinion/content/opinion/0905/12edwetlands.html.

importância dos serviços que poderiam ter sido fornecidos pelos banhados, mas este reconhecimento foi pequeno e tardio em demasiado.

Um obstáculo econômico adicional para a criação de mercados de serviços, em particular, é o problema da ação coletiva. Mercados para serviços ecossistêmicos somente podem ser estabelecidos se houver grupos distintos de compradores (beneficiários de serviços) e vendedores (provedores de serviços). Do contrário, os custos da transação se tornam altos demais para a formação do contrato. A natureza de muitos serviços como bens públicos torna isso uma preocupação real. A biodiversidade, por exemplo, beneficia a agricultura através do serviço que assegura a diversidade genética e beneficia a farmacologia através do fornecimento de antibióticos e outros componentes medicinais.[8] O problema é que nós todos ganhamos com estes benefícios, mas não há uma classe suficientemente distinta de beneficiários com quem possamos negociar, e os custos transacionais para reunir beneficiários suficientes para negociar pelo serviço são altos demais. Logo, não surpreende que seja difícil conseguir compradores privados dos benefícios da biodiversidade, o que explica por que há tão poucos mercados verdadeiros para a biodiversidade. Consequentemente, se um uso da terra oferece valiosos serviços ecossistêmicos, mas eles são amplamente desfrutados por beneficiários difusos, é pouco provável que surja um mercado para serviços na ausência de uma intervenção do governo.

Como argumento final, vale a pena observar que ignorância e bens públicos – as barreiras para a criação de mercado – estão relacionados. Os mercados criam conhecimento. Temos uma compreensão muito avançada de como manejar a terra agricultável para maximizar a produção de culturas para comercialização pelo simples motivo de elas *serem culturas destinadas à comercialização*. É valioso manejar a terra eficientemente para as culturas de comercialização. Temos uma compreensão bem mais limitada de como manejar a terra para a prestação de serviços, não porque os serviços não tenham valor, mas porque os proprietários de terra não conseguem captar o valor que sua paisagem oferece. Os mercados agrícolas fornecem aos agricultores sinais muito claros do valor da remoção da vegetação remanescente para produzir mais colheitas, mas não há mercado para a biodiversidade, a qualidade da água ou o controle de enchentes para refletir a perda em benefícios depois que a terra tiver sido roçada.

O obstáculo final é institucional. Como qualquer aula de direito ambiental realça na primeira sessão, as jurisdições políticas raramente se alinham com as áreas ecologicamente significativas como, por exemplo, bacias hidrográficas. As linhas retas de divisas de estados, condados e municípios não seguem limites ecologicamente importantes. Por conseguinte, esforços de gestão de paisagens que asseguram prestação de serviços são facilmente confundidos com problemas de ação coletiva. Em uma fascinante ruptura desta prática, a Nova Zelândia e uma

---

[8] Grosso modo, um em cada quatro produtos farmacêuticos é derivado de plantas e um em cada quatro é de animais e microorganismos. Veja MYERS, Norman. Biodiversity's Genetic Library, in: *Daily*, supra nota 2, p. 259, 263.

série de estados australianos criaram, na última década, entidades de gestão de bacias hidrográficas que exercem autoridade no planejamento territorial em uma bacia hidrográfica inteira,[9] mas estas continuam sendo uma rara exceção.

Dadas essas barreiras para o reconhecimento, avaliação e gestão de serviços ecossistêmicos, não deveria surpreender que nossas leis não protejam explicitamente os serviços ecossistêmicos. A proteção jurídica de ecossistemas simplesmente não era um objetivo primordial (ou até mesmo secundário) quando nossas leis ambientais básicas foram redigidas há mais de duas décadas. Falando em termos gerais, nossas leis relativas à poluição (v.g., a Lei do Ar Limpo[10] e a Lei da Água Limpa[11]) recorrem a padrões baseados na saúde humana. Nossas leis de conservação (v.g., a Lei das Espécies Ameaçadas[12] e a Lei de Proteção de Mamíferos Marinhos[13]) protegem espécies específicas. O planejamento com base nas nossas leis de gestão de recursos (v.g., a Lei Nacional de Manejo Florestal[14] e a Lei Federal de Política e Manejo da Terra[15]) necessite acomodar usos múltiplos e conflitantes. É claro que partes dessas leis, como o programa de licenças e o uso de padrões de qualidade da água contidos no Parágrafo 404, sobre banhados, da Lei da Água Limpa,[16] as disposições sobre habitats críticos da Lei de Espécies Ameaçadas,[17] e o uso de "espécies indicadoras"[18] como a coruja salpicada por parte da Lei Nacional de Manejo Florestal,[19] podem claramente ajudar a conservar serviços ecossistêmicos. Mas a questão é que essas leis não visavam primordialmente oferecer padrões jurídicos para a conservação de capital natural e os serviços que fluem dele, e, como muitos autores ressaltaram, na prática elas geralmente não oferecem tais padrões.[20]

---

[9] Tasman District Council et al., *Integrated Catchment Management for the Motueku River:* Project Summary, disponível em: http://icm.landcareresearch.co.nz/site_details/programme_summary.htm, (descreve a finalidade da Autoridade da Bacia do Rio Moteuku) (último acesso em: 31 jan. 2005); Sydney Catchment Authority, *About the Sydney Catchment Authority*, disponível em: http://www.sca.nsw.gov.au/about (descreve o histórico e a finalidade dessa autoridade) (último acesso em: 31 jan. 2005).

[10] 42 U.S.C. §§ 7401–7671(q) (2000).

[11] 33 U.S.C. §§ 1251–1387 (2000).

[12] 16 U.S.C. §§ 1531–1544 (2000).

[13] Ibid. §§ 1361–1421(h).

[14] Ibid. §§ 1600–1614.

[15] 43 U.S.C. §§ 1701–1785 (2000).

[16] Clean Water Act § 404, 33 U.S.C. § 1344 (2000).

[17] 16 U.S.C. § 1533 (2000).

[18] No original temos *indicator species*, significando espécies paradigma de determinada realidade ecológica, fixando as condições ambientais de uma área em particular em determinado tempo (N.T.).

[19] Ibid. § 1604 (g) (3) (B).

[20] Veja, p. ex., Ruhl, J. B. Ecosystem Services and the Common Law of "The Fragile Land System", *Natural Res. & Env't*, n. 20, p. 3, 4, outono de 2005; Burnett, David W. New Science But Old Laws: The Need to Include Landscape Ecology in the Legal Framework of Biodiversity Protection. *Environs Envtl. L. & Pol'y J.*, n. 23, p. 47, 68–69, outono de 1999; Houck, Oliver A. On the Law of Biodiversity and Ecosystem Management, *Minn. L. Rev.*, n. 81, p. 869, 880-83, 1997; Ruhl, J. B. Biodiversity Conservation and the Ever-Expanding Web of Federal Laws Regulating Nonfederal Lands: Time for Something Completely Different?, *U. Colo. L. Rev.*, n. 66, p. 555, 1995.

Como poderíamos usar as leis para proteger serviços ecossistêmicos? Imaginemos uma paisagem hipotética. A água desce pela região superior coberta de florestas de uma bacia hidrográfica para um vale de exploração agrícola e entra em um lago que fornece água potável para uma comunidade próxima. Há uma preocupação crescente com os níveis de nutrientes no lago. Os engenheiros da empresa de abastecimento de água querem construir uma usina de tratamento. Outros engenheiros, porém, acreditam que os níveis de nutrientes poderiam ser reduzidos a um custo muito mais baixo se os agricultores construíssem cercas ao longo das margens do curso d'água em suas propriedades. Isso permitiria que a vegetação crescesse ao longo do curso d'água e, nesse processo, captasse muitos dos nutrientes que fluem para o rio. Ao escolher que instrumento jurídico ou político usar para mudar o comportamento dos agricultores, o governo pode utilizar um conjunto de cinco estratégias básicas. Gosto de chamá-las de os "Cinco Ps" – prescrição, penalidade, persuasão, direitos de propriedade e pagamento.

Através da *prescrição*, o governo recorre a uma regulação de comando-e--controle, ordenando certos comportamentos, proibindo outros e impondo penalidades por descumprimento. "Colocarás uma cerca ao longo do curso d'água ou..." *Penalidades* e encargos financeiros modificam o comportamento através dos sinais financeiros de impostos e taxas. Este enfoque não abole completamente certas atividades, mas, antes, torna-as mais caras (como, por exemplo, cobrar por metro de curso d'água não guarnecido de cerca). A *persuasão* se baseia em uma abordagem centrada na informação, educando os proprietários de terra quanto às consequências de suas práticas de manejo sobre a paisagem e informando-os a respeito de abordagens alternativas. O objetivo desta abordagem é a auto-regulação – explicar aos agricultores os benefícios que receberão ao estabilizar as margens de seus cursos d'água. A quarta abordagem foca nos de *direitos de propriedade*. Este instrumento se baseia na privatização e na alocação de acesso a um recurso, seja o direito a uma determinada safra de peixe em um criatório ou a capacidade de emitir uma quantidade de poluição do ar. Em nosso exemplo, poder-se-ia exigir que os agricultores instalassem uma certa porcentagem de cerca ao longo dos cursos d'água ou tivessem o equivalente de permissões de cercamento que pudesse ser negociado. A abordagem final é o *pagamento*. Isto geralmente toma a forma de um subsídio, seja como pagamento direto, seja como isenção fiscal, justificado por um argumento a respeito de bens públicos – a sociedade como um todo se beneficia dessas atividades, mas, por causa de falhas do mercado, não paga por eles. Embora menos atraente do que a regulação por causa de seu impacto sobre os orçamentos governamentais, esta abordagem é muitas vezes popular entre os proprietários de terra por motivos óbvios. De fato, esta é a abordagem que usamos primordialmente nos EUA quando se promove o cercamento ao longo de cursos d'água.[21]

---

[21] Veja Congressional Research Service, Rep. No. 98-451, Animal Waste Management and the Environment, 1998 (descreve programas de subsídios para tampões ribeirinhos em propriedades rurais).

Portanto, há uma série de estratégias pelas quais se pode optar ao definir a intervenção governamental para assegurar o cercamento ao longo de cursos d'água. Mas poder-se-ia ver a questão de uma perspectiva totalmente diferente. Por que não, poder-se-ia afirmar, simplesmente reconhecer esta situação pelo que é – o fornecimento de serviços valiosos a consumidores – através de um acordo explícito de pagamentos por serviços prestados? Em outras palavras, por que não tratar a prestação de serviços ecossistêmicos por parte dos agricultores de uma forma idêntica à sua prestação de outros bens comercializáveis? Os agricultores certamente estão bem acostumados a contratos por seus produtos agrícolas. Por que não tratar o fornecimento de serviços de filtragem de água como uma transação de mercado, onde os agricultores manejam sua terra através de vegetação ao longo dos cursos d'água e baixadas com capim para "produzir a qualidade de água", à semelhança do que os produtores de leite e de batata fazem para sua produção destinada à comercialização? Em muitos sentidos, o fornecimento de serviços ecossistêmicos não seria diferente do suprimento de produtos agrícolas tradicionais, com o nível de remuneração dependendo da qualidade e do nível dos serviços prestados.

Embora isto possa parecer uma ideia maluca, há numerosos mercados de serviços ecossistêmicos funcionando ao redor do mundo todo. O mais conhecido está nos EUA. No início da década de 1990, uma combinação de regulação federal e realidades de custos levou o município de New York a reconsiderar sua estratégia de abastecimento de água. O sistema de água do município de New York oferece aproximadamente 1,2 bilhão de toneladas de água potável para quase 9 milhões de habitantes a cada dia.[22] Noventa por cento da água é retirada da bacia hidrográfica do Catskill/Delaware, que se estende 125 milhas ao norte e ao oeste da cidade.[23] Por intermédio de emendas à Lei federal da Água Potável Segura, exigiu-se que os fornecedores municipais e outros filtrassem seus suprimentos de água de superfície a não ser que pudessem demonstrar que tinham tomado outras providências, incluindo medidas de proteção da bacia hidrográfica, que protejam seus clientes da contaminação prejudicial da água.[24]

Diante da escolha entre o fornecimento de água limpa através da construção de uma usina de filtragem ou da gestão da bacia hidrográfica, o município de New York concluiu facilmente que a última opção era mais eficiente em termos de custo. Estimou-se que a construção de uma usina de filtragem custaria entre 6 e 8 bilhões de dólares.[25] Em contrapartida, os esforços de proteção da bacia hidrográfica, que incluiriam não só a aquisição de terras críticas da bacia, mas também vários outros programas destinados a reduzir as fontes de contaminação na bacia,

---

[22] Goldstein, Eric A.; Izeman, Mark A. *The New York Environment Book*. 1990, p. 138.

[23] N. Y. City Indep. Budget Office, *The Impact of Catskill/Delaware Filtration on Residential Water and Sewage Charges in New York City*, 3, nov. 2000; disponível em: http://www.ibo.nyc.ny.us/iboreports/waterreport.pdf.

[24] Safe Drinking Water Act, 42 U.S.C. §§ 300g-1 (b) (7) (C) (2000).

[25] Daily, Gretchen; Ellison, Katherine. *The New Economy of Nature*, p. 63, 2004 [daqui em diante Daily & Ellison].

somente custariam em torno de 1,5 bilhão de dólares.[26] Agindo em nome dos beneficiários dos serviços de purificação de água de Catskills, o município de New York optou por investir em capital natural ao invés de capital construído. Mas o município de New York não é o único exemplo. O Ministério do Meio Ambiente e Energia da Costa Rica cobra de 20 mil consumidores de água perto de San José uma pequena sobretaxa sobre as contas mensais de água. As verbas são usadas para pagar os agricultores da parte superior da bacia hidrográfica que concordaram em conservar e manejar suas florestas.[27]

A Costa Rica também lançou um esquema nacional de pagamentos pela prestação de serviços ecossistêmicos, conhecido como *Pagos por Servicios Ambientales* (PSA).[28] O PSA permite ao governo fazer contratos vinculantes com proprietários de terra para o fornecimento de quatro serviços: sequestro de carbono, qualidade e quantidade de água (i. e., para beber, irrigação ou energia hidrelétrica), conservação da biodiversidade e beleza estética para o ecoturismo.[29] Em meados de 2000, aproximadamente 200 mil hectares de floresta estavam sendo manejados para a prestação de serviços em troca de pagamentos. 800 mil hectares adicionais tinham sido propostos para manejo de conservação, mas não foram incluídos no programa por causa de falta de verbas.[30]

Na Austrália, o Departamento de Recursos Naturais e Meio Ambiente do estado de Vitória desenvolveu um programa, conhecido como *BushTender*[31*], para conservar remanescentes da vegetação nativa em propriedades particulares.[32] Em troca de pagamentos por parte do governo estadual, os proprietários se comprometem a cercar e administrar uma quantidade acordada de sua vegetação nativa durante um período estabelecido de tempo.[33] O programa está baseado no modelo do Programa de Reservas de Conservação (PRC) nos Estados Unidos, o maior esquema de pagamento de serviços ecossistêmicos do mundo.[34] O PRC oferece pagamentos de aluguel anuais e participa do custeio de práticas de conservação em terras agricultáveis.[35]

---

[26] Daily, Gretchen; Ellison, Katherine. *The New Economy of Nature*, p. 63, 2004 [daqui em diante Daily & Ellison].

[27] Ibid., p. 65.

[28] Ibid., p. 40.

[29] Ibid., p. 42.

[30] É importante observar, entretanto, que a maior parte da terra tem sido administrada com vistas à biodiversidade e não ao abastecimento de água. Isso se deve primordialmente aos recursos disponíveis e ao número de compradores interessados. O Banco Mundial, com um empréstimo de US$ 32 milhões, e a Global Environment Facility, com uma doação de US$ 8 milhões, disponibilizaram os recursos para pagar pela conservação da biodiversidade. Ibid.

[31] O que significa algo como "Mantenedor de Arbustos" (N.T.).

[32] Veja Stoneham, Gary et al. *Auctions for Conservation Contracts:* An Empirical Examination of Victoria's Bushtender Trial, p. 12-13, 2002; disponível em: http://eprints.anu.edu.au/archive/00002198/01/stoneha1.pdf.

[33] Ibid., p. 10-11.

[34] Farm Service Agency. *Fact Sheet: Conservation Reserve Program*, abr. 2003; disponível em: http://www.fsa.usda.gov/pas/publications/facts/html/crp03.htm.

[35] Ibid.

Há muitos outros exemplos que eu poderia apresentar,[36] mas esses são suficientes para ressaltar dois pontos básicos. Em quase todo mercado sólido de serviços, o governo desempenha um papel central. Além disso, por causa dos bens públicos e barreiras de ações coletivas, na maioria dos mercados há somente um comprador. Expresso de forma simples, a maioria dos mercados de serviços exitosos até agora funciona como *monopsônios*, com um comprador dominante para múltiplos vendedores provedores de serviço. A razão por que os contratos de conservação da biodiversidade se mostraram tão exitosos na Costa Rica foi o papel dominante exercido pelo Banco Mundial e pela Global Environment Facility como um único comprador substituto que interveio com milhões de dólares para comprar serviços em nome do mundo. O sucesso do *BushTender* também se deveu ao fato de ser um monopsônio. Isto também se aplicou ao Catskills, onde o Departamento de Água do município de New York era o único comprador para a purificação da água. Seja biodiversidade ou água limpa, o governo paga por esses serviços em nome da cidadania. Deve-se observar que tais ações são inteiramente apropriadas, pois corrigem a falha mercadológica apresentada por bens públicos.

Porque a maioria dos mercados de serviços funciona como monopsônios, esses efetivamente tomam a forma de um *esquema de pagamento*. Mas esquemas de pagamento por serviços ecossistêmicos, de fato por qualquer serviço, levantam questões difíceis que necessitam ser confrontadas. Há boas razões, afinal, por que "pagamentos" e "subsídios" sejam palavrões para muitos economistas. Com efeito, esquemas de pagamento podem levar àquilo que algumas pessoas veem como implicações políticas bastante perturbadoras: Estamos pagando as pessoas certas? Estamos enviando mensagens que incentivam ou solapam uma ética de cuidado da terra? Estamos efetivamente pagando por direitos que os proprietários de terra jamais tiveram?

Se pensarmos de novo no nosso exemplo da água correndo através de um vale e do pagamento aos agricultores para que coloquem cercas ao longo dos cursos d'água, depois de um momento de reflexão, o pagamento por serviços sugere uma tensão. Os agricultores que já colocaram cercas ao longo dos cursos d'água não mais têm um potencial significativo para uma prestação maior de serviços, e, por conseguinte, é pouco provável que sejam pagos. Dever-se-ia pagar todo proprietário de terra que fornece serviços ambientais? Dado um orçamento finito, a resposta para isso aparentemente teria que ser "não". É difícil imaginar um esquema prático, por exemplo, que pague a cada pessoa cuja vegetação reduz o fluxo de nutrientes na bacia hidrográfica. Caso se procure pagar por casos distintos de prestação de serviços ecossistêmicos, claramente alguns usos da terra são mais importantes do que outros. Mas como se deveria decidir quem é pago e quem não o é? E, o que é mais perturbador ainda, o governo deveria pagar aquelas pessoas que, em muitos sentidos, talvez estejam *causando* os problemas?

---

[36] Veja The Katoomba Group's Ecosystem Marketplace; disponível em: http://ecosystemmarketplace.net/pages/section_landing.news.php. (com uma lista abrangente de exemplos).

Deveriam os proprietários de terra que atualmente fornecem serviços (e têm pouco escoamento) ou aqueles cujas propriedades apresentam os maiores problemas em termos de nutrientes (e, portanto, o maior potencial para uma maior prestação de serviços) receber pagamentos de serviços ecossistêmicos? Colocando estas perguntas de forma mais fundamental, qual é o paradigma apropriado para a prestação de serviços ecossistêmicos por parte de agricultores? Deveríamos pensar nos agricultores como poluidores e, portanto, sujeitos ao princípio do poluidor-pagador, que constitui a pedra fundamental de grande parte da política ambiental moderna? Se for assim, eles presumivelmente não deveriam ser pagos, mas, ao invés disso, regulados ou tributados. Ou, por contraste, os agricultores são fornecedores em potencial de valiosos serviços que merecem pagamentos tanto quanto os operadores de usinas de tratamento de água?

Para expressar este dilema de forma mais nítida, imagine dois agricultores vizinhos, A e B, que criam vacas para uma indústria de laticínios em uma terra levemente ondulada ao lado de uma corrente d'água que flui para um reservatório. Preocupado com a erosão nas ribanceiras, há cinco anos o Agricultor A começou a construir cercas ao longo de seus cursos d'água, criando em cada margem do curso d'água um tampão ripário de 3 metros e pouco de cada lado. Esta mudança no manejo da terra reduziu significativamente a quantidade de nutrientes e solo que escorrem de sua terra e, consequentemente, reduziu a eutroficação e a turvação a jusante. O Agricultor B, em contrapartida, continuou a manejar sua terra da mesma maneira como seus predecessores, com o escoamento de nutrientes e solo após grandes tempestades afetando a qualidade da água no reservatório a jusante. O fornecedor de água deveria estar disposto a fazer pagamentos de serviços ecossistêmicos para fomentar o controle da eutroficação e turvação? Em caso positivo, qual dos dois agricultores deveria receber pagamentos e quanto?

Não há resposta fácil para tais dilemas. Uma resposta parcial, porém, está na consideração dos direitos de propriedade. Se for possível demonstrar facilmente que os agricultores *não* têm o direito de permitir que seu esterco[37] e solo escorram para os cursos d'água, então pagá-los é uma política ruim. Simplesmente fazer cumprir os direitos de propriedade existentes deveria ser suficiente. Na maioria dos casos, no entanto, não está claro se os agricultores têm este direito ou não. Leva tempo para modificar práticas tradicionais, e pagamentos transicionais podem ser usados para facilitar a mudança.

Para avaliar os méritos relativos deste argumento é útil considerar se ele faz sentido em qualquer outro contexto. Recue um passo, por exemplo, e considere-o no contexto da poluição. Qual seria sua reação imediata a uma proposta de que deveríamos pagar a uma fábrica para ela parar de poluir porque todos nós nos beneficiamos de ar limpo? Ideia tola? Mas os agricultores são de alguma forma diferentes, na medida em que o serviço que prestam ao instalar um cercamento ripário na verdade é pouco mais do que reduzir a contribuição de suas vacas para

---

[37] No original: *manure*, significando o esterco utilizado como adubo orgânico (N.T.).

a eutroficação a jusante? Os pagamentos para a fábrica só parecem tolos porque o dever de cuidar da poluição fabril foi claramente estabelecido. As leis sobre poluição já limitam as emissões. Portanto, se quisermos que melhorem o padrão atual para obter um ar ainda mais limpo, nós essencialmente os *pagamos*. No programa de inovação reguladora da Agência de Proteção Ambiental dos EUA durante o governo Clinton, conhecido como Projeto XL, a agência prometeu maior flexibilidade (uma espécie de pagamento por lei administrativa) em troca de um desempenho melhor.[38] Os esquemas de negociação sob a Lei do Ar Limpo dão uma lição similar.[39] Quando licenças iniciais para dióxido de enxofre são distribuídas com base em emissões históricas em vez de serem leiloadas, os proprietários de fábricas existentes recebem na verdade licença para poluir. As empresas que emitem menos do que o permitido são recompensadas quando se permite que vendam seus bônus excedentes para outras fontes.

Uma outra preocupação importante relacionada com os pagamentos é a de riscos morais. Lembremos que o Agricultor A manejava cuidadosamente sua terra, instalando cercamento ripário por iniciativa própria para prevenir a erosão nas margens dos cursos d'água, enquanto o Agricultor B seguia as práticas tradicionais, permitindo que suas vacas pastassem no curso d'água, sem instalar cercas. À primeira vista, pagar o Agricultor B para melhorar sua propriedade através do cercamento ripário tem sentido. Isto reduzirá a carga de poluição no reservatório. Mas como isso pode ser descrito como um esquema de pagamento de serviços ecossistêmicos? Aparentemente, isto parece ser pagar mais pela *falta* de serviços ecossistêmicos. Ou seja, o Agricultor A já está prestando serviços, mas receberá menos do que o Agricultor B, que atualmente presta poucos. A questão-chave a reconhecer é que realmente não estamos pagando por serviços ecossistêmicos, mas, em vez disso, por *melhorias na prestação de serviços*.

Nosso objetivo, afinal de contas, é a qualidade melhorada da água. Neste sentido, deveríamos valorizar mais as ações que melhoram a qualidade da água nas margens. Estas serão primordialmente ações feitas a partir de hoje que melhoram o *status quo*. Mediante esta concepção, portanto, deveríamos pagar mais inicialmente aos Agricultores B do mundo que mudam o uso de sua terra do que aos Agricultores A que já fizeram as melhorias, pela simples razão de que as ações do Agricultor B levarão a maiores melhorias marginais.

Mas esta abordagem talvez apresente um problema conhecido como "risco moral". Se dissermos que as pessoas são pagas para prestar um serviço, então como podemos ignorar as que já o prestam? Que tipo de mensagem isto envia? Não estamos essencialmente remunerando os maus atores e, com isso, incentivando um comportamento indesejável? Dito de forma mais geral, como respondemos equitativamente pela linha-base que já existe? É possível que os

---

[38] U. S. Envtl. Prot. Agency. *What Is Project XL?* Disponível em: http://www.epa.gov/projectxl/file2.htm.
[39] Clean Air Act, 42 U.S.C. § 7651 et. seq., 2000.

agricultores que já fizeram os investimentos e administraram sua terra responsavelmente não recebam qualquer pagamento. Argumenta-se que somente os que foram menos responsáveis irão se beneficiar, criando um desestímulo para cuidar da terra. Quem maneja responsavelmente a terra pode ficar desanimado se os que empregam práticas de manejo da terra menos responsáveis são efetivamente pagos por fazer isso. Isso certamente não leva ao tipo de ética de manejo da terra que estamos tentando incentivar.

Não é fácil responder a esses desafios. Uma resposta, embora não totalmente satisfatória, é simplesmente que a vida não é justa. Os governos subsidiam algumas atividades agrícolas mais do que outras o tempo todo. Os produtores de cana-de-açúcar na Flórida podem receber mais dinheiro do governo federal do que os produtores de cereais em Dakota do Sul; os produtores de amendoim na Geórgia podem receber mais orientação da parte de serviços de extensão rural do que os produtores de maçãs em Washington. Além disso, nem as políticas de subsídios nem os mercados se baseiam em equidade. Os mercados são projetados para explorar as diferenças entre compradores e vendedores, não para removê-las. Um mercado que procure eliminar a heterogeneidade será um mercado estagnado.

No entanto, existe a probabilidade de pagamentos desnecessários. Em outras palavras, um esquema de pagamento atrairá propostas não só dos que estão dispostos a mudar suas práticas de manejo da terra por causa dos pagamentos, mas também da parte dos que teriam feito as mudanças de qualquer maneira, mas apreciam uma doação quando podem ganhá-la. Porém, esse problema de "excedente de consumidores" talvez não seja muito grande na prática, pois presumivelmente a maioria das pessoas que mudariam o manejo da terra por iniciativa própria já fizeram isso.[40]

Mas esses pontos abordam questões de equidade, não de incentivos perversos. Possivelmente causa preocupação maior a probabilidade de que os Agricultores B do mundo vão adiar a melhoria das práticas de sua administração da terra na expectativa de que acabem sendo pagos para fazer isso. Em casos extremos, poder-se-ia imaginar agricultores *piorando* ativamente suas práticas de manejo da terra para aumentar os pagamentos por sua potencial prestação de serviços.

Para situar isso em um contexto mais doméstico, imagine que a associação de seu condomínio queira resolver o problema das festas barulhentas fazendo com que os proprietários de apartamentos barulhentos coloquem uma cláusula restritiva em seus aluguéis.[41] Seria oferecer pagamento aos vizinhos barulhentos em troca de cláusulas restritivas uma boa solução? Não se criaria um incentivo perverso para outros vizinhos começarem a aumentar o volume de seus aparelhos

---

[40] O uso de leilão inverso, como no esquema do programa *BushTender* da Austrália, também vai reduzir o custo desses pagamentos porque os lances desses agricultores deverão ser bem baixos (no sentido de que eles teriam feito tudo de graça, mas algum pagamento é melhor do que nenhum).

[41] Esse exemplo foi adaptado de WIENER, Jonathan B. On the Political Economy of Global Environmental Regulation. *Geo. L. J.*, n. 87, p. 749, 782, fev. 1999.

de som para que também pudessem ser subornados ou, pior ainda, se a notícia se espalhasse e fãs de *heavy metal* se mudassem para o prédio expressamente para que pudessem ser pagos para usar fones de ouvido. De fato, uma crítica econômica clássica dos subsídios é que eles podem involuntariamente recompensar o próprio comportamento que estão tentando suprimir.[42]

Voltando ao ambiente, se o valor relativo dos pagamentos é baixo comparado com os prejuízos decorrentes do comportamento estratégico, então os riscos morais terão menos probabilidade de ser um problema. Mas quando nos afastamos de ações de risco moral que impõem custos, o problema se torna mais difícil, como no caso da conservação da biodiversidade. Pode haver pouco custo direto na mudança para culturas ou manejo dos campos que degradem o habitat crítico, e as preocupações com o risco moral não podem ser descartadas com tanta facilidade.

Uma preocupação afim com a criação de mercados para serviços ecossistêmicos se centra no impacto que isto poderia ter nas normas públicas voltadas para o manejo da terra. Pagamentos públicos por prestação de serviços enviam a mensagem de que a prestação privada é desnecessária ou não é valorizada? Programas governamentais de pagamento podem correr o risco de solapar a ética da terra ao transformar a gestão ambiental em mercadoria, fazendo com que o manejo responsável da terra dependa de dinheiro em vez de valores fundamentais. Logo que os pagamentos se tornam práticas comuns, eles correm o risco de desgastar noções comuns de um dever de cuidado ambiental e desincentivar investimentos privados no meio ambiente ao criar a impressão que a gestão ambiental é um dever dos governos e não dos indivíduos.[43]

As leis podem claramente influenciar a formação de normas, embora de maneira complicada e muitas vezes indireta. No final das contas, é útil e humilde considerar os pensamentos de Aldo Leopold – o famoso ecologista e o mais influente escritor americano sobre conservação. Embora Leopold tivesse visto com bons olhos o comprometimento de verbas para pagamentos pela conservação, John Echeverria observa que

> [E]le pensava que a "falaciosa doutrina de que o governo deve subsidiar toda conservação" acabaria por levar à falência ou o tesouro ou a terra, ou ambos". A propriedade pública "só pode cobrir uma fração do que necessita ser feito, e mesmo assim apenas de forma ineficaz, cara, e com freqüentes choques de interesse".
>
> No final das contas, ele pensava que as pessoas preocupadas com o problema de manter a saúde da terra tinham que lidar com a realidade da propriedade privada de terra. "O problema básico é induzir o proprietário de terra privado a conservar em sua própria terra, e não há milhões ou bilhões

---

[42] Em seu conhecido livro sobre economia ambiental, por exemplo, Baumol e Oates propõem uma prova econômica que mostra que os subsídios dados a uma indústria poluente são contraproducentes. BAUMOL, William J.; OATES, Wallace E. *The Theory of Environmental Policy*, 2. ed. 1988, p. 221-24.

[43] Young, Mike et al., Department of Sustainability and Environment. *Duty of Care:* An Instrument for Increasing the Effectiveness of Catchment Management. 2003, p. 15; disponível em: http://www.vcmc.vic.gov.au/Web/Docs/Duty%20of%20care-final.pdf.

concebíveis para a compra de terra que possam alterar este fato ou o fato de que até agora ele não o fez".[44]

Embora os mercados de serviços ecossistêmicos tenham apresentado talvez os mais empolgantes desdobramentos nesse campo, também vale a pena atentar para três eventos recentes, pois é possível que tenham implicações significativas para a conservação de serviços ecossistêmicos.

O primeiro foi uma conferência realizada em Stanford em maio passado, onde representantes da *Nature Conservancy* e do *World Wildlife Fund* se encontraram com especialistas em serviços ecossistêmicos provenientes de uma série de campos para pensar sobre como uma perspectiva de serviços poderia mudar a maneira como esses grupos fazem negócios. Ainda é muito cedo para especular se essas organizações vão adotar essa perspectiva, mas existe um interesse claro nessa direção.

Poder-se-ia pensar que a principal mudança resultante de um foco maior em serviços ecossistêmicos seria uma reconsideração de que terra deveria ser protegida e como deveria ser protegida. Em vez do enfoque tradicional sobre o valor da biodiversidade de terras protegidas, as organizações conservacionistas talvez pudessem proteger completamente uma área menor, enquanto trabalham com os proprietários de terra em uma área maior para manejar suas terras produtivamente. O objetivo seria fazer isso de uma maneira que assegure a prestação de serviços, seja a conservação da biodiversidade, seja a polinização, etc. O resultado final seria um enfoque maior na gestão da paisagem dominada pelos seres humanos, resultante da compreensão de que, por mais importantes que sejam refúgios totalmente protegidos, grande parte da biodiversidade reside em paisagens gerenciadas.

Uma perspectiva de serviços ecossistêmicos também tem o potencial de fornecer fluxos de renda para financiar a conservação de terra e o manejo de terra favorável à biodiversidade. É cedo demais para especular sobre até que ponto esses e outros grupos conservacionistas vão considerar seriamente como um foco na prestação de serviços, e não somente na biodiversidade, poderia mudar suas estratégias tradicionais em relação ao valor de conservação de paisagens produtivas. Mas vale a pena observar que o *World Wildlife Fund* está trabalhando há bastante tempo em pagamentos de pequena escala por serviços ambientais, geralmente fazendo com que as pessoas paguem por cobertura florestal com argumentos referentes à água ou por recifes de coral com argumentos referentes a criatórios de peixe.[45]

Para que isso aconteça, haverá a necessidade de um aumento significativo na pesquisa científica que examine a relação entre a biodiversidade, de um lado, e a relativa intensidade e natureza do uso da terra, de outro. Precisamos de uma com-

---

[44] Echeverria, John. What Would Aldo Leopold Say?: An Ambiguous Environmental Victory in the House of Representatives. Tom Paine.com, 11 maio 2000; disponível em: http://www.tompaine.com/Archive/scontent/3094.html.

[45] E-mail de Taylor Ricketts, Ph.D., diretor de Ciência da Conservação, World Wildlife Fund, 13 nov. 2005 (em arquivo com o autor).

preensão bem mais profunda da capacidade de serviço de paisagens gerenciadas (dependendo da escala, tipo e intensidade do uso da terra). Isto está começando a acontecer. O Centro Nacional de Análise e Síntese Ecológica, por exemplo, criou dois grupos de pesquisa relevantes, um que examina como incorporar serviços ecossistêmicos no planejamento da conservação e no trabalho de organizações não governamentais em geral, e o segundo que avalia como restaurar o serviço ecossistêmico de polinização para paisagens degradadas.[46]

Um outro desenvolvimento estimulante foi o lançamento de um mercado ecossistêmico virtual. Não é necessário dizer que os mercados – e os mercados ambientais em particular – não funcionam apenas com boa vontade. Eles exigem políticas sólidas, uma ciência forte e, principalmente, informações oportunas e transparentes. Para que os mercados funcionem, as pessoas precisam saber que eles existem, e os participantes têm de ver, com clareza e facilidade, quem está comprando, quem está vendendo, e a que preço. Também deve haver uma compreensão clara das mudanças de políticas que impulsionam estes mercados, bem como da ciência que lhes dá sustentação. Até hoje, esta lacuna de informações foi uma importante barreira para o crescimento do mercado de serviços ecossistêmicos. Durante o último ano, porém, uma organização conhecida como "The Katoomba Group" interveio para preencher esta lacuna de informações.[47]

O Grupo Katoomba é uma organização singular. Ela tem membros provenientes de uma base intencionalmente ampla, incluindo companhias de produtos florestais, empresas, banqueiros, ativistas de base e jornalistas, e reuniu especialistas da Austrália, México, Colômbia, Suécia, Canadá, Reino Unido, Brasil, Indonésia, China, Japão, Uganda, EUA e dezenas de outros países.[48] Durante o último ano, o Grupo Katoomba tem desenvolvido um *website* conhecido como *Ecosystem Marketplace* [Mercado Ecossistêmico], com eventos de lançamento separados no Congresso Global da UICN em Bangcoc, Londres e New York.[49]

O objetivo do *Marketplace* é ambicioso. Ele pretende se tornar a "loja onde se acha tudo" em matéria de informações básicas e oportunas sobre mercados emergentes e esquemas de pagamento para serviços ecossistêmicos em todo o mundo. Como se observou antes, qualquer pessoa que queira participar de um mercado necessita de informações básicas – preços, transações, como os serviços são medidos, empacotados e vendidos, onde estão os compradores e vendedores, etc. A *Lloyds* de Londres é conhecida por todos como um gigante da área de seguros, mas vale a pena lembrar que começou como um café popular onde mercadores se reuniam para trocar informações sobre logística.[50] O *Marketplace* quer fornecer a mesma fonte central de informações e articulação para compradores e

---

[46] National Center for Ecological Analysis and Synthesis, Research Projects (atualizado em 16 fev. 2006); disponível em: http://www.nceas.ucsb.edu/nceas-web/projects/.

[47] No interesse da transparência plena, declaro que sou membro do Conselho do Katoomba.

[48] The Katoomba Group, Katoomba Members; disponível em: http://www.katoombagroup.org/members.htm.

[49] Veja a página do The Katoomba Group: http://www.katoombagroup.org.

[50] Cronologia: http://www.lloyds.com/About_Us/History/Chronology.htm.

vendedores na atualidade, facilitando transações, catalisando novas ideias e estimulando o desenvolvimento de novos mercados ecossistêmicos.

O site vai oferecer essas informações, disponíveis ao clique do mouse aos que negociam com *commodities* ambientais, reguladores governamentais, empresas afetadas pela regulação ambiental, bancos e financistas, cientistas, organizações ambientais e de desenvolvimento comunitário, bem como produtores de baixa renda interessados em explorar esses mercados. Todos esses atores têm de estar envolvidos para que os mercados ambientais atinjam seu potencial pleno. O site também vai fornecer análises de como esses mercados operam efetivamente, seu impacto sobre os próprios ecossistemas e produtores de baixa renda e grupos comunitários em países em desenvolvimento. O apoio foi dado por uma ampla variedade de instituições, desde o Banco Mundial e o Serviço Florestal dos EUA até o Citigroup e o ABN-AMRO.

O último desenvolvimento que realmente poderia despertar as pessoas diz respeito ao Projeto de Lei para a Agricultura [*Farm Bill*] de 2007. Os subsídios agrícolas são, como todos sabem, significativos nos EUA e em muitos outros países. Embora a segurança alimentar e o asseguramento da prosperidade dos agricultores possam ser perfeitamente objetivos louváveis, os impactos dos subsídios no comércio são poderosos e muitas vezes terrivelmente prejudiciais para os agricultores dos países em desenvolvimento que não têm condições de competir com cereais, frutas, e outros produtos importados.[51] De fato, uma série de autoridades eminentes sustentou que a medida isolada mais importante para promover o desenvolvimento sustentável seria eliminar os subsídios agrícolas.[52] Isso é mais fácil de dizer do que fazer, pois uma redução significativa dos subsídios agrícolas tradicionalmente não tem sido posta na pauta das conversações internacionais sobre comércio.[53] Até recentemente, todas as pessoas pensavam que as questões eram politicamente sensíveis demais, os *lobbies* da agricultura interna eram poderosos demais, etc.[54]

Em uma série de ações judiciais movidas contra os subsídios do algodão nos Estados Unidos e os subsídios do açúcar na Europa, o Brasil mudou drasticamente o *status quo* convencendo os painéis de resolução de disputas da Organização Mundial do Comércio de que esses subsídios violavam as regras do comércio in-

---

[51] Veja LaViña, Antonio *et al*. Beyond the Doha Round and the Agricultural Subsidies Debate: Toward a Reform Agenda for Livelihoods and the Environment, 6 (World Resources Institute, Working Paper, 2005).

[52] Veja, p. ex., Gonzalez, Carmen G. Institutionalizing Inequality: The WTO Agreement on Agriculture, Security, and Developing Countries. *Colum. J. Envtl. L.*, n. 27, p. 433, 463-465, 2002; Gathii, James. A Critical Appraisal of the NEPAD Agenda in Light of Africa's Place in the World Trade Regime in an Era of Market Centered Development. *Transnat'l L. & Contemp. Probs.*, n. 13, p. 179, 181, 2003; Udombana, Nsongurua J. A Question of Justice: The WTO, Africa, and Countermeasures for Breaches of International Trade Obligations. *J. Marshall L. Rev.*, n. 38, p. 1153, 1174, verão de 2005; Bhala, Raj. World Agricultural Trade in Purgatory: The Uruguay Round Agriculture Agreement and Its Implications for the Doha Round. *N. D. L. Rev.*, n. 79, p. 691, 698, 2003.

[53] Petit, William. The Free Trade Area of the Americas: Is It Setting the Stage for Significant Change in U.S. Agricultural Subsidy Use? *Tex. Tech. L. Rev.*, n. 37, p. 127, 147, inverno de 2004.

[54] Ibid., p. 132-133.

ternacional.⁵⁵ Essas decisões aceleraram discussões já encaminhadas na Rodada de Doha para a próxima série de regras do comércio internacional. Há muitos outros detalhes que poderiam ser abordados quanto à natureza das decisões sobre o Brasil, à "Cláusula da Paz" e aos "boxes" agrícolas da Rodada do Uruguai, e às atuais negociações de Doha.⁵⁶ Para nossos propósitos, porém, é suficiente reconhecer que os programas de subsídios de *commodities* estão agora mais ameaçados do que nunca. Pagamento direto, apoio a exportações e programas de controle do abastecimento têm de se tornar queixas da Organização Mundial do Comércio. Isso vai exigir um desacoplamento mais transparente dos subsídios e da produção do que foi possível até agora. De fato, exatamente tal desacoplamento está a caminho na União Europeia.⁵⁷

Por que estou entrando neste histórico aparentemente irrelevante durante uma discussão de serviços ecossistêmicos? O *lobby* agrícola provavelmente não vai abrir mão de seus bilhões de dólares de subsídios sem briga; logo, vale a pena considerar a hidráulica da situação. Se essas verbas não puderem ir diretamente para os subsídios de apoio à produção, aonde podem ir ao invés disso? Muitas pessoas estão falando sobre estas verbas irem para os serviços ecossistêmicos. Há um interesse muito grande em expandir o atual conjunto de programas do Departamento de Agricultura dos EUA (USDA) que apoiam a gestão paisagística (com siglas como CRP, CSP, WRP e EQIP). Esta mudança em potencial não poderia ter ficado mais clara do que em um discurso proferido em agosto passado por Mike Johanns, o secretário da Agricultura. Ele declarou: "[H]oje, estou anunciando que o USDA buscará ampliar o uso dos mercados para os serviços ecossistêmicos através de mecanismos voluntários de mercado. Vejo um futuro em que créditos por água limpa, gases causadores do efeito estufa ou banhados podem ser negociados tão facilmente quanto cereais ou soja".⁵⁸

É um sinal dos tempos quando a autoridade governamental mais importante da política agrícola apela abertamente por um futuro que tenha como premissa o crescimento e o florescimento de mercados de serviços ecossistêmicos. Resta saber, naturalmente, se apelos como o do secretário Johanns por uma maior dependência nos mercados de serviços vão levar a uma reforma real. Dizem que fazer leis é tão pouco apetitoso quanto assistir à fabricação de salsichas, e os projetos de lei agrícolas podem ser ainda mais terríveis. No entanto, sua afirmação repre-

---

⁵⁵ Veja Panel Report, United States – Subsidies on Upland Cotton, p. 350-51, WT/DS267/R, 8 set. 2004) (requisitando que os Estados Unidos "eliminem os efeitos adversos" de seus pagamentos para apoiar os produtores americanos de algodão).

⁵⁶ Veja World Trade Organization. Agriculture-gateway. Disponível em: http://www.wto.org/english/tratop_e/agric_e/agric_e.htm (descreve o histórico e o estado atual das negociações em torno da agricultura).

⁵⁷ Veja EUROPA – Agriculture – CAP Reform – a long-term perspective for sustainable agriculture (adotada em set. 2003); disponível em: http://europa.eu.int/comm/agriculture/capreform/index_en.htm (descrevendo a reforma de sua Política Agrícola Comum).

⁵⁸ The Hon. Mike Johanns, Sec'y, U.S. Dep't of Agric., Remarks at the White House Conference on Cooperative Conservation. In: Press Release, U.S. Dep't of Agric., Press Release No. 0335.05 (29 ago. 2005); disponível em: http://www.usda.gov (siga o hiperlink "Newsroom"; depois siga o hiperlink "Transcripts & Speeches"; depois selecione "August" e "2005" das caixas *drop-down*; depois siga o hiperlink "August 29,2005").

senta uma grande mudança na política do USDA e terá importantes repercussões nos meses e anos vindouros. Realmente avançamos muito em pouco tempo.

Esta é uma época estimulante para trabalhar na área de serviços ecossistêmicos. Atores importantes, desde grupos conservacionistas até empresas multinacionais, estão despertando para a ideia de que um enfoque em serviços pode promover a conservação e obter um retorno competitivo sobre o investimento. Os governos em nível local, nacional e internacional estão cada vez mais conscientes do potencial que representa focar explicitamente n na conservação de serviços ecossistêmicos e na criação de mercados de serviços. Como nunca antes, os pesquisadores acadêmicos enfrentam tanto a formidável responsabilidade quanto a animadora oportunidade de examinar como colocar em prática a teoria da criação do mercado de serviços.

– 6 –

Têm os animais direitos? Um breve percurso sobre a proteção dos animais no direito alemão

CARLOS ALBERTO MOLINARO

Doutor em Direito, com menção europeia – Doctor Europeo – pelo Departamento de Direito Público da Universidade "Pablo de Olavide" de Sevilha, Espanha. Mestre e Especialista em Direito pela Pontifícia Universidade Católica do Rio Grande do Sul. Professor na Graduação e Pós-Graduação (Mestrado e Doutorado) da FADIR-PUCRS (carlos.molinaro@pucrs.br).

Sumário: Considerações preliminares; 1. Têm os animais direitos no sistema jurídico alemão?; 2. A proteção da natureza na perspectiva germânica do final do século XIX e início do século XX; 2.1. A ideologia ecológica na perspectiva nacional-socialista; 2.2. A proteção dos animais do ponto de vista nacional-socialista; 3. A proteção dos animais no regime legal atual; 3.1. A *Tierschutzgesetz* de 1972 com a última emenda de 15.07.2009: um breve recorrido; 3.2. A Emenda constitucional de 2002 e a *Tierschutzgesetz*; A título de Conclusão.

Considerações preliminaries

> *It is man's sympathy with all creatures that first makes him truly a man.*
> Dr. Albert Schweitzer
> (*Civilisation and Ethics*. Trad. de C.T. Campion. London: Unwin Books, 1967 – edição original de 1923)

Têm os animais direitos? – Esta é uma pergunta intercorrente entre aqueles que pensam os direitos como não exclusivos, naturais e intrínsecos aos seres humanos, mas como produtos da linguagem jurídico-normativa para a adaptação e corrigenda dos defeitos de adaptação das relações inter-humanas havidas num tempo e espaço sociais dados. Numa perspectiva não antropocêntrica, os direitos são *atribuições* que qualificam especiais formas de relações entre os seres da cadeia biótica e abiótica, portanto, não exclusivos dos seres humanos. Contudo, como produtos socioculturais são os direitos uma criação humana. Só os humanos pensam os direitos (como tais), nada obstante, a existência de uma *ordem natural* intrínseca a todos os seres da cadeia biótica e inserta no mundo abiótico, sendo os principais fatores abióticos, o clima, a atmosfera, a água e os solos. Neste sentido, os direitos "atribuídos" aos animais são – de modo mais adequado – limites impostos ao comportamento dos seres humanos para com os demais seres. São *franjas de interferência* impostas pela evolução que retira o humano da irracionalidade para protegê-lo, pois o humano pode aceder ao irracional.

No início do século passado Schweitzer já enunciava de modo lapidar: "sempre que causo qualquer dano a qualquer tipo de vida, devo ter muito claro de que é necessário", pois, acrescentava: "nunca devo ir mais além do inevitável, nem sequer do que possa parecer insignificante".[1] Assim, em outras palavras, é condição da liberdade do humano para com o mundo da vida a responsabilidade para com o vivente, pois "temos perdido contato com as questões elementares acerca da existência e do mundo, que é tarefa do homem resolver, e temos encontrado cada vez mais satisfação em discutir problemas de uma natureza puramente acadêmica, e em um mero virtuosismo de técnica filosófica".[2]

Mahatma Ghandi, com grande lucidez, proclamava: [...] "Um país, uma civilização se pode julgar pela forma com que trata a seus animais",[3] nesta perspectiva e, em brevíssimo ensaio, vamos examinar – levando em conta a advertência de Schweitzer – a disciplina que um país deu ao tema da proteção aos animais: a Alemanha. É de lá que temos sorvido o mais adequado de uma ciência e de uma dogmática do direito, produtoras de um conhecimento aperfeiçoado e útil a uma prática social efetiva, ou para sermos mais fiéis ao espírito germânico, o que de mais precisa técnica a jurisprudência tem enunciado, sempre afinada ao preceito maior da ação humana: a dignidade que lhe é inerente por atribuição.

Iniciaremos este estudo com uma sintética anotação sobre o cenário preservacionista no final do século XIX e inícios do século XX e, de modo breve, examinaremos a perspectiva germânica nacional-socialista sobre o tema. Após, recorreremos, no essencial, a atual disciplina da proteção dos animais no constitucionalismo e na legislação infraconstitucional alemã, e teceremos algumas observações que intuímos sobre o tema.

1. Têm os animais direitos no sistema jurídico alemão?

O tema para o direito alemão não é recente, todavia, é mais recente a normatização constitucional, fruto da reforma que definiu a proteção dos fundamentos naturais da vida e dos animais (Lei Fundamental da República Alemã, de 23 de

---

[1] Schweitzer, Albert, in, Linzey, Andrew, and Tom Regan, eds. *Animals and Christianity: A Book of Readings*. New York: Crossroad Press, 1988, parte quatro, p. 120

[2] Schweitzer, Albert. Civilisation and Ethics. Trad. de C.T. Campion. London: Unwin Books, 1967, p. 8, célebre a dicção schweitzeriana: "*I am life that wants to live, in the midst of life that wants to live.*" (ou em alemão: " Ich bin Leben, das leben will inmitten von Leben, das leben will).

[3] Gandhi, Mohandas Karamchand (Mahatma). Autobiography: The Story of My Experiments with Truth. Boston: Beacon Press, 1993, p. 67

maio de 1949, emendada pela Lei de 27 de outubro de 1994 – fundamentos naturais da vida –, e pela Lei de 26 de julho de 2002[4]).

Numa perspectiva dogmática da ciência do direito, a toda evidência, não se atribuem direitos – como posições jurídicas subjetivas ativas individualmente consideradas – aos animais no sistema alemão; contudo, estão constitucionalmente protegidos e, neste caso, tal proteção pode eventualmente justificar uma limitação de conteúdo *prima facie* a qualquer direito fundamental,[5] entretanto, advirta-se, em caso de colisão da norma de proteção prevalece o direito fundamental, desde que a sua prevalência seja proporcionadamente exigível, sendo o exemplo clássico a liberdade de investigação frente às experiências que reclamam a utilização de animais.

Ademais, a *Reichstierschutzgesetz* de 1933, que vigorou até 1972, quando foi substituída pela atual *Tierschutzgesetz* (*TierSchG*)[6] de 24.07.1972 cuja ultima emenda é de 22.07.2009, prevê ampla proteção disciplinando com detalhes o trato com os animais, aliás, o § 1 da referida norma legal, tem como endereço proteger a vida e o bem-estar dos animais, supondo a responsabilidade do homem com respeito a eles como suas "cocriaturas" (*Mitgeschöpf*[7]), neste sentido, estão os animais protegidos pela Lei Fundamental da Alemanha e pela *TierSchG* que veda a experimentação científica cruenta, a industrialização marginal e a criação e confinação em espaços inadequados, bem como a manipulação genética com objetivos perversos, não podendo ser consumidos ou descartados como simples *commodities*.

Um dos aspectos importantes da proteção ao animal está em que, na Alemanha, é crime punido com pena de privação de liberdade (três anos), matar um animal vertebrado imotivadamente, sem qualquer razão ou desculpa e com

---

[4] Artikel 20a [Schutz der natürlichen Lebensgrundlagen] – Der Staat schützt auch in Verantwortung für die künftigen Generationen die natürlichen Lebensgrundlagen und die Tiere im Rahmen der verfassungsmäßigen Ordnung durch die Gesetzgebung und nach Maßgabe von Gesetz und Recht durch die vollziehende Gewalt und die Rechtsprechung (O Estado protegerá, tendo em conta sua responsabilidade com as gerações futuras, dentro do marco constitucional, os fundamentos naturais da vida e os animais, através da legislação e, de acordo com a lei e o direito, por meio dos poderes executivo e judicial).

[5] Neste sentido, cf., Susanne Hässy, Tierschutz im Grundgesetz: Notwendig, überflüssig oder bedeutunglos? *BayVBl*, 2002; 133 (7), p. 202/205 (Exemplar da Bayerische Verwaltungsblätter: Zeitschrift für Öffentliches Recht und Öffentliche Verwaltung, consultado na Biblioteca da Universidade Complutense de Madrid em jan. 2008)

[6] A legislação alemã pode ser consultada on-line do site do Bundesministerium der Justiz, e no caso específico da Tierschutzgesetz: http://www.gesetze-im-internet.de/bundesrecht/tierschg/gesamt.pdf.

[7] O termo alemão *Mitgeschöpf*, tem forte conotação religiosa, sendo muito utilizado pela Teologia, os estudos partem da Bíblia (Gen. 2, Gen. 3,18; 9,2) no exercício permanente de implicação entre os homens e os animais. Note-se que o *co-*, *com*, expressa relação, talvez o melhor fosse utilizar "*co-vivente*", isto é, uma criatura que partilha com nós da vida. Lembremos, ensinam-nos os léxicos, que animal vem do adjetivo latino *animalis*, animado, isto é, tudo o que tem vida e, criatura vem do latim *creatura* que expressa à ideia de "tudo o que foi criado". Somos, pois, todos – enquanto seres criados (a imagem e semelhança...) – criaturas, nós os seres humanos e os demais seres animados, nossas co-criaturas. Uma perspectiva biologista, ou pancentrista, substituiria o termo de co-criatura por *congênere*. Os animais, nossos congêneres compartem da vida, nascem, desenvolvem-se e morrem, têm apetites e necessidades, experimentam prazer e sofrem.

truculência, infligindo-lhe dor ou sofrimento, ou como um "ato gratuito" no sentido filosófico abordado por Gide[8] (*TierSchG* § 17).

Atente-se que a proteção à natureza – e aos animais nela incluídos – é pacífica no direito alemão pelo menos desde o século XIX, especialmente com as ideias propagadas por Alexander von Humboldt. *De lege lata*, no século XX, já se encontrava mesmo no direito de inspiração nacional-socialista (a seguir simplesmente direito nazi[9]) que atribuiu extraordinária relevância ao tema ecológico,[10] pois o que hoje é pensado como *deep ecology* já estava presente no pensamento de autores como Giese e Kahler,[11] dois conselheiros do III Reich que tiveram grande responsabilidade na formulação de três importantes leis nacional-socialistas: (a) a *Reichstierschutzgesetz* de 24 de novembro de 1933; (b) a *Reichsjagdgesetz* de 3 de julho de 1934, e (c) a *Reichs-Naturschutzgesetz* de 1º de julho de 1935.

2. A proteção da natureza na perspectiva germânica do final do século XIX e início do século XX

As ideias de proteção da natureza vêm, entre outras, das teses de Alexander von Humboldt (1769/1859), especialmente com a sua concepção de *Naturdenkmal*, ou o monumento natural com sua fauna e flora, incluído o mundo abiótico e os bens intangíveis como as paisagens.[12] A ideia matriz residia em que a proteção da natureza implicava – não no objetivo de conformar os efeitos da sua transformação – em promover a conservação do ambiente natural como um bem da pátria, um bem único, privilegiando-se – em uma ideia romântica – a natureza, seus seres e a paisagem, especialmente a selvagem, pura e intocada.[13]

---

[8] André Gide, *Les Caves du Vatican* (Paris: Editions Gallimard, 2001) e, *Le Prométhée mal enchaîné*, (Paris: Editions Gallimard, 1925: "*J'appelais l'homme: l'animal capable d'une action gratuite.*"

[9] Abreviatura de *Nationalsozialist* (nacional socialista).

[10] Releva informar que muitos autores dedicados ao estudo do nacional-socialismo têm a convicção de que os ideais de preservação da natureza, e a ênfase dada à proteção dos animais, na verdade ocultava um objetivo político de mobilizar o povo alemão sob as ideais do III Reich (cf., por todos, dois autores, Patterson, Charles. Eternal Treblinka: Our Treatment of Animals and the Holocaust. Brooklyn, NY: Lantern Books, 2002, e Ferry, Luc. Le nouvel ordre écologique. L'arbre, l'animal et l'homme, Paris: Bernard Grasset, 1992; este último, crítico de qualquer postura biologista ou ecocêntrica. Nada obstante não compartirmos com as ideias do filósofo francês, seu livro, todavia, para um estudo das principais normativas nacional-socialistas, revela-se como um primoroso ensaio de investigação da ecologia nazi).

[11] Giese, Clemens; Kahler, Waldemar. Das deutsche Tierschutzrecht: Bestimmungen zum Schutze der Tiere (Tierschutzgesetz, Schlachtgesetz, Eisenbahnverkehrsordnung, Reichsjagdgesetz, Strassenverkehrsordnung mit den dazu ergangenen Verordnungen.). Berlin: Duncker & Humblot, 1939 (306 pp.), livro que nos foi gentilmente emprestado pelo Prof. Dr. Alberto Spanca, estudioso da história do nacional-socialismo, expressamos aqui nossos agradecimentos, inclusive às valiosas observações que fez a este nosso despretensioso texto quando do início de sua elaboração.

[12] Cf. § 28 da Gesetz über Naturschutz und Landschaftspflege (*BNatSchG*) de 12/03/1987 (BGBl. I 1987, p. 889) com a alteração de 21/06/2005 (BGBl. I 2005, p. 1818).

[13] Por todos, Rolf Peter Sieferle em Naturschutz, Denkmalpflege, erste Umweltprobleme, in Sieferle, R. P. Fortschrittsfeinde: Opposition Gegen Technik Und Industrie Von Der Romantik Bis Zur Gegenwart. München: C.H Beck, 1984, p. 57-64. Também, Sieferle, R.P. Qué es la Historia ambiental? In, González de Molina, M. y Martínez Alier ,J. (ed.): Naturaleza Transformada. Barcelona: Icaria, 2001, p. 31-55.

Importante, também, no objetivo de proteção da natureza, a recepção das ideias do biólogo inglês Charles Darwin (1809/1882) introduzidas por Ernest Heinrich Philipp August Haeckel (1834/1919) que dedicou o segundo volume de sua *Generelle Morphologie der Organismen*, aos "*notáveis Charles Darwin, Jean--Baptiste Lamarck e Wolfgang Goethe*". Relativamente a este último, Haeckel o considerava como um dos principais fundadores da teoria da evolução.[14] Haeckel foi o introdutor do termo "ecologia", e seu propósito era o de estabelecer uma recíproca dependência entre os processos gestados no interior da natureza e um percurso científico para pensar esta mesma natureza e sua conjuntura, ademais dos problemas decorrentes. De algum modo suas ideias contribuíram para dois movimentos importantes do início do século XX, como a *Naturschutz* e a *Heimatschutz*[15] precedentes dos contemporâneos movimentos ecologistas.[16]

É de ter-se presente que os movimentos de proteção à natureza, intercorrentes no século XIX na Alemanha, estavam plasmados no romantismo de um ideal de beleza a ser preservada, uma volta às origens do puro ou da inocência do ser incluído no mundo *natural*. Não podemos olvidar que nada obstante as ideias sobre o *valor* já presentes na *República* de Platão, a sua ciência, a axiologia, vai ser sistematizada somente no século XIX na Alemanha, com os estudos de Rudolf Hermann Lotze,[17] Friedrich Wilhelm Ritschl[18] e do austríaco Carl Menger.[19] Buscar um valor como ideal corresponde a um ato humano de

---

[14] Cf., o texto de Haeckel intitulado História da Criação Natural (Natürliche Schöpfungsgeschichte), disponível em alemão na Internet: http://www.zum.de/stueber/haeckel/natuerliche/natuerliche.html (acesso em 05/02/2008), especialmente a "quarta leitura": a teoria da evolução em Goethe e Oke. Para quem não está familiarizado com o tema, Oke, isto é, Lorenz Ockenfuss (1779-1851), foi um filósofo naturalista e sua biografia pode ser consultada em hipertexto, em língua francesa, em: http://www.cosmovisions.com/Oken.htm

[15] Cf., online o excelente Naturschutz in Bayern von 1905-1945: der Landesausschuß für Naturpflege und der Bund Naturschutz zwischen privater und staatlicher Initiative, de Richard Hölzl, no endereço: http://www.opus-bayern.de/uni-regensburg/volltexte/2005/521/pdf/RDTGKU1.pdf

[16] Dominick, Raymond. The environmental movement in Germany: Prophets and pioneers 1871-1971. Bloomington: Indiana University Press. 1992, p. 38 e ss., p. 99.

[17] Este é um autor que precisaríamos recuperar, suas ideias ressoam em nossa atualidade, pois pensava nos conflitos originados entre a perspectiva estética e os princípios fundados no empirismo, uma realidade que nos é muito próxima. Lotze buscava uma reconciliação entre a estética e a ciência, pois para ele dois mundos estavam muito presentes: um mundo dos fatos que pode ser observado, e um mundo de valores que construímos, mas sempre fundado numa lei natural dado que o ser humano – para Lotze – estava submetido pela mente e pelo corpo às mesmas leis naturais que incidem sobre todas as coisas (Lotze, Rudolf Hermann. Metaphysic – In Three Books: Ontology, Cosmology, and Psychology. Trad. Bernard Bosanquet, Lotze Whitefish (MT): Kessinger Publishing, 2007, p. 34, 73 e ss., 237 e ss.).

[18] Friedrich Wilhelm Ritschl (1806-1876), linguista e filósofo, um famoso estudioso de Plauto (254 – 184 a.C.), comediógrafo latino que subverte o conceito de teatro e cria uma comédia com novos matizes, especialmente, porque Plauto viveu em uma época de grandes convulsões sociais e políticas, e pretendia o máximo do "sorriso" do povo neste momento de acentuados enfrentamentos bélico, seus textos, acessíveis e populares intentavam demonstrar as lutas sociais entre patrícios e plebeus no entorno do controle do poder.

[19] Carl Menger (1840-1921), criador da Escola Austríaca do Pensamento, sua principal contribuição é articulação que fez sobre a teoria subjetiva do valor. Menger se contrapôs a teoria objetiva do valor, pois intentava provar que o valor não pode ser alcançado pelo conhecimento matemático ou positivista. Entendia que o valor e os custos são subjetivos, ou por outra dependem da subjetividade, pois as necessidades não são cardinais ou mensuráveis, mas ordinárias e contingentes dado que dependem do momento e, mais, da escassez e necessidades futuras.

valorização de um bem, a natureza e o que nela se incluía, neste caso, adquiria importância inestimável.

Note-se que o século XIX incorpora um florescente desenvolvimento do capitalismo coexistindo com estruturas de certo modo ainda feudais, neste cenário, a classe burguesa apostava impor o seu domínio no fértil campo da ideologia, o que de certo modo implicou o desenvolvimento de uma ciência dos valores na perspectiva moral, econômica, política e jurídica.

Relativamente aos valores refletidos sobre a natureza, bebeu-se da fonte do poeta Ernst Moritz Arndt, sempre afirmando que quando uma pessoa vê a natureza implicada em uma correlação com todas as coisas, e que todas as coisas são importantes – vermes, plantas, pedras, pessoas – e nenhuma é mais que a outra, pois o todo reflete uma única unidade;[20] neste sentido, as universidades na Alemanha vão formar os fundamentos teóricos de uma ciência que até o presente convida para a reflexão, o debate e à solução dos mais complexos problemas do conhecimento humano. Refletir e valorar as questões emergentes do mundo natural implicava naquele período uma contextualização da própria formação da sociedade alemã.

Finalmente, releva referir que também *Reichsstrafgesetzbuch* (*RStGB*) de 1871, previa sanção para atos de crueldade com os animais, sendo a fonte do tipo penal fundada na compaixão para com esses, e não especificamente relacionado à proteção da fauna;[21] ainda, anote-se, que em 1877 funda-se na cidade de Colônia a primeira associação internacional contra a poluição dos rios, do solo e do ar (*Internationale Verein gegen Verunreinigung der Flüsse, des Bodens und der Lüfte*),[22] sendo que em 1º de setembro do mesmo ano, é editada uma ordenança proibindo os despejos urbanos nos rios da Prússia.[23] Igualmente, em 1880 na Baviera, e em 1885 na Prússia, são editadas as primeiras leis de proteção dos animais relativamente às experiências científicas.[24]

O movimento denominado *Heimatschutz*[25] foi, de modo incontrastável, a primeira organização a tratar do tema da conservação da natureza no início do século passado, sua *mens* incorporava o ideal de beleza, uma perspectiva esté-

---

[20] Vanchena, Lorie. Cultural Transfer and the Appropriation of Ernst Moritz Arndt's Political Poetry. In Ernst Moritz Arndt (1769-1860): Deutscher Nationalismus – Europa – Transatlantische Perspektiven. Tübingen: Max Niemeyer Verlag, 2007. 211-230.

[21] Cf., Eser, Albin. Derecho ecológico. Trad. De la Cuesta Arzamendi y Sanz Morán. Madrid: Revista de Derecho Público. Madrid (100 – 101/Jul.Dez) 1985, p. 603-652.

[22] Mieck, Ilja. Industrialisierung und Umweltschutz, in: Jörg Callies *et alli* (Hrsg.), Mensch und Umwelt in der Geschichte. Pfaffenweiler: Centaurus, 1989, p. 205/227.

[23] Cf., Umweltgeschichte im Spiegel der Umweltliteratur – das 'Bild' gedächtnis der Ökologiebewegung, in, http://www.umweltliteratur.de/bild_vorgeschichte.html#sdfootnote4sym

[24] Cf. Wann gab es die ersten Tierversuche?In,www.tierversuche.bayer.de/verantwortung/geschichte.php

[25] Literalmente "proteção da Pátria", contudo, *Heimat*, significativamente, é intraduzível em qualquer língua, refere-se a um "lugar" de onde se procede não no sentido tradicional de "pátria" (institucional e político), mas do sentimento de pertença, de comunidade cultural, idiossincrasia, mais ainda, associa-se a ideia de ascendência, de descendência, não só na história e no espaço físico, sim no passado e no presente e também às esperanças do futuro. *Heimat* poderia definir-se como uma cosmovisão do espaço e do tempo em uma figura imprecisa

tica centrada na *condução do olhar* ao entorno. Este sentimento estético era tão intenso que seus membros acreditavam firmemente que não se poderia permitir que o país viesse a cobrir-se da fealdade e da plangência. Exemplos clássicos são: a *Verein zur Erhaltung der landschaftlichen Schönheiten der Umgebung Münchens* de 1902;[26] a criação do *Der Bund der Heimatschutz* de 1904, mais tarde denominado de *Deutsche Bund Heimatschutz*, com seus mais de 30.000 associados e 25 organizações,[27] e depois (1908) foi constituída a *Heimatschuts* do sul do Tirol (Áustria).[28]

Um autor que nos parece foi importante na análise dos movimentos ambientalistas, no início do século XX, foi Konrad Guenther[29] que afirmava a superioridade dos fatores da natureza como integrantes da noção de nação. Dizia Guenther: "*o bosque vale mais que uma catedral, ele é mais magnífico que tudo que a mão humana já produziu*", [devemos] "*amá-lo*", pois acrescentava "*o amor a natureza está na raiz do amor à pátria*".[30] Para Guenther a estética da natureza (aí incluído na nossa perspectiva o biótico e o abiótico) é um poderoso instrumento de equalização dos seres e das coisas, está na *Landschaft*[31] que não distingue entre ricos e pobres, pois a natureza é a mãe de todos e de todas as coisas e está

que divaga no conceitual, mas que se mostra firme e persistente na memória exemplar do sentimento de que pertencemos rizomaticamente a um solo que nos acolhe e alimenta.

[26] Hölzl, Richard. Naturschutz in Bayern von 1905-1945: der Landesausschuß für Naturpflege und der Bund Naturschutz zwischen privater und staatlicher Initiative, no endereço: http://www.opus-bayern.de/uni-regensburg/volltexte/2005/521/pdf/RDTGKU1.pdf

[27] Cf. Speitkamp, Winfried: Denkmalpflege und Heimatschutz in Deutschland zwischen Kulturpolitik und Nationalsozialismus. In: Archiv für Kulturgeschichte 70 (1988), 149 – 193, que pode ser consultado online, com subscrição, no DigiZeitschriften – Das deutsche digitale Zeitschriftenarchiv, em arquivo PDF, com versão integral do texto: http://www.digizeitschriften.de/index.php?id=loader&tx_jkDigiTools_pi1[IDDOC]=264154

[28] Cf. Innsbrucker Nachrichten de abril de 1908, online, inclusive com link para o exemplar original digitalizado http://www.sagen.at/doku/Innsbrucker_Nachrichten/IN_1908/Innsbrucker_Nachrichten_April_1908.html.
O livro se encontra no excelente *site* da Österreichischen Nationalbibliothek: http://www.onb.ac.at/

[29] Konrad Guenther (1874/1955), também grafado como Günther, zoologista, foi professor da Albert-Ludwigs-University of Freiburg, diretor do Museu de História Natural de Freiburg, e conservacionista emérito; para Guenther existia uma correlação indissociável ente a vida animal e a paisagem, deste modo agudizando o despertar da natureza. Tivemos recentemente oportunidade de conhecer sua obra *Der Naturschutz*, consultamos o exemplar na Bibliothèque Nationale et Universitaire. Strasbourg (BNU), localizada na belíssima Praça da República em Strasbourg, quando ali estávamos de passagem e tomos algumas anotações.

[30] Guenther , Konrad . Der Naturschutz. Stuttgart : Francksche Verlagsbuchhandl, 1919, p. 5

[31] Aqui é mais que "paisagem", na realidade é mais bem expressada como "o cenário natural, onde tudo está incluído", não mais se pensa apenas na paisagem visível, mas todos os fenômenos naturais, visíveis e invisíveis, onde se inclui o ser humano, os animais, a flora, o solo e os acidentes geográficos. Neste sentido podemos concluir que a *Landschaft* pode ser perspectivada desde três distintos fatores: (1) o mundo abiótico, estritamente físico-químico, que depende do processo físico de causa e efeito, e também resultado de períodos passados da história terrestre; (2) o mundo biótico, em sentido largo, ou o todo existente sujeito as leis peculiares da vida, como são as do crescimento, a multiplicação, a expansão, a adaptação e a herança, sendo que destes fenômenos derivam todos os demais incluídos na paisagem natural no sentido de causalidade biológica; e, (3) o mundo do ser humano, que depende das puras compreensões causais e motivações dos indivíduos ou grupos sociais, e, portanto, dos princípios de ordem cultural e socioeconômica, os quais interferem na natureza (Bobek, H y Schmithüsen, J.. Die Landschaft im logischen System der Geographie. Erdkunde: 112-120, Bonn, citado por Carl Troll, Ecología del paisaje, in, Instituto Nacional de Ecología, México, que pode ser consultado online em: http://www.ine.gob.mx/ueajei/publicaciones/gacetas/399/troll.html

para todos sempre disponível. Para ele, a natureza reflete o caráter mais geral da busca de unificação de todos os símbolos, sejam esses os da solidariedade, o da nacionalidade, e aqueles marcadores da territorialidade em meio da agitação social e política dos primeiros anos do século XX.

Durante o período antecedente a Primeira Grande Guerra Mundial, a crescente urbanização e as crescentes tensões entre as classes sociais descobrem o consenso nacional e o entusiasmo pela cultura e o patrimônio natural, como já tinha ocorrido com a derrota da França e a criação do Reich alemão de 1871. É neste contexto que Guenther sustentava que os espaços naturais transmitiam uma aura que está por cima das classes e das lutas políticas da era industrial, por isso a *Landschaft* como fonte de coesão sociocultural reflete uma crescente preocupação das atividades de preservação da natureza[32]

É neste cenário que tem lugar o nacional-socialismo e o seu êxito inicial reside exatamente na substituição da noção mítica de *Heimat* pelo termo "*Reich*", já que o Reich incorpora a natureza e a cultura numa unidade indissociável.[33]

2.1. A ideologia ecológica na perspectiva nacional-socialista

A análise da proteção ecológica fundada no nacional-socialismo é uma opção que deve ser afrontada – sem o receio da pecha de antissemitismo, pois é neste triste momento histórico que está, por primeira vez, disposta sistematicamente a proteção da natureza e dos animais. Aliás, como adverte Simon Schama, é incompreensível como aqueles que adoravam milhões de árvores, mataram milhões de seres humanos.[34]

As vertentes do ecologismo nacional-socialista têm suas origens na mitologia germânica[35] que sempre influiu de modo decisivo no pensamento dos "Povos da Germânia", situados ao norte do Império Romano, constituídos por etnia indo-europeia, sendo os mais conhecidos os godos, os francos, os burgúndios, os vândalos e os suevos, estes últimos habitantes da Suevia e que mais tarde ocuparam o Noroeste da península Ibérica, vindo a ser um dos componentes básicos da ancestralidade de galegos e portugueses do Norte.

Um bom recorrido histórico sobre os germanos se pode ver na obra de Tácito, *De origine et situ Germanorum*, onde o historiador romano reconhecia nesses povos os valores da austeridade, da dignidade e valor militar, que eram

---

[32] Guenther, Konrad . *Der Naturschutz*. Stuttgart: Francksche Verlagsbuchhandl, 1919, p. 13 e ss.

[33] Dominick, Raymond. The environmental movement in Germany: Prophets and pioneers 1871-1971. Bloomington: Indiana University Press, 1992, p. 38 e ss.

[34] Schama, Simon. Landscape and Memory. New York: Alfred A. Knopf, 1995, p. 119

[35] Importante para o pensamento mítico alemão, Carl Gustav Jung, especialmente: Os arquétipos e o inconsciente coletivo. Petrópolis: Vozes, 2000 e, ainda, Aspectos do drama contemporâneo. 2ª ed. Petrópolis: Vozes, 2004.

qualidades que possuíam os romanos em tempos anteriores, ademais, via com grande simpatia o valor que davam a natureza e a pureza de certa rusticidade.[36]

Certamente, não foi sem razão que neste momento da história (as fronteiras entre os séculos XIX e XX) surge nitidamente concretizada, o que se denominou de *biopolítica* e ao lado, a teoria do *Blut und Boden* (Sangue e Solo) de Richard Walther Darré, ministro da agricultura do III Reich.

Na verdade, como com acuidade já anotou Agamben, o nazismo cria o *"primeiro Estado radicalmente biopolítico"*, isto é, um Estado onde o poder se estrutura integralmente a partir de decisões sobre a vida como tal,[37] pois a política e o direito nazi tem por indistintas a vida natural e a vida politicamente qualificada. Sob o ponto de vista cultural Rosenberg já afirmava que a visão de mundo nacional-socialista parte da convicção que terra e sangue constituem a essência do alemão. E, portanto, são a estes elementos originários (*Gebenheit*) aos que uma política cultural e estatal deve apontar.[38] Neste sentido, o nacional-socialismo tinha uma perspectiva biologista, não antropocêntrica do mundo e francamente favoráveis à natureza, incluídos os animais. É nesta perspectiva que Richard Walther Darré, nascido na Argentina e *Reichsleiter* do Reich para Alimentação e Agricultura, pode ser considerado como o primeiro político-ecologista da história dialogando com o meio ambiente e com os animais.[39]

Darré, a toda evidência, escreveu uma das obras mais importantes e básicas para entender a ideologia ecológica e o direito ambiental nazi. Na página 28 do seu *Um Blut und Boden: Reden und Aufsätze*, Darré é enfático ao afirmar que "*a unidade entre o sangue* (a raça ou o Volk) *e o solo* (a terra, o entorno natural) *deve ser restabelecida*, pois, advertia na página 57, [...] "*A moral e os costumes dos alemães derivam exclusivamente da unidade da orgânica entre o sangue e o solo*".[40] O *lema* de Darré imediatamente se popularizou como um princípio reitor do pensamento nazi.

---

[36] Pode-se consultar a obra de Publius Cornélio Tácito, em e-book, versão bilíngüe (latim-português), tradução de João Penteado Erskine Stevenson, Edições e Publicações Brasil Editora S.A., in, e-BooksBrasil, Fevereiro 2001, http://www.ebooksbrasil.org/eLibris/germania.html#5 (acesso em 20/07/2007).

[37] Agamben, Giorgio. Homo Sacer, Le pouvoir souverain et la vie nue. Trad. Marilène Raiola, Paris: Seuil, 1997, p. 154; cf., por excelente o artigo de Michel Foucault, *Naissance De La Biopolitique. Cours Au Collège De France, 1978-1979*. París: Seuil, 2004 (consultamos o exemplar na biblioteca da Faculdade de Psicologia da UFRGS, de onde provêm as nossas anotações).

[38] Rosenberg, Alfred. Blut und Ehre. Ein Kampf für deutsche Wiedergeburt. Reden und Aufsätze von 1919/1933. Munich: Franz Eher Verlag, 1934, p. 1242

[39] Para uma investigação sobre o nacional-socialismo, em língua alemã, consulte-se os documentos organizados por Axel Tschentscher, Universidade de Würzburg, in, http://www.servat.unibe.ch/law/dns/index.html, com link para a base de dados DocumentArchiv , in, http://www.documentarchiv.de/ns.html

[40] Tivemos a sorte de consultar, em fevereiro de 2008, o original de *Um Blut und Boden: Reden und Aufsätze*, editado em Munique pelo Nationalsozialistische Deutsche Arbeiterpartei (NSDAP) em 1939, livro gentilmente emprestado pelo Prof. Dr. Alberto Spanca, estudioso da história do nacional-socialismo, que nos emprestou também, a versão traduzida em italiano do *Neuadel aus Blut und Boden*, München, 1930 (La nuova nobiltà del sangue e suolo, Padova: Edizioni di AR, 1971). Da leitura que fizemos da obras de Darré estamos preparando uma recensão para oportuna publicação, pois julgamos, a despeito da ideologia do autor a qual não compartimos em absoluto, muitas das suas perspectivas biologistas, ecocêntricas mesmo, estão na base dos estudos

2.2 A proteção dos animais do ponto de vista nacional-socialista

A defesa dos animais que já se antecipava no final do século XIX e princípios do século XX, especialmente com o surgimento – em Stuttgart, 1905 – da primeira liga de proteção dos animais, a *Tierschutzvereine* – que segundo Hölzl, contava com mais de 80.000 associados[41] – adquire relevo na política nacional-socialista de proteção da natureza. Com efeito, como narra Hölzl, citando Herman, a proteção dos animais se fazia, também, desde um sentimento egoísta, pois ela se constituía na defesa dos interesses comuns da humanidade, protegendo a natureza contra qualquer ingerência e empobrecimento da fauna do planeta.[42]

Com a posse do poder, os nacional-socialistas, começam a tomar medidas legais para a proteção nacional, reordenando o Estado, abandonando o federalismo tradicional, também no âmbito de Weimar. A fundamentação jurídica desta nova estrutura centralizada foi acompanhada de uma lei de proteção dos animais, da caça e da lei florestal, especialmente com a edição de uma lei geral de conservação da natureza em 26 de junho de 1935.[43] Assim, como retro referimos, surgiram a *Reichstierschutzgesetz* de 24 de novembro de 1933;[44] a *Reichsjagdgesetz* de 3 de julho de 1934, e a *Reichs-Naturschutzgesetz* de 1º de julho de 1935.

A grande inspiração dessas leis foi de juristas como Giese e Kahler, que a expressaram inicialmente na *Tierschutzgesetz* nacional-socialista. Sua originali-

---

contemporâneos da *deep ecology*, e não muito longe de um possível e futuro regime fundado em uma ecoditadura, como já advertido pelo jurista alemão Michael Kloepfer em várias de suas reflexões (e.g., Auf dem Weg zum Umweltstaat? artigo que traduzimos, e de breve publicação): [...] *Partindo da reflexão de que, em vista das crescentes sobrecargas impostas ao meio ambiente, no futuro não se poderá mais sustentar ecologicamente um crescimento continuado da produção, multiplicam-se desde meados dos anos de 1970 as vozes predizendo que uma solução para o problema ambiental advirá antes de sistemas totalitários, sem que vejam isso com bons olhos. Porque, de acordo com essa visão, a "adaptação" dos seres humanos aos novos parâmetros, que se tornou necessária devido à parada no crescimento da produção, só poderá ser efetuada por um Estado forte, centralizado e organizado como economia planificada. Somente um Estado planificador e atribuidor, dotado de competências abrangentes, poderia funcionar como "instância de regulamentação" das múltiplas demandas. Desse modo, está no ar a visão de um Estado ambiental total (totalen Umweltstaates), isto é, uma espécie de "ecoditadura" (Ökodiktatur), algo que não é politicamente desejável nem coadunável com a Constituição em vigor, independentemente de se o Estado optará por impor o seu monopólio decisório mantendo as relações de propriedade vigentes até o momento (razão pela qual essa forma de Estado pode ser chamada de "ecofascismo"(Ökofaschismus) ou se o fará suspendendo o poder privado de dispor sobre bens relevantes ao meio ambiente (o que poderíamos chamar de "ecossocialismo" (Ökosozialismus) totalitário.*

[41] Cf., Hölzl, Richard. Naturschutz in Bayern von 1905-1945: der Landesausschuß für Naturpflege und der Bund Naturschutz zwischen privater und staatlicher Initiative, de Richard Hölzl, in: http://www.opus-bayern.de/uni-regensburg/volltexte/2005/521/pdf/RDTGKU1.pdf

[42] Idem. Ibidem.

[43] Idem. Ibidem.

[44] Observe-se, por circunstâncias históricas – coincidências perversas – que a primeira norma legal de proteção aos animais no Brasil, dá-se na Era Vargas, e estava contida no Decreto-Lei nº 24.645 de 10 de julho de 1934, que dispunha no seu Artigo 1º que *"Todos os animais existentes no País são tutelados do Estado"*; e, no Artigo 2º cominava: *"Aquele que, em lugar público ou privado, aplicar ou fizer aplicar maus tratos aos animais, incorrerá em multa de 20$000 a 500$000 e na pena de prisão celular de 2 a 15 dias, quer o delinquentes (sic) seja ou não o respectivo proprietário, sem prejuízo da ação civil que possa caber"*. Observe-se ainda que a norma legal atribuía ao Ministério Público e aos membros das organizações de proteção dos animais a assistência e representação em juízo dos animais.

dade reside em que, pela primeira vez, o animal está protegido como *ser natural*, por si mesmo e não em relação com os seres humanos. Releva notar que estas leis se afastam das correntes filosóficas em voga, as quais defendiam a natureza e os animais desde uma orientação humanista, fundada em uma ética do homem para com a integridade do entorno e dos animais, o movimento, então, abandonava uma postura antropocêntrica para abraçar um radical compromisso biologista, ecocêntrico.[45]

Neste sentido, Darré afirmava: *[...] o povo alemão possui desde sempre um grande amor pela natureza e pelos animais, e sempre foi consciente das elevadas obrigações éticas que tem para com esses últimos. Ainda assim, somente graças à Direção Nacional-Socialista o desejo, compartido por amplos círculos sociais, de uma sensível melhoria das disposições jurídicas com respeito à proteção dos animais, o desejo da promulgação de uma lei específica que reconheça o direito que possuem os animais em quanto tais a ser protegidos por si mesmos, por seu próprio bem (um ihrer selbst Willen) foi levado à prática.*[46] Darré aqui se incorpora, lembramos, à sentença que já havia pronunciado Haeckel: *[...] o homem não se distingue dos animais por um tipo especial de alma, ou por qualquer peculiar e exclusiva função psíquica, mas por um maior grau de atividade psíquica, uma etapa superior de desenvolvimento.*[47]

Impende destacar que todas as demais normativas, anteriores a essas novas leis do III Reich, se dirigiam a sancionar a crueldade contra os animais domésticos, e desde que a agressão fosse pública, portanto, não tinham por escopo uma proteção aos animais individualmente considerados e, segundo a situação em que se encontravam na natureza ou nos lares de alguns, essas anteriores leis, neste sentido, albergavam o ideal humanístico de frear o mau-trato aos animais, fundado na proteção da sensibilidade humana, ao contrário da firme posição biologista do III Reich, onde os animais passam a ser protegidos como tais *(fwegen seiner selbst)*.

O que ocorre no período nazi encontra apoio na noção de *Lebensraun*,[48] tão cara a historiologia germânica. O *espaço vital* para o germano, habitante da Germânia,[49] encontra eco nas "utopias agrárias", utopias estas que os nazistas habilmente se apropriam para somar a um Estado ditatorial que media proporcio-

---

[45] Giese, Clemens; Kahler, Waldemar. Das deutsche Tierschutzrecht: Bestimmungen zum Schutze der Tiere (Tierschutzgesetz, Schlachtgesetz, Eisenbahnverkehrsordnung, Reichsjagdgesetz, Strassenverkehrsordnung mit den dazu ergangenen Verordnungen.). Berlin: Duncker & Humblot, 1950, p. 25 e ss.

[46] Darré, Richard Walther. Um Blut und Boden: Reden und Aufsätze. Munique: NSDAP (Nationalsozialistische Deutsche Arbeiterpartei), 1939, p. 38 e ss.

[47] Haeckel, Ernst. Die Welträthsel. Texto que pode ser lido integralmente (inclusive com fac-símile do original), disponibilizado, por Kurt Stüber, em 1997, e que constitui uma preciosidade para os investigadores, in: http://caliban.mpiz-koeln.mpg.de/~stueber/haeckel/weltraethsel/die_weltraethsel.html, consultado em setembro de 2007.

[48] Pode-se traduzir por *"habitat da vida"*, entendendo este por *espaço vital*, isto é, um conjunto de circunstâncias físicas e geográficas que oferece condições favoráveis ao desenvolvimento da vida, ademais de constituir um *locus* onde nos sentimos em um ambiente ideal.

[49] A Germânia era uma região limitada pelo Reno, pelo mar do Norte, pelo mar Báltico, pelo rio Danúbio, pelo rio Vístula e pelos montes Cárpatos, corresponderia mais ou menos à Alemanha atual.

nadamente a agricultura e a indústria. De qualquer sorte, a história demonstra, e com precisão, que o movimento conservacionista nazi, especialmente em relação à proteção conferida aos animais, não pode ser desprezado,[50] pois precede em retas paralelas os atuais movimentos ambientalistas. Saliente-se, por relevante, que a *Reichstierschutzgesetz* seguiu vigendo mesmo depois de derrotado o regime nazi e instituída a nova República Federal da Alemanha em 1949.

3. A proteção dos animais no regime legal atual

Ainda influenciada fortemente pelo mítico – na nossa perspectiva, pois para entender a "alma germânica" necessitamos entender o contexto cultural de sua formação – a proteção dos animais tem alcançado extraordinária expansão no sistema legal, embora ainda tímida no direito pretoriano.

Com o fim da Segunda Grande Guerra, e no fluir dos anos 50 e 60 do século passado, foram introduzidas alterações na *Reichstierschutzgesetz* de 1933, incluindo disposições relativas ao abate, o transporte, e a pecuária de criação, tornando assim, o que era um conjunto de restrições numa regulação de controle efetivo de atividades admissíveis para com os animais. Contudo, no ano de 1972, o Bundestag revoga as disposições anteriores da provecta lei, e recria a *Tierschutzgesetz*, no entanto, mantém o objetivo da lei revogada, isto é, "*proteger os animais com base na responsabilidade do homem para com os animais*" (art. 1º *Reichstierschutzgesetz* de 1933). Assim, também o artigo primeiro da nova lei tem como endereço a responsabilidade dos homens para com os animais, firmando à proteção da vida e bem-estar deles na qualidade de suas co-criaturas, levando em conta, ainda, que mais tarde, o Código Civil (*Bürgerliches Gesetzbuch*) de 1990 passou a reconhecer que os animais não são coisas, pois se encontram protegidos por leis especiais (*BGB*, § 90a).

A proteção constitucional veio mais tarde com a reforma da *Grundgesetz* de 2002. Contudo, inúmeros autores afirmam, com integral acerto na nossa perspectiva, que os animais já se encontravam protegidos pela reforma de 27 de outubro de 1994 (introdução do art. 20a) pela consagração do *ambiente* como um objetivo estatal (*Staatziel*), pois o Estado ficava obrigado a proteger os fundamentos naturais da vida.[51] Esta perspectiva, como se vê, está sustentada por uma postura antropocêntrica mitigada acerca do meio ambiente, pois a proteção aos animais é aliável com a proteção dos fundamentos naturais da vida, mas é mais ainda, a

---

[50] Por todos, cf., Radkau, Joachim. Natur und Macht. Eine Weltgeschichte der Umwelt. München: Beck, 2000, p. 293-294.

[51] Cf., por todos, Waechter, Kay. Umweltschutz als Staatsziel. Natur und Recht. Volume 18, fascículo 7 (Jul. 1996), p. 321-327 (Exemplar consultado na Biblioteca da Faculdade de Direito da Universidade de Coimbra). Cf., ainda, mais recentemente, Christian Sailer, no excelente Das neue Staatsziel und die alte Jagd, in, Natur und Recht. Volume que pode ser consultado online, pelo sistema pay-per-view, pois os últimos cinco volumes da revista e seus números estão em:
www.springerlink.com/content/u12w585202xk/?p=ad643866a00345f4acbf440f40211246&pi=0

proteção está na garantia de seu bem-estar e, principalmente, em não infringir-lhes dor ou maus-tratos.

3.1. A Tierschutzgesetz de 1972 com a última emenda de 15.07.2009: um breve recorrido

No plano infraconstitucional a *Tierschutzgesetz* com a última emenda de 15.07.2009 dispõe em treze seções e um anexo, distribuindo em vinte e dois parágrafos (artigos) o estado da arte no direito alemão relativamente à proteção dos animais. Neste sentido releva, na *seção primeira* da lei, a introdução normativa dos princípios da responsabilidade sobre a vida e o bem-estar devidos aos animais (*TierSchG* § 1), aliás, o próprio preceito normativo tem como "objeto" proteger a vida e o bem-estar (*Leben und Wohlbefinden zu schützen*) dos animais. Tal proteção é de responsabilidade dos homens para com os seus congêneres – ou co-criaturas (*Mitgeschöpf*). Deste modo, estes princípios garantem aos animais que não se lhes pode causar, sem razoável motivo, qualquer dano, sofrimento ou dor.

A seguir, na *seção segunda*, a norma legal vai dispor sobre a criação de animais, mais especificamente, sobre a pecuária (*Tierhaltung*), disciplinando expressamente a responsabilidade pelo fornecimento aos animais de alimento, saúde e local de guarda adequado à sua espécie, necessidades e comportamentos, pois veda qualquer restrição à possibilidade do animal de locomover-se o com a finalidade de evitar dor ou sofrimento. De outro modo a norma exige que dos criadores habilidades e conhecimentos específicos sobre a espécie do animal criado (*TierSchG* § 2).[52]

A lei atribui ao Ministério Federal da Alimentação, Agricultura e Defesa do Consumidor (*Bundesministerium für Ernährung, Landwirtschaft und Verbraucherschutz*), especial competência para a edição de normativa complementar sobre a criação de animais, especialmente com as exigências relativas a liberdade de movimento dos animais, bem como companhia adequada; estábulos, gaiolas,[53] ou outras instalações para alojar os animais, bem como as condições de seu confinamento, alimentação e instalações de água potável; ainda, sobre as condições de iluminação e temperatura; o cuidado, monitoramento e vigilância dos animais.

Da mesma forma, o Ministério Federal da Alimentação, Agricultura e Defesa do Consumidor em comum com o Ministério Federal dos Transportes,

---

[52] Cf., sobre a formação especializada o *Verordnung über die Berufsausbildung zum Tierwirt/zur Tierwirtin*, de 17 de maio de 2005 (BGBl. I, p. 1426), alterado pelo Decreto de 23 de fevereiro de 2006 (BGBl. I, p. 465) in, http://www.gesetze-im-internet.de/twirtausbv_2005/BJNR142600005.html; o *Verordnung über die Anforderungen in der Meisterprüfung für den Beruf Tierwirt/Tierwirtin*, de 4 de fevereiro de 1980 (BGBl. I, p. 126), alterado pelo artigo 9 º da Portaria de 29 de outubro de 2008 (BGBl; I, p. 2155), in, http://www.gesetze-im-internet.de/twirtmeistprv/BJNR001260980.html

[53] Com relação à criação de aves em gaiolas confira-se a decisão BVerfG, 2 BvF 3/90 de 06.07.1999, in, www.bverfg.de/entscheidungen/fs19990706_2bvf000390.html.

Obras Públicas e Assuntos Urbanos (*Bundesministerium für Verkehr, Bau und Stadtentwicklung*) tem competência para a emissão de portarias em relação ao transporte de animais, sendo garantidos os meios adequados e modos de transporte de animais específicos; ademais de prescrever meios adequados e modos de transporte para o transporte de animais específicos há a exigência que esses animais devam ser acompanhados por guarda dedicada durante o transporte ao exigir que pessoas que efetuam o transporte de animais, ou que estejam envolvidas com essas atividades tenham conhecimentos e habilidades especiais e, isto é importante, *devem ser capazes de prová-los*. Exige-se a emissão de disposições que regem a carga, descarga, habitação, alimentação e cuidados dos animais; ademais, prescrever certificados, declarações ou notificações, como pré-requisitos para a realização de transportes de animais (*TierSchG* § 2a).

A lei, ora em breve relato, dispõe sobre um elenco de proibições, entre outras, a exigência sobre um animal (exceto em casos especialíssimos e de urgência, do uso de suas habilidades ou forças) que possa causar-lhe dano; ou, exigências acima da sua capacidade física em serviços penosos; ainda, nas práticas desportivas e competições, ações dos animais que possam lhes causar dor, sofrimento ou lesões o que pode afetar seu desempenho, bem como a utilização de substâncias dopantes; o treinamento doloroso para o animal; a exposição do animal para uma gravação de filme, ostentação, publicidade ou eventos semelhantes, que possa causar dor, sofrimento ou lesões (*TierSchG* § 3).

A *seção terceira* trata sobre o abate de animais, dirige-se especialmente aos animais vertebrados, e em qualquer caso assegura o abate mediante procedimentos anestésicos. Ademais somente pessoas com competências e habilidades específicas podem matar os vertebrados, devendo fazer prova desses especializados conhecimentos à autoridade competente. A lei não permite o sangramento dos animais sem prévia anestesia, salvo circunstâncias excepcionais, e no caso do denominado abate ritual, ou o degolamento ritual de animais (*Schächten*), aliás, já objeto de decisão do Tribunal Constitucional (*BVerfGE* 104, 337), que reconheceu o direito de comunidades religiosas a prática de sua liturgia no que concerne ao abate de animais para alimentação (*TierSchG* § 4; 4a e 4b)

A *seção quarta* dispõe sobre procedimentos cirúrgicos com animais, com e sem a utilização de anestésicos, como a castração dos machos bovinos, suínos, ovinos e caprinos em quatro semanas de idade; a remoção de chifres em bovinos com menos de seis semanas de idade; a de caudas dos leitões em quatro dias de idade ou cordeiros em oito dias de idade; a redução das caudas de cordeiros em oito dias de idade usando anel elástico; a separação das garras de suporte do último dedo do pé de frangos de corte a serem utilizados como reprodutores, galos, pintos no primeiro dia da sua vida; a identificação dos suínos, ovinos, caprinos e coelhos, por tatuagem na orelha para a sua identificação de outros, durante as primeiras duas semanas de vida, bem como a identificação dos animais, incluindo cavalos, por marcas auriculares, asa *tags*, injeção de micro-pastilhas, exceto no caso das aves (*TierSchG* § 5). Ainda, fica proibida a amputação total ou parcial de partes dos corpos dos animais, salvo no caso de necessidade devidamente atestada por indicação veterinária (*TierSchG* § 6; 6a).

A *seção quinta* tem especial endereço para a experimentação com animais, dispondo sobre regras que devem ser seguidas para a pesquisa com animais de modo que os mesmos não sejam expostos a intervenções que venham a causar-lhes dor, sofrimento ou qualquer outro dano. Da mesma forma dispõe sobre engenharia genética excluindo práticas manipulatórias, sendo que os testes em animais são dependentes de aprovação. Aqueles que se candidatarem para experimentação animal, devem demonstrar que os testes pretendidos são necessários e eticamente justificáveis. Em outras palavras, não são possíveis métodos de investigação animal sem comprovada necessidade e os ensaios com animais para a ciência e a medicina devem ser tão importantes para justificar o sofrimento dos animais. A Autoridade examinará as informações do demandante e as tornam dependentes de sua decisão (*TierSchG* § 7 e 8). Caso paradigmático entre a liberdade de pesquisa e a proteção ao animal, e que vai demandar resposta dos tribunais, diz com o "experimento com monos", a Secretária da Saúde (*Gesundheitsressort*) da Cidade de Bremen, negou a renovação da licença do pesquisador do Instituto de pesquisa do cérebro na Universidade de Bremen (*Institut für Hirnforschung an der Universität Bremen*) Andreas Kreiter sob a alegação de que a pesquisa não era eticamente justificável pelos seus benefícios;[54] ao contrário, os pesquisadores da Universidade, especialmente Kreiter, manifestaram a pretensão de recorrer da decisão da municipalidade, pois não haveria como explorar as funções do cérebro sem a utilização dos monos, e no caso, a busca para lesões graves do cérebro; anteriormente, em 19.12.2008, o tema já havia sido objeto de disputa judicial.[55]

A *seção sexta* trata da experimentação com animais com o objetivo de qualificação, formação e educação em universidades e outras instituições educacionais. Em tal caso, podem ser utilizados animais desde que a meta de aprendizagem não possa ser alcançada por intermédio de outros meios ou métodos, e.g., modelos, filmes ou mesmo simulação em ambiente computacional. Observe-se que a lei determina como responsável o pesquisador chefe do procedimento pedagógico ou seu adjunto (*TierSchG* § 10). A *seção sétima* regula as intervenções e tratamentos para a fabricação, produção, gravação ou de reprodução de materiais, produtos ou organismos. Esta disposição diz respeito principalmente à produção de material (anticorpos, por exemplo) em animais. As intervenções são de notificação obrigatória (*TierSchG* § 10a).

---

[54] Cf., noticia de 12.08.2009, *in*, http://www.spiegel.de/wissenschaft/natur/0,1518,642093,00.html#ref=nldt_ ; consultando o site do Tribunal Administrativo de Bremen (*Verwaltungsgericht Bremen*), encontramos o *press release* do Tribunal, onde se dá notícia da concessão, em 19.10.2009, aos investigadores da Universidade de proteção cautelar positiva mediante mandado provisional (*Einstweilige Anordnung*), *in*, http://www.verwaltungsgericht.bremen.de/sixcms/media.php/13/Pr-erkl_09_10_19.pdf

[55] Consultando o site do Tribunal Administrativo de Bremen (*Verwaltungsgericht Bremen*), encontramos o *press release* do Tribunal, onde se dá notícia da concessão, em 19.10.2009, aos investigadores da Universidade de proteção cautelar positiva mediante mandado provisional (*Einstweilige Anordnung*), *in*, http://www.verwaltungsgericht.bremen.de/sixcms/media.php/13/Pr-erkl_09_10_19.pdf

A *seção oitava* trata da criação, manutenção e comércio de animais. Esta seção define os requisitos de licença para reprodução e comércio de animais. Assim, se exige a autorização por licença administrativa no caso de animais vertebrados mantidos ou criados para fins experimentais; de animais mantidos em abrigos ou canis; de animais em zoológicos ou instalações similares; para a manutenção de cães treinados para fins proteger terceiros; no caso de feiras ou exposições de animais; comércio para a reprodução; e, uma nota, sem o consentimento dos pais ou responsáveis os animais vertebrados não podem ser vendidos a menores de 16 anos! (*TierSchG* § 11, 11a, 11b, 11c). A *seções nona* regula a criação e implementação de medidas de proteção para o a movimentação e o transporte de animais,[56] bem como a proibição de habitação (acomodação) inadequada, na perspectiva de evitar dor, sofrimento e lesão (*TierSchG* § 12). A *seção décima* estabelece outras disposições sobre proteção aos animais especialmente para resguardar os animais de métodos de captura gravosos, os modos para afugentar animais selvagens em espaços agrícolas ou florestais, e para a manutenção, o comércio e o transporte de animais selvagens (*TierSchG* § 13, 13a). Com relação à aplicação da lei, a *seção décima primeira* regulamenta a participação de autoridades aduaneiras no controle cruzado de transportes transfronteiriços de animais; a composição das comissões para ajudar as autoridades competentes na aprovação de testes em animais, bem como o monitoramento (*TierSchG* § 14 a 16i). Finalmente, as *seções décima-segunda* e *décima-terceira* são dedicadas às penalidades e multas (*TierSchG* § 17 a 20a) e as disposições transitórias respectivamente (*TierSchG* § 21 a 22).

3.2. A Emenda constitucional de 2002 e a Tierschutzgesetz

O objetivo central da *Grundgesetz* é o bem-estar humano, nucleado na dignidade que lhe é inerente. Neste sentido, o aposto "*und die Tiere*" topograficamente inserido no artigo 20a da Lei Fundamental não tem o condão de atribuir direitos aos animais. Todavia, o Estado Alemão está comprometido com a proteção aos animais, jurídica e eticamente. Isto estabelece um modal simétrico para um exercício de ponderação sempre que interesses humanos colidirem com interesses dos animais, pois o Estado está obrigado a protegê-los, portanto, comprometendo-se com o amparo aos animais ficam mantidos elevados níveis de cumprimento das obrigações derivadas da legislação infraconstitucional pertinente.

O conjunto normativo alemão, e de resto as normas de proteção já alcançadas no domínio do direito ocidental, entende por vida animal ou animália, toda a manifestação vital das espécies encontradas na fauna segundo características de

---

[56] Cf., *Verordnung zum Schutz von Tieren beim Transport und zur Durchführung der Verordnung (EG) Nr. 1/2005 des Rates (Tierschutztransportverordnung – TierSchTrV)* de 11 de Fevereiro de 2009 (BGBl. I, p. 375), in, http://www.gesetze-im-internet.de/tierschtrv_2009/BJNR037500009.html. Este é um importante texto na conformação do Protocolo relativo à proteção e ao bem-estar dos animais na definição e aplicação das políticas comunitárias nos domínios da agricultura e dos transportes tendo em conta as exigências em matéria de bem-estar dos animais.

determinadas áreas, épocas ou ambientes específicos; e, por vida humana, aquela relativa aos homens e mulheres e sua natureza. Percorrendo a história, veremos que a vida animal sempre despertou na vida humana uma imensa curiosidade e admiração, já nos primórdios, a zoografia rupestre, e toda a rica mitologia construída no culto aos animais, que eram considerados como manifestações ou encarnações das divindades, presentes nos ritos zoolátricos nas religiões ancestrais do antigo Egito, na Frígia, na Índia etc. Portanto, já na antiguidade mais remota vamos nos deparar com determinadas atitudes valorativas dos seres humanos relativamente aos animais, emprestando-lhes uma "dignidade" reverencial. No contraponto, também vamos encontrar, no curso do tempo, atos de extrema crueldade dos humanos para com os animais, atos sustentados na luta pela sobrevivência, e aqueles menos nobres, como resultado da indiferença humana frente à natureza, da qual se acreditavam donos.

A título de Conclusão

Es preciso rechazar esa idea de que el mundo ha sido hecho para el hombre: no fue hecho para el hombre más que para el león, el águila o el delfín.

Celso[57]

Vale refletir sobre a seguinte afirmação: [...] *Em sentido biológico, o homem não é o ser mais valioso da natureza. Se tomarmos como critério a forma biológica, a independência do existir, o homem resulta inferior às plantas e aos outros animais. As plantas ocupam o cume da independência dos seres vivos. A nutrição dos animais depende dos organismos vegetais. E dentro do reino animal o homem é o menos independente de todos. Se o valor vital fosse a única medida de valor, seria preciso reconhecer que o homem seria um animal doente.*[58] Nesta perspectiva, os animais são nossos congêneres bem mais saudáveis, contudo, sofrem com um permanente estado de déficit na "igualdade de armas" relativamente à proteção normativa que lhes é dispensada, confrontada com a nossa de humanos. A constitucionalização da proteção animal foi um grande passo, pois assim como a dignidade do homem representa um valor supremo nas Constituições, já se estabelece uma ligação para a proteção dos animais, pois contém a reverência para com todos os semelhantes. Ademais, revela-se como importante valor constitucional a proteção dos animais integrada aos objetivos do Estado, no âmbito infraconstitucional, a lei de proteção dos animais alemã implica na responsabilidade dos seres humanos para com os animais, tendo-os como criaturas cuja vida e o bem-estar devem ser respeitados e protegidos.

---

[57] É o que dizia Celso, filósofo grego Κελσος (Kelsos) no II século da era Cristã, um ferrenho adversário do cristianismo, in, *Discurso verdadero contra los cristianos*. Trad. S. Bodelón. Madrid: Alianza Editorial, 1989, p.12

[58] Lacaz-Ruiz, Rogério *et alli*, *Animalização do Homem: uma Visão Ontológica do Ser Individual e do Ser Social...* in, http://www.hottopos.com.br/vidlib2/animaliza%C3%A7%C3%A3o_do_homem.htm (acesso em 12.07.2008).

A pergunta sobre os direitos atribuídos aos animais reclama, numa perspectiva não antropocêntrica, uma resposta positiva, pois se desdobra na pergunta sobre os deveres atribuídos aos humanos, deveres esses que são fluidos da liberdade conquistada mediante o salto evolutivo da espécie humana. Importante ressaltar que da liberdade conquistada pelo humano decorrem todos os deveres para com a vida, inclusive sobre o meio onde eles são exercidos, num escopo relacional onde convergem todas as especiais particularidades de uma existência digna do humano que se quer como humano.

— 7 —

A relação entre proteção ambiental e função social da propriedade nos sistemas jurídicos brasileiro e alemão

ANDREAS J. KRELL

Professor Associado de Direito Ambiental e Constitucional e Diretor da Faculdade de Direito (FDA) da Universidade Federal de Alagoas (UFAL), Maceió; Doutor em Direito pela *Freie Universität Berlin*; Professor colaborador dos Cursos de Mestrado/Doutorado da Faculdade de Direito do Recife (UFPE); Pesquisador bolsista do CNPq (Nível 1); Membro do Comitê da CAPES na área do Direito.

Sumário: 1. Nota introdutória; 2. A função social da propriedade e a proteção ambiental no Brasil; 3. Bases constitucionais da definição e restrição do direito à propriedade em prol do meio ambiente no sistema da Lei Fundamental Alemã; 4. As polêmicas indenizações compensatórias do Direito alemão no âmbito da proteção da natureza; 5. A situação doutrinária e jurisprudencial acerca da definição e restrição da propriedade privada no Brasil: pontos de divergência; 6. Conclusão. Referências.

1. Nota introdutória

O fenômeno da constitucionalização do Direito demanda uma rediscussão de vários institutos que, *a priori*, tinham um caráter meramente privatístico. É o que ocorre, notadamente, com a propriedade privada, que deve estar pautada no valor da proteção ao meio ambiente, consagrado no art. 225 da Constituição brasileira. O presente artigo tem como objetivo analisar, de forma não exaustiva, alguns instrumentos e conceitos ligados ao tema "propriedade e meio ambiente", como eles se apresentam atualmente nos sistemas jurídicos brasileiro e alemão, para fins de uma comparação produtiva das soluções desenvolvidas nesses dois países tão diferentes.[1]

---

[1] Algumas das ideias aqui desenvolvidas foram inspiradas pelo projeto de pesquisa de doutorado, apresentado, em 2005, por Cláudia Jecov Schallenmüller ao CNPq, intitulado "A compatibilidade do direito de proteção à natureza com a garantia constitucional da propriedade na Alemanha e no Brasil".

2. A função social da propriedade e a proteção ambiental no Brasil

A utilização da propriedade, que é, a princípio, livre, deve – por expressa previsão constitucional – atender à sua *função social* (art. 5°, XXIII, da CF) e se conformar às restrições impostas pelo Poder Público, com o fim de que o seu uso não coloque em risco outros valores ou garantias asseguradas à coletividade. É de se frisar que "a função social da propriedade não tem inspiração socialista, antes é um conceito próprio do regime capitalista (...), ao configurar a execução da atividade do produtor de riquezas, *dentro de certos parâmetros constitucionais, como exercida dentro do interesse geral*". Portanto, ela "passou a integrar o conceito de propriedade, justificando-a e legitimando-a".[2]

Sob o novo paradigma da *constitucionalização* do Direito Civil, esta nova ideologia foi confirmada pelo novo Código Civil brasileiro, que expressa a "redefinição do conteúdo do direito da propriedade à luz dos valores constitucionais ecológicos ou socioambientais, tendo em conta a carga de deveres e obrigações correlatas ao seu exercício".[3] Nessa linha, a Lei 10.406/02 (CC), no seu art. 1.228, § 1°, estabelece que

> (...) o direito de propriedade deve ser *exercido* em consonância com as suas finalidades econômicas e sociais e *de modo que sejam preservados*, de conformidade com o estabelecido em lei especial, *a flora, a fauna, as belezas naturais, o equilíbrio ecológico e o patrimônio histórico e artístico*, bem como evitada a poluição do ar e das águas. (Desarques nossos.)

Trata-se de um *dever ínsito* que possui caráter absoluto e integra o próprio conteúdo do direito de propriedade, correspondendo a esse dever "o direito do *alter* (= *sujeitos ativos totais*) a que o uso da propriedade atenda a sua função social e a sua finalidade econômica".[4] Esta significativa mudança no mais importante diploma jurídico-civil do País influencia também o seu Direito Administrativo, no sentido de que abre espaços maiores para que medidas estatais possam definir os limites concretos do conceito da propriedade nas diversas áreas. Há, por conseguinte, importantes efeitos para o uso de imóveis urbanos e rurais, além da questão da obrigação de indenização dos respectivos proprietários.

Já na época da vigência da Carta de 1967/69, Pontes de Miranda afirmava em relação ao art. 180, parágrafo único, que colocava *sob a proteção especial do Poder Público* (entre outros bens e objetos) *as paisagens naturais notáveis*, que este dispositivo era "*lei* que limita o direito de propriedade, mas a lei-*parte da Constituição*, de modo que o legislador ordinário nenhum poder tem para alterá-

---
[2] BERCOVICI, Gilberto. *Constituição econômica e desenvolvimento:* uma leitura a partir da Constituição de 1988. São Paulo: Malheiros, 2005, p. 147.

[3] FENSTERSEIFER, Tiago. *Direitos fundamentais e proteção do meio ambiente*. Porto Alegre: Livraria do Advogado, 2008, p. 209.

[4] MELLO, Marcos Bernardes de. Função social da propriedade. In: *Anais da XX Conferência Nacional dos Advogados* – Vol. 1. Brasília: OAB, 2009, p. 148.

la, ou para interpretá-la, e já a instituição da propriedade aparece, na Constituição mesma, com essa limitação.⁵

Entretanto, foi somente a partir da Carta de 1988 que alguns doutrinadores começaram a reconhecer que não cabia mais falar de "desapropriação" na esfera dos *limites internos* da propriedade, "pois um ônus indissociável da propriedade não tem o dom de ser, a só um tempo, seu *elemento* e uma intervenção desapropriatória", não sendo possível "compensar pela negação (= desapropriação) de um direito que não se tem", visto que os "figurantes internos colocam-se como condicionadores *a priori* do direito de propriedade".⁶

Pode-se constatar que surgiu no Brasil, nas últimas duas décadas, "um movimento sociopolítico e jurídico no sentido de substituir o reconhecimento incondicional dos direitos individuais de propriedade plena pela noção da função social e ambiental da propriedade e da cidade".⁷ Isto significa que o exercício do direito de propriedade será sempre limitado pela sua *função ambiental*; ultrapassada a noção da propriedade privada que sofre restrições impostas pelo Direito Ambiental, percebe-se que o seu próprio conteúdo está "funcionalizado" pelo meio ambiente.⁸

Tem-se, portanto, no âmbito dos bens e valores ambientais e urbanísticos, em vez de um direito privado absoluto, a ser restringido posteriormente por imposições na base do "poder de polícia", mas um direito que, em virtude de sua função social, "já nasce limitado".⁹ A mais importante consequência dessa nova ideologia constitucional da função ambiental da propriedade urbana[10] foi a edição, em 2001, do Estatuto da Cidade (Lei 10.257), que veio a regulamentar os artigos 182 e 183 da CF. Esta lei federal, logo no início de seu texto mostra a íntima ligação entre a proteção ambiental e o ordenamento dos espaços urbanos, quando ressalta, em seu art. 1°, o estabelecimento de "normas de ordem pública e interesse social que regulam o uso da propriedade urbana em prol do bem coletivo, da segurança e do bem-estar dos cidadãos, bem como do equilíbrio ambiental".

O Estatuto da Cidade desempenha papel essencial na fixação e efetivo cumprimento da função social e ambiental da propriedade urbana, que antes ficava a

---

⁵ PONTES DE MIRANDA, F. C. *Comentários à Constituição de 1967; com a Emenda n. 1, de 1969* – Tomo VI. 3. ed. Rio de Janeiro: Forense, 1987, p. 368 (destaques no original).

⁶ BENJAMIN, Antônio Herman. Desapropriação, reserva florestal legal e áreas de preservação permanente. *In*: FIGUEIREDO, Guilherme J. Purvin de (coord.). *Temas de Direito Ambiental e Urbanístico*. São Paulo: Max Limonad, 1998, p. 68.

⁷ FERNANDES, Edésio. Estatuto da Cidade: promovendo o encontro das Agendas "Verde" e "Marrom". *In*: FERREIRA, Heline S.; LEITE, José R. Morato. *Estado de Direito ambiental*. Rio de Janeiro: Forense Universitária, 2004, p. 308.

⁸ Cf. BENJAMIN, Antônio H. Função ambiental. *In*: BENJAMIN, A. H. (coord.). *Dano ambiental*: prevenção, reparação e repressão. São Paulo: RT, 1993, p. 48ss.; CAMPOS JR., Raimundo Alves de. *O conflito entre o direito de propriedade e o meio ambiente*. Curitiba: Juruá, 2004, p. 137s.

⁹ PINTO, Victor C. *Plano diretor e direito de propriedade*. São Paulo: RT, 2005, p. 215; TAVARES, André R. *Curso de Direito Constitucional*. 2. ed. São Paulo: Saraiva, 2003, p. 477s., 485s.

[10] Vide DIAS, Daniella S. *Desenvolvimento urbano*. Curitiba: Juruá, 2002, p. 138ss.

cargo do Município. Agora, este é obrigado, especialmente na elaboração do seu Plano Diretor, a seguir as normas da Lei 10.257/01, que regulamentou os dispositivos constitucionais sobre o assunto e trouxe significativas modificações no regime do uso do solo urbano.

A fixação de vários critérios de ordem ecológica que consolidam o entendimento da atribuição de uma verdadeira *função ambiental* à propriedade imobiliária urbana faz com que a política urbana municipal esteja diretamente ligada à sua política ambiental, buscando-se conciliar crescimento urbano, infraestrutura e função social das cidades com qualidade ambiental.[11]

3. Bases constitucionais da definição e restrição do direito à propriedade em prol do meio ambiente no sistema da Lei Fundamental Alemã

Na Alemanha, a garantia constitucional da propriedade encontra-se regulada no art. 14 da Lei Fundamental (LF), de 1949, que possui dois principais elementos:

a) As "determinações de conteúdo e limites" (*Inhalts - und Schrankenbestimmungen*) do art. 14, I, n. 2, LF, que concretizam a função social da propriedade (art. 14, II, n. 2), fixando possibilidades de uso e disposição desta. Elas consistem numa "determinação geral e abstrata de direitos e deveres através do legislador a respeito de bens jurídicos que, no sentido da Constituição, devem ser entendidos como propriedade"[12] e ocorrem por meio de leis parlamentares e dispositivos abstratos e gerais do Executivo. Em regra, não há pagamento de indenizações em razão dessas medidas. A expressão "conteúdo e limites", apesar de ser empregada por muitos numa forma que não diferencia os dois aspectos, deve ser entendida como "bipartite", no sentido de que os *limites* da propriedade são estabelecidos legalmente e fixados no caso concreto pelos órgãos administrativos, atingindo, sobretudo, posições individuais já consolidadas, enquanto a definição do *conteúdo* do direito deixa ao legislador um espaço maior para definir, especialmente com efeito para o futuro, os seus contornos e a sua substância material, inclusive a ecológica.[13]

b) A desapropriação (*Enteignung*) do art. 14, III, LF, que se dá quando um direito patrimonial protegido é subtraído de um particular total ou parcialmente, por meio de ato soberano, para realizar uma tarefa pública. Para tanto, é necessário que haja sempre uma intervenção concreta e individual na propriedade, que cause supressão de posições concretas e subjetivas do proprietário. Além disso,

---

[11] Cf. CAVEDON, Fernanda de S. *Função social e ambiental da propriedade*. Florianópolis: Visualbooks, 2003, p. 74s.

[12] BVerfGE (Coletânea oficial das decisões do Tribunal Constitucional Federal), n. 52, p. 1ss, 27; n. 58, p. 300ss, 330; n. 72, p. 66ss., 76.

[13] CZYBULKA, Detlef. Zur Ökologiepflicht des Eigentums: Herausforderung für Dogmatik und Gesetzgeber. *In*: BAUER, H. *et alii* (Hrsg.). *Umwelt, Wirtschaft, Recht*. Tübingen: Mohr, 2002, p. 95ss.

é preciso que uma lei desapropriatória regulamente o tipo e o montante da indenização.[14]

Independentemente das citadas normas sobre a propriedade, foi introduzida na LF Alemã, em 1994, o art. 20a, cujo teor reza que "o Estado protege, também por sua responsabilidade para com as gerações futuras, as bases naturais da vida e os animais nos moldes da ordem constitucional mediante a legislação e, conforme a lei e o Direito, através do Poder Executivo e do Judiciário".[15] Segundo o entendimento jurisprudencial e doutrinário alemão, trata-se de uma "norma-fim de Estado",[16] que *não* representa um direito fundamental (social), mas uma norma de efeito jurídico objetivo, que tornou a proteção ambiental uma "tarefa estatal fundamental" e exige observância permanente por parte do Poder Público. Ainda que não concedam posições subjetivas individuais, que poderiam servir de base para reivindicações judiciais, elas exigem que as outras normas constitucionais materiais sejam interpretadas e concretizadas "à luz" do fim específico.[17]

No sistema constitucional alemão de hoje, a construção dogmática de uma "vinculação ecológica" da propriedade privada[18] parte, necessariamente, do art. 20a LF e não pode ser entendida como mera "prolongação" da sua função social. No entanto, para que esta norma possa surtir efeitos práticos, o seu conteúdo deve ser colocado numa relação razoável para com a garantia constitucional do art. 14 LF, no sentido de que ele *modifica* a função social da propriedade, *cunhando* o seu conteúdo ecologicamente, além de influenciar o traçado dos *diferentes limites* da competência reguladora do legislador.[19]

De qualquer maneira, a propriedade *imobiliária* possui uma vinculação social especial, visto que a sua intrínseca finitude e a imprescindibilidade do solo não permitem entregá-la às forças livres do mercado e à arbitrariedade do indivíduo; nessa linha, o BVerfG constatou que "uma ordem jurídica e social justa obriga a considerar e levar a efeito os interesses da comunidade referentes ao solo, muito mais do que em relação a outros bens patrimoniais".[20] O direito de livre dis-

---

[14] Ultimamente: BVerfGE, n. 100, p. 226ss., 240; n. 102, p. 1, 15s.

[15] A extensão da proteção aos *animais* foi introduzida, após um intenso debate público, em 2002, e mostra que a garantia das bases naturais da vida protege primordialmente, mas *não exclusivamente*, o interesse do ser humano; cf. HÖMIG, Dieter (ed.). *Grundgesetz für die Bundesrepublik Deutschland*. 8. ed. Baden-Baden: Nomos, 2007, p. 243.

[16] *Staatszielbestimmung*: BVerfGE n. 102, p. 365; n. 104, p. 246. Normalmente, essas normas não determinam o caminho ou os meios da realização do seu fim, mas deixam essa escolha aos cuidados dos órgãos estatais, especialmente do legislador; cf. FALLER, Rico. *Staatsziel "Tierschutz"*. Berlin: Duncker&Humblot, 2005, p. 160s.

[17] CALLIESS, Christian. *Rechtsstaat und Umweltstaat*. Tübingen: Mohr Siebeck, 2001, p. 126s.

[18] *Ökologiepflichtigkeit*; há cerca de uma década introduziu-se na discussão doutrinária alemã este conceito, que também serve para justificar a limitação do direito à propriedade para além de aspectos meramente antropocêntricos – isto é, dos imediatos interesses humanos na proteção dos recursos naturais –, mas em função da sua própria causa, na base de deveres éticos em relação aos animais, espécies e ecossistemas, que já se materializaram em vários pontos da legislação ordinária alemã; cf. CZYBULKA, Detlef. Zur Ökologiepflicht des Eigentums: Herausforderung für Dogmatik und Gesetzgeber. In: BAUER, H. *et alii* (Hrsg). *Umwelt, Wirtschaft, Recht*. Tübingen: Mohr, 2002, p. 92ss., 102s.

[19] Ob. cit., p. 91, 103.

[20] BVerfGE, n. 21, p. 73ss, 82s.; n. 51, p. 1ss, 32s.

posição do dono de um imóvel é *afetado* pelo princípio da função social da propriedade, consagrado no art. 14, II, LF, que reza, de forma lapidar: "Propriedade obriga. Seu uso deve, ao mesmo tempo, servir ao bem da comunidade".[21]

Outra área ilustrativa para a concepção da função social da propriedade e seus efeitos concretos é a dos recursos hídricos,[22] onde se manifesta uma tendência geral do Direito Ambiental em direção a uma "desindividualização" da ordem jurídica.[23] Em princípio, o sistema alemão aceita a propriedade privada de corpos de água. Referido direito, no entanto, foi fortemente delimitado pela Lei de Gerenciamento dos Recursos Hídricos (WHG),[24] que *concretizou* o conteúdo da propriedade hídrica, sem, no entanto, chegar a "limitá-la".

Num famoso caso, julgado pelo BVerfG em 1981, denominado "Decisão sobre a retirada de cascalho molhado",[25] o proprietário de um terreno retirava cascalho numa profundidade elevada, atingindo o lençol freático. Negou-se que este ato seria coberto pelo direito de propriedade do particular, com sujeição deste à autorização ou até proibição do órgão competente, como expressão do direito do Estado de definir "conteúdo e limites" da propriedade, sem o dever de pagar indenização.

Em geral os tribunais alemães dificilmente concedem indenização a particulares atingidos por "medidas de concretização" da propriedade hídrica, que somente é possível em casos do estabelecimento de verdadeiras "restrições" à propriedade privada. Todavia, nos processos de concessão de outorgas hídricas, devem ser respeitados também os interesses individuais de terceiros, na medida em que estes sempre podem impetrar recursos administrativos e, posteriormente, judiciais contra as decisões tomadas pelo Poder Público.

Prevalece no Direito alemão o entendimento de que tanto leis parlamentares como normas gerais editadas pelo Executivo são capazes de concretizar o conteúdo e definir os limites da função social da propriedade, podendo haver, também, restrições de uso econômico de bens imóveis de particulares, as quais, em princípio, não devem ser indenizadas por parte do Estado.

Entretanto, a fixação de limites legais do direito à propriedade não podem esvaziar o seu "âmbito nuclear", de que fazem parte tanto a atribuição do objeto de propriedade a um titular, ao qual ele deve ser útil como base da iniciativa privada, quanto o poder de dispor sobre ele. O BVerfG enfatizou que, de acordo

---

[21] O teor da norma corresponde praticamente ao do art. 153 (3) da Constituição da 1ª República Alemã, de 1919, elaborada por Assembleia Constituinte diretamente eleita reunida no Teatro de *Weimar* (Estado da Turíngia), como homenagem aos valores culturais e morais da Alemanha, representados por poetas (Goethe, Schiller, Herder) que lá tinham atuado. Em 1949, os criadores da Lei Fundamental fizeram apenas pequenos ajustes linguísticos ao referido artigo, sem alterar o conteúdo material.

[22] KLOEPFER, Michael. *Umweltrecht*. München: Beck, 1998, p. 832.

[23] *Vide* KRELL, Andreas. Da proteção dos recursos hídricos na Alemanha. *Anuário dos Cursos de Pós-Graduação em Direito da UFPE*, n. 14, Recife, 2004, p. 20ss.

[24] A WHG (*Wasserhaushaltsgesetz*) já foi alterada diversas vezes e novamente promulgada em 2002.

[25] *Naßauskiesungsbeschluß* – BVerfGE, n. 58, p. 300ss., 335s.

com o objeto de propriedade, a competência de regulamentação do legislador encontra limites *diferentes*: onde a propriedade assegura a liberdade individual no âmbito patrimonial, ela goza de uma proteção especial. Ao contrário, a liberdade de conformação legislativa cresce na medida em que aumenta a *relação social* do objeto de propriedade, a ser avaliada a partir da peculiaridade e função deste. Em geral, o legislador ao determinar conteúdo e limites da propriedade é obrigado a colocar os interesses do proprietário e os aspectos do bem comum numa relação justa de equilíbrio e compensação.[26]

Além disso, uma determinação de conteúdo/limites jamais pode ser interpretada como medida desapropriatória, haja vista que esta sempre envolve casos concretos e deve incluir o pagamento de uma indenização.[27] Uma desapropriação não pode ser entendida, portanto, como "grau mais alto" ou "exacerbação" de uma determinação de conteúdo/limites. Esta nem perde o seu caráter nos casos em que a respectiva intervenção legal chega a se assemelhar, nos seus efeitos para o particular atingido, a uma desapropriação.

Por consequência, todas as questões legais de uma possível restrição de uso de um bem por razões ecológicas devem ser resolvidas no próprio âmbito das determinações do conteúdo/limites da propriedade. Em princípio, a "compensação" por uma fixação legal de conteúdo *não* deve ser prestada, preferencialmente, em dinheiro, mas mediante concessão legal de discricionariedade aos órgãos administrativos ou previsão de prazos transitórios, bem como por normas que – tanto no lado de sua hipótese ("fato-tipo") quanto no seu mandamento[28] – ajudam a evitar soluções inadequadas para determinadas constelações fáticas em casos concretos. Ao mesmo tempo, só será possível falar de uma desapropriação nos casos onde houver previsão legal expressa do respectivo ato administrativo formal.[29]

Em 1999, o BVerfG acrescentou importantes detalhes à sua jurisprudência sobre os contornos jurídicos da propriedade e a sua função social, permitindo, em certas circunstâncias, uma indenização também nos casos da concretização do conteúdo da propriedade, chamado de "definição indenizável de conteúdo". Decidiu que, nos casos em que o legislador queira definir conteúdo e limites da propriedade, este teria de fixar também as condições, a forma e o volume da compensação de possíveis encargos desproporcionais de proprietários. Ao mesmo tempo, determinou a obrigação da Administração Pública de decidir sobre

---

[26] Assim, ultimamente, BVerfGE, n. 100 (1999), p. 226ss., 240s.; antes: BVerfGE, n. 53 (1980), p. 257ss., 292; cf. CZYBULKA, Detlef. Zur Ökologiepflicht des Eigentums: Herausforderung für Dogmatik und Gesetzgeber. In: BAUER, H. *et alii*. *Umwelt, Wirtschaft, Recht*. Tübingen: Mohr, 2002, p. 98.

[27] KLOEPFER, Michael. *Umweltrecht*. München: Beck, 1998, p. 870s.

[28] Na Alemanha, este tipo de normas é chamado de "cláusulas de dureza" (*Härteklauseln*), visto que elas servem justamente para evitar soluções demasiadamente "duras" (= injustas).

[29] Assim a jurisprudência pacificada da Corte Constitucional Alemã, consolidadada nas decisões BVerfGE, n. 58, p. 300ss., 330s.; n. 83, p. 201ss., 211; n. 100, p. 226ss, 240, 245; n. 102, p. 1ss., 16.; cf. CZYBULKA, Detlef. Ob. cit., p. 106.

esta compensação já no momento da concretização da restrição da propriedade, sempre com fundamento no respectivo diploma legal.[30]

Outra decisão tratou do dever legal das editoras alemãs de entregar, no mínimo, um exemplar de cada livro publicado às respectivas bibliotecas estaduais, como forma de definição de conteúdo/limites da propriedade, que concretiza a sua função social. A falta da previsão legal de uma indenização foi julgada inconstitucional, já que o legislador era obrigado a criar normas que equilibrassem os diferentes encargos, para preservar o princípio da proporcionalidade.[31]

4. As polêmicas indenizações compensatórias do Direito alemão no âmbito da proteção da natureza

Os referidos princípios também são, em tese, aplicáveis aos atos públicos que criam áreas de proteção aos mananciais em terrenos privados, bem como no âmbito das restrições e das proibições de atividades particulares ligadas à agricultura e ao uso de florestas, que são necessárias para garantir a qualidade dos recursos hídricos e outros recursos naturais.

O sistema alemão, contudo, reconhece que em casos específicos podem ser cumpridas as condições materiais de uma desapropriação sujeita à indenização (art. 14, III, LF), especialmente quando as medidas estatais de proteção ambiental "praticamente inviabilizam ou tornam pouco rentáveis" as formas de uso agroflorestal nas respectivas áreas, exercidas anteriormente de forma legal.[32] Para estas medidas de "efeito desapropriatório", a legislação prevê o pagamento de uma indenização. Além disso, introduziu-se uma "compensação de equidade" (*Billigkeitsausgleich*) para casos que não atingissem o grau de uma desapropriação, mas nos quais os beneficiados (públicos ou privados) pelas limitações do regular uso dos terrenos devam pagar uma justa compensação financeira pelas desvantagens econômicas causadas aos proprietários.[33]

Para Kloepfer, este pagamento obrigatório para a "compensação de desvantagens" representa uma "quebra do princípio do usuário-pagador" capaz de levar, inclusive, a uma redução da vontade do Poder Público de criar áreas de proteção

---

[30] BVerfGE, n. 100, p. 226ss., 246, em decisão sobre a constitucionalidade de medidas legais estaduais de proteção ao patrimônio histórico.

[31] *Pflichtexemplarsentscheidung* – BVerfGE, n. 58, 137ss. No caso, considerou-se desproporcional que uma pequena editora, especializada em produzir livros de formato especial, de tiragem reduzida e de valor elevado, fosse obrigada a entregar um exemplar gratuitamente à biblioteca pública, visto que esse dever legal poderia inviabilizar economicamente a edição.

[32] Cf. BREUER, Rüdiger. Umweltschutzrecht. *In*: BADURA, P. *et alii*. *Besonderes Verwaltungsrecht*. 5. ed. Berlin: De Gruyter, 1992, p. 474s.

[33] A Lei federal transfere a regulamentação detalhada deste instrumento, assim como a sua implementação administrativa, ao encargo da legislação estadual, sendo este tipo de delegação legal uma característica do sistema jurídico alemão; cf. KRELL, Andreas. A necessária mudança de foco na implantação do federalismo cooperativo no Brasil: da definição das competências legislativas para o desenho de formas conjuntas de execução administrativa. *In*: SOUZA NETO; SARMENTO; BINENBOJM (orgs.). *Vinte Anos da Constituição Federal de 1988*. Rio de Janeiro: Lumen Juris, 2009, p. 654ss.

da natureza. Segundo o autor, estas compensações estão materialmente localizadas entre aquilo que deve ser indenizado, por constituir uma desapropriação, e aquilo que deve ser tolerado sem direito a indenização, por ter o caráter de uma "definição de conteúdo de limites" da propriedade, nos moldes de sua vinculação social consagrada pela própria Constituição.[34]

Em geral, deve ser frisada a dificuldade prática de uma fixação exata das possíveis perdas de produção nos diferentes setores agrários e florestais, visto que existem, muitas vezes, alternativas para manter um aproveitamento econômico do solo, apesar de certas restrições de uso impostas em benefício do meio ambiente. Por isso, deveriam ser pagas compensações monetárias apenas em casos de evidentes distorções da concorrência dos produtores da mesma região.[35]

A partir do entendimento de um conteúdo da propriedade "ecologicamente cunhado", o legislador pode separar – caso existam razões objetivas e uma relação proporcional para com os fins perseguidos – de um objeto de propriedade inicialmente considerado integral, determinado conteúdo parcial deste, submetendo-o a outro regime normativo.[36] Numa decisão sobre os deveres dos proprietários de "sítios contaminados", a Corte entendeu que, nesse âmbito da poluição ambiental e de sua recuperação, os fins do bem comum encontram lastro tanto no dispositivo constitucional sobre a função social da propriedade (art. 14, n. 2, LF) quanto na norma-fim do Estado sobre a proteção das bases naturais da vida (art. 20a LF), que fariam com que prevalecessem os elevados aspectos de bem comum sobre os interesses do proprietário de não ser limitado na utilização privada do seu terreno.[37]

Referência decisiva para avaliar adequadamente a obrigatoriedade (ou não) de uma compensação monetária pela restrição de uso do solo é a sua lícita utilização anteriormente exercida. Esta, por sua vez, depende em grande parte da maneira como foi *cunhado* o conteúdo ecológico do terreno, que não se materializa somente a partir da situação fática de uma área, mas pode ser concretizado e conformado por parte do legislador. Todavia, foi constatada, em nível executivo, certa alienação da prática administrativa alemã em relação aos "deveres de aproveitamento" de imóveis no âmbito agrário e florestal, que ainda está longe de um correto enquadramento jurídico.[38]

---

[34] A presente "definição indenizável de conteúdo" tem por base o raciocínio de que os princípios da proporcionalidade e da igualdade, em conjunto com "aspectos de conveniência", são capazes de impor ao Estado a efetuação de prestação pecuniária ao particular atingido pela medida, para compensar o encargo que este deve tolerar em virtude do art. 14, I, n. 2, LF; cf. KLOEPFER, Michael. *Umweltrecht*. München: Beck, 1998, p. 871s.

[35] Cf. CZYBULKA, Detlef. Ob. cit., p. 107.

[36] CZYBULKA, Detlef. Zur Ökologiepflicht des Eigentums: Herausforderung für Dogmatik und Gesetzgeber. Ob. cit., p. 95s., 104. Nessa linha anda a decisão que a Suprema Corte Administrativa da Alemanha (*Bundesverwaltungsgericht* – BVerwG) tomou, em 1993, sobre a propriedade de certos tipos de minérios, os quais, ao contrário da situação constitucional brasileira, lá não integram o patrimônio do Poder Público (BVerwGE, n. 94, p. 23ss.).

[37] BVerfGE, n. 102 (2000), p. 1ss., 18.

[38] Cf. CZYBULKA, Detlef. Ob. cit., p. 107s.

5. A situação doutrinária e jurisprudencial acerca da definição e restrição da propriedade privada no Brasil: pontos de divergência

No Brasil, o princípio da função social da propriedade foi introduzido formalmente pela Constituição Federal de 1934[39] e reforçado na de 1946.[40] A Carta de 1988 prevê a garantia da propriedade em diferentes dispositivos: no art. 5º, são prescritos os direitos e deveres individuais e coletivos, garantindo-se a propriedade como bem juridicamente protegido a título de direito fundamental individual (inciso XXII). Ao mesmo tempo, a observância de sua função social constitui um dever (XXIII).

O art. 170 CF inclui entre os princípios gerais da ordem econômica do Estado brasileiro, que "tem por fim assegurar a todos existência digna, conforme os ditames da social" ao lado da propriedade privada, livre concorrência e busca do pleno emprego (incisos II, IV, VIII), a *função social da propriedade* (III) e a *defesa do meio ambiente* (VI)[41] e a redução das desigualdades sociais (VII). Já a propriedade urbana é regulamentada no art. 182, enquanto a propriedade rural encontra os seus dispositivos mais importantes no art. 5º, XXVI, e nos arts. 184-186. Em relação à *desapropriação*, deve-se fazer uma distinção entre a desapropriação por necessidade ou utilidade pública, mediante uma justa e prévia indenização em dinheiro (art. 5º, XXIV, CF) e a desapropriação como meio de sanção, nos respectivos âmbitos normativos da propriedade urbana e rural.

As limitações ao direito de propriedade ocorrem mediante leis parlamentares e por medidas do Executivo (limitações administrativas), estabelecidas por meio de normas abstratas e gerais. Até hoje, há, porém, muitos autores que, de maneira equivocada, entendem a função social da propriedade apenas como meio para justificar limitações da propriedade privada no interesse público, por meio do exercício do "poder de polícia" dos órgãos estatais, desconhecendo que a função social não apenas limita o direito de propriedade, mas o *define* e *estrutura* nas suas diversas áreas de incidência.[42]

Porém, os efeitos das limitações ao direito de propriedade no Brasil são diferentes daqueles das "determinações de conteúdo/limites" da propriedade da LF alemã, sendo uma das principais razões para tal situação a aplicação da proteção do *direito adquirido* (art. 5º, XXXVI, CF) ao direito de propriedade.

Devido a um conservadorismo que, até hoje, costuma dar preferência aos direitos individuais (em detrimento dos coletivos/difusos) e apesar de o direito ao

---

[39] "Art. 113, n. 17 - É garantido o direito de propriedade, que não poderá ser exercido contra o interesse social ou coletivo, na forma que a lei determinar. (...).''

[40] "Art. 147 – O uso da propriedade será condicionado ao bem-estar social. A lei poderá (...) promover a justa distribuição da propriedade, com igual oportunidade para todos."

[41] Desde a Emenda Constitucional n. 42/2003, o teor do inciso é: "VI – defesa do meio ambiente, *inclusive mediante tratamento diferenciado conforme impacto ambiental dos produtos e serviços e de seus processos de elaboração e prestação.*" (Alteração em destaque.)

[42] SILVA, José Afonso da. *Direito Urbanístico brasileiro*. 2. ed. São Paulo: Malheiros, 1995, p. 63ss.

meio ambiente ecologicamente equilibrado estar expressamente consagrado no art. 225 CF, "ainda são numerosas as decisões judiciais baseadas em uma noção equivocada de *direito adquirido*". Ademais, referido conceito entra em contradição com a função ambiental intrínseca do direito de propriedade e o respectivo dever constitucional em relação ao meio ambiente.[43] Assim, era vetado ao legislador brasileiro modificar as possibilidades de uso e disposição da propriedade no decorrer do tempo, já que seu conteúdo era definido no momento de sua aquisição, sem a possibilidade de alterações posteriores.

Embora essa corrente jurisprudencial deve ser considerada ultrapassada, ainda não houve uma modificação da maioria dos doutrinadores brasileiros em relação a todos os elementos da garantia constitucional da propriedade. Em algumas decisões do Supremo Tribunal Federal (STF) nos últimos quinze anos utilizaram-se argumentos no sentido da proteção ambiental ser "requisito intrínseco ao exercício"[44] do direito de propriedade privada e, assim, condição para a realização de sua função social.[45] Nesse contexto, merece menção especial a decisão do STF de 2005, em que foi destacada a relevância do direito fundamental ao meio ambiente ecologicamente equilibrado para as presentes e futuras gerações, além do caráter constitucional do princípio do *desenvolvimento sustentável* na ordem jurídica brasileira.[46]

Entretanto, os critérios expostos nessas sentenças supremas ainda não levaram a uma linha jurisprudencial mais firme dos tribunais brasileiros em relação ao assunto. Assim, a referida sustentabilidade "exaurir-se-á num idealismo pouco factível se não for concretizado um trabalho de discussão político de prioridades",[47] acompanhado por um aprofundamento dogmático mais objetivo da questão por parte da doutrina.

Por consequência, até hoje, "a teoria da função social da propriedade não tem tido eficácia prática e previsível na realidade dos operadores do Direito e no funcionamento do mercado".[48] Em geral, "a fórmula da ampliação interpretativa da função social da propriedade mostrou-se insuficiente, tanto no campo doutri-

---

[43] HARTMANN, Analúcia de A. Proteção do meio ambiente e direito adquirido. *In*: KISHI; SILVA; SOARES (orgs.). *Desafios do Direito Ambiental no Século XXI*. São Paulo: Malheiros, 2005, p. 348ss.

[44] MAGALHÃES, Marco T. R. Comentários sobre as relações constitucionais do meio ambiente nos vinte anos da Constituição Federal. *Interesse Público*, n. 57, Belo Horizonte: Fórum, 2009, p. 118s.

[45] MS n. 22.164/SP, Trib. Pleno, Rel. Celso de Mello, j. 30.10.1995 (p. 22ss. = fl. 1179ss.); ADI n. 1.952-MC/DF, Trib. Pleno, Rel Moreira Alves, j. 12.8.1999 (p. 11 = fl. 60); MS n. 25.142/DF, Trib. Pleno, Rel. Joaquim Barbosa, j. 1.8.2008 (p. 8s. = fl. 167s.). Todas decisões estão disponíveis na rubrica *Inteiro Teor de Acórdãos* do domínio (*site*) www.stf.gov.br. Acesso: nov. 2009.

[46] ADI n. 3.540-MC/DF, Trib. Pleno, Rel. Celso de Mello, j. 1.9.2005 (p. 3, 11ss. = fl. 530, 542ss.). Consta da própria Ementa: "A incolumidade do meio ambiente não pode ser comprometida por interesses empresariais nem ficar dependente de motivações de índole meramente econômica, ainda mais se se tiver presente que a atividade econômica, considerada a disciplina constitucional que a rege, está subordinada, dentre outros princípios gerais, àquele que privilegia a `defesa do meio ambiente´ (...) (p. 2 = fl. 529)."

[47] CUNHA JÚNIOR, Dirley da. *Curso de Direito Constitucional*. 2. ed. Salvador: Podivm, 2008, p. 1073.

[48] BENJAMIN, Antônio H. Desapropriação, reserva florestal legal e áreas de preservação permanente. *In*: FIGUEIREDO, G. J. Purvin de (coord.). *Temas de Direito Ambiental e Urbanístico*. São Paulo: Max Limonad, 1998, p. 70.

nário como no terreno da jurisprudência", para mudar "todo um paradigma de exploração não sustentável dos recursos naturais".[49]

Não houve, em especial, um aprofundamento da teoria sobre as formas de distinção dos diversos elementos do direito de propriedade, permanecendo a tendência de transformar, sem maiores reflexões e distinções, todos os atos que determinem o conteúdo e os limites da propriedade em desapropriações com obrigação de indenização. Nessa linha se encontram as decisões do STF[50] que entenderam a proteção e preservação do meio ambiente como "limite externo (condicionamento) ao pleno exercício de direitos" como a propriedade privada, a livre iniciativa ou as manifestações culturais.[51]

No ramo da proteção à natureza, são comuns intervenções na propriedade privada, principalmente na propriedade rural. No Brasil, o direito de proteção ambiental é regulamentado por normas esparsas em leis federais, estaduais, municipais e decretos, sendo os principais diplomas a Lei da Política Nacional do Meio Ambiente (6.938/81) e o Código Florestal (Lei 4.771/65), cujos arts. 16 e 44 (A-C) regulamentam a reserva legal que constitui uma limitação ao direito de propriedade, sem previsão de indenização.

Entretanto, não há uniformidade na legislação brasileira em relação às normas indenizatórias de proteção ambiental. Existem leis que preveem indenizações para limitações específicas, muitas vezes ligadas à localização da propriedade, sem necessidade de um exame da (des)proporcionalidade da limitação sofrida. Determinam-se, antecipadamente, quais tipos de limitações serão indenizados, e quais não serão.

A título de exemplo, cita-se o Decreto 10.251/77, do Estado de São Paulo, que criou o Parque Estadual da Serra do Mar, desencadeando, por consequência, várias ações de indenização por desapropriação indireta. O Superior Tribunal de Justiça (STJ), *in casu*, entendeu que as áreas de preservação permanente (APPs) do Código Florestal, por serem insuscetíveis de exploração econômica, não são indenizáveis. Ao mesmo tempo, constatou-se que, caso se tratasse de uma área parte da *reserva legal*, esta seria "indenizável, todavia, com exploração restrita, sem equivalência ao valor da área amplamente explorada".[52]

---

[49] BENJAMIN, Antônio H. Direito Constitucional Ambiental brasileiro. *In*: CANOTILHO; LEITE (orgs.). *Direito Constitucional Ambiental Brasileiro*. São Paulo: Saraiva, 2007, p. 72.

[50] RE n. 134.297-8/SP, 1ª Turma, Rel. Celso de Mello, j. 13.6.1995 (p. 13ss. = fl. 684ss.); RE n. 267.817-1/SP, 2ª Turma, Rel. Maurício Corrêa, j. 29.10.2002 (p. 11ss. = fl. 534ss.); AI n. 677.647-AgR/AP, 2ª Turma, Rel Eros Grau, j. 20.5.2008 (fl. 1452ss.). Disponível em: www.stf.gov.br. Acesso: nov. 2009.

[51] MAGALHÃES, Marco T. R. Ob. cit., p. 119s. É importante nesse contexto a recente e "paradigmática" decisão de mérito do STF (ADPF n. 101/DF, Trib. Pleno, Rel. Cármen Lúcia, j. 24.6.2009) em que o Tribunal, após realizar uma audiência pública, confirmou a proibição da importação de pneus usados em virtude da preferência, no caso concreto, dos aspectos da proteção ao meio ambiente e à saúde sobre o direito de livre iniciativa (ob. cit., p. 120s.).

[52] STJ – REsp 139.096/SP, 1ª Turma, rel. Min. Milton L. Pereira, j. 7.6.2001 (Ementa n. 2). Disponível em: www.stj.gov.br, na seção *Inteiro Teor de Acórdãos*; acesso: out. 2009. No seu voto, o Relator entendeu que deve "ficar excluída da indenização a *cobertura vegetal existente* `nas áreas de preservação permanente´, enquanto que, embora reconhecendo-se a indenizabilidade da área compreendida na *reserva legal*, o seu valor seja

Sem dúvida, merecem aplausos os avanços recentes da jurisprudência dos tribunais superiores brasileiros sobre o tema. O STJ[53] julgou que a responsabilidade pela recomposição do proprietário de um terreno ecologicamente degradado independe de sua culpa pessoal por constituir uma obrigação civil *propter rem*. Assim, o tribunal limitou e *modelou* o exercício do direito de propriedade à luz do dever fundamental de proteção ambiental, estatuído pelo art. 225 CF, fazendo preponderar a perspectiva social-objetiva sobre a individual-subjetiva e contrariando a tendência de certo descaso dos integrantes do Judiciário brasileiro com a tutela ambiental, os quais, nos casos que envolvem questões de defesa ecológica e urbanística, até hoje costumam dar preferência aos interesses privados.[54]

No entanto, resta duvidoso condicionar a decisão sobre a indenização do proprietário de um imóvel apenas ao fato de que este tem sido enquadrado (ou não) em algum regime jurídico especial de proteção ambiental, seja de uma Área de Preservação Permanente – APP ou da reserva legal do Código Florestal (Lei 4.771/65), seja de alguma das Unidades de Conservação (Lei 9.985/00).[55] Também não parece cabível a generalização de que a redefinição da propriedade em determinada área (*v.g.*, em razão da revogação de uma licença) sempre seja inconstitucional, por ferir as garantias constitucionais da propriedade privada e o direito adquirido. É imprescindível que o julgamento seja orientado pelos *critérios concretos* do caso: se já houve investimentos após a licença, se o imóvel está economicamente vinculado a uma atividade específica etc.

Ao mesmo tempo, sempre deverá ser considerado o fato se a delimitação da propriedade privada por ato público acontece num contexto onde todos os imóveis da mesma área e/ou dotados das mesmas características estão sujeitos às mesmas restrições de uso e aproveitamento ou se o ônus imposto ao proprietário individual assume a conotação de um "sacrifício especial".[56] Isto significa, por exemplo, que todas as limitações urbanísticas impostas por zoneamentos locais devem respeitar o princípio da igualdade,[57] o que significa que não podem ser estabelecidos critérios normativos arbitrários, que restringem o uso de alguns imóveis em determinada área, no entanto, não incluem outros, em situação urbanístico-ambiental idêntica.

---

verificado de modo específico e consideradas as restrições legais à sua utilização econômica (fl. 200 – *in fine*), de modo a compatibilizar-se o respectivo valor indenizatório" (p. 9s. – destaques no original).

[53] STJ – Resp 343.741/PR, 2. T., rel. Min. Franciulli Netto, DJU 7.10.2002; Resp 263.383/PR, 2. T., rel. Min. Otávio de Noronha, j. 16.6.2005; Resp 237.690/MS, 2. T., rel. Min. Paulo Almeida, DJU 12.3.2002; Resp 282.781/PR, 2. T., rel. Min. Eliana Calmon, DJU 16.4.2002.

[54] Cf. SARLET, Ingo W.; FENSTERSEIFER, Tiago. A tutela do ambiente e o papel do Poder Judiciário à luz da Constituição de 1988. *Interesse Público*, n. 50, Belo Horizonte: Fórum, 2008, p. 30s., 39s.

[55] Cf. FENSTERSEIFER, Tiago. *Direitos fundamentais e proteção do meio ambiente*. Porto Alegre: Livraria do Advogado, 2008, p. 218ss.

[56] Carlos Ari SUNDFELD faz uma análise bastante crítica das limitações do critério do *sacrifício* nesse âmbito; cf. *Direito Administrativo ordenador*. São Paulo: Malheiros, 1997, p. 86ss.

[57] Cf. MUKAI, Toshio. *Direito Urbano-Ambiental brasileiro*. 2. ed. São Paulo: Dialética, 2002, p. 74s.

É tarefa dos tribunais efetuar uma *ponderação* racional e objetiva dos bens e interesses envolvidos em cada caso, para poder decidir se a intervenção estatal concreta de proibição ou restrição de uso da propriedade exige uma indenização do particular (ex.: agricultor), se há uma delimitação restritiva de propriedade que merece uma compensação na base da equidade ou, ainda, se existe "apenas uma delimitação de um vínculo ecológico sem relevância indenizatória".[58]

A referida concessão generalizada de indenizações leva, por um lado, à existência de limitações que são declaradas como não indenizáveis, ferindo-se o princípio da proporcionalidade. Destaca-se, outrossim, o aumento da "indústria de indenizações", visto que os tribunais enfrentam grandes dificuldades na fixação do valor monetário das indenizações. O Poder Público brasileiro "vem sendo condenado judicialmente a pagar quantias vultosíssimas aos proprietários de imóveis situados nas áreas protegidas", as quais "superaram absurdamente os valores do mercado imobiliário", através das figuras da desapropriação indireta e do apossamento administrativo.[59]

6. Conclusão

Resta, à guisa de conclusão, destacar possíveis pontos de aproveitamento da doutrina alemã sobre os conteúdos e os limites da propriedade privada por parte do sistema jurídico brasileiro.

Com base no que foi discutido acima, pode-se constatar que a doutrina brasileira sobre a garantia constitucional da propriedade ainda não chegou a um estado de firmeza e pacificação. Tanto na CF Brasileira (art. 225) como na LF Alemã (art. 20a) assegura-se que a proteção do meio ambiente deve ser objetivo (fim) dos atos realizados pelo Poder Público em todos os níveis federativos. Este mandamento da Lei Maior deve influenciar também nas formas de definição do conteúdo e na fixação de restrições à propriedade privada, bem como na formulação de critérios concretos para concessão de indenizações no âmbito da proteção, preservação e conservação ambiental.

Da mesma forma como aconteceu na Alemanha, seria recomendável que, no Brasil, o legislador ordinário e os órgãos administrativos fossem obrigados a fixar, de forma nítida, os critérios para a indenizabilidade de determinações sobre o conteúdo e os limites da propriedade nas diferentes áreas da vida econômica. Nesse ponto, certamente não satisfaz a figura abstrata da "desapropriação indireta", amplamente utilizada pelos tribunais e pela doutrina, visto que esta não corresponde à natureza deste tipo de intervenção estatal, justamente por não poder ser equiparada a uma "verdadeira" desapropriação.

---

[58] CANOTILHO, J. J. Gomes. *Proteção do ambiente e direito de propriedade*: crítica da jurisprudência ambiental. Coimbra Editora, 1995, p. 100.

[59] FIGUEIREDO, G. J. Purvin de. *A propriedade no Direito Ambiental*. 3. ed. Sao Paulo: RT, 2008, p. 282s.

Ainda não existe, no Brasil, uma clara divisão entre uma limitação administrativa e uma norma desapropriatória, haja vista que uma limitação pode se transformar, facilmente, num caso de desapropriação. Em virtude de uma exagerada concentração nas tentativas abstratas de definição da função social da propriedade nos diferentes setores (urbana, rural, intelectual, águas etc.), negligencia-se a discussão e confrontação dessa figura com os demais elementos da garantia constitucional da propriedade.

Assim, acabam faltam critérios objetivos para a delimitação entre determinações de conteúdo da propriedade não indenizáveis e determinações de conteúdo que merecem uma indenização. Justamente nesse ponto, a análise do posicionamento da jurisprudência e da doutrina alemã a respeito certamente poderá – respeitadas as diferenças socioeconômicas, históricas e culturais – fornecer valiosos subsídios para o progresso da discussão no âmbito doutrinário brasileiro.

Referências

BENJAMIN, Antônio Herman. Desapropriação, reserva florestal legal e áreas de preservação permanente. *In*: FIGUEIREDO, Guilherme J. Purvin de (coord.). *Temas de Direito Ambiental e Urbanístico*. São Paulo: Max Limonad, 1998.

_____. Função ambiental. *In*: BENJAMIN, A. H. (coord.). *Dano ambiental*: prevenção, reparação e repressão. São Paulo: RT, 1993.

_____. Direito Constitucional Ambiental brasileiro. *In*: CANOTILHO, J. J. Gomes; LEITE, José R. Morato (orgs.). *Direito Constitucional Ambiental Brasileiro*. São Paulo: Saraiva, 2007.

BERCOVICI, Gilberto. *Constituição econômica e desenvolvimento*: uma leitura a partir da Constituição de 1988. São Paulo: Malheiros, 2005.

BREUER, Rüdiger. Umweltschutzrecht. *In*: BADURA, Peter *et alii*. *Besonderes Verwaltungsrecht*. 5. ed. Berlin usw.: De Gruyter, 1992.

CALLIESS, Christian. *Rechtsstaat und Umweltstaat*. Tübingen: Mohr Siebeck, 2001.

CAMPOS JÚNIOR. Raimundo Alves de. *O conflito entre o direito de propriedade e o meio ambiente*. Curitiba: Juruá, 2004.

CANOTILHO, José Joaquim Gomes. *Proteção do ambiente e direito de propriedade*: crítica da jurisprudência ambiental. Coimbra Editora, 1995.

CAVEDON, Fernanda de Salles. *Função social e ambiental da propriedade*. Florianópolis: Visualbooks, 2003.

CUNHA JÚNIOR, Dirley da. *Curso de Direito Constitucional*. 2. ed. Salvador: JusPodivm, 2008.

CZYBULKA, Detlef. Zur Ökologiepflicht des Eigentums: Herausforderung für Dogmatik und Gesetzgeber. *In*: BAUER, Hartmut *et alii* (Hrsg.). *Umwelt, Wirtschaft, Recht*. Tübingen: Mohr Siebeck, 2002, p. 88-109.

DIAS, Daniella Santos. *Desenvolvimento urbano*: princípios constitucionais; implicações socioambientais; desenvolvimento sustentável; qualidade do meio ambiente; competências concorrentes. Curitiba: Juruá, 2002.

FALLER, Rico. *Staatsziel "Tierschutz"*. Berlin: Duncker&Humblot, 2005.

FENSTERSEIFER, Tiago. *Direitos fundamentais e proteção do meio ambiente*: a dimensão ecológica da dignidade humana no marco jurídico-constitucional do Estado Socioambiental de Direito. Porto Alegre: Livraria do Advogado, 2008.

FERNANDES, Edésio. Estatuto da Cidade: promovendo o encontro das Agendas "Verde" e "Marrom". *In*: FERREIRA, Heline S.; LEITE, José R. Morato. *Estado de Direito ambiental*: tendências – Aspectos constitucionais e diagnósticos. Rio de Janeiro: Forense Universitária, 2004.

FIGUEIREDO, Guilherme José Purvin de. *A propriedade no Direito Ambiental*. 3. ed. São Paulo: RT, 2008.

HARTMANN, Analúcia de Andrade. Proteção do meio ambiente e direito adquirido. *In*: Kishi, Sandra; Silva, Solange Teles da; Soares, Inês (orgs.). *Desafios do Direito Ambiental no Século XXI*: estudos em homenagem a Paulo Affonso Leme Machado. São Paulo: Malheiros, 2005.

HÖMIG, Dieter (ed.). *Grundgesetz für die Bundesrepublik Deutschland*. 8. ed. Baden-Baden: Nomos Verlagsgesellschaft, 2007.

KLOEPFER, Michael. *Umweltrecht*. 2. ed. München: C. H. Beck, 1998.

KRELL, Andreas J. A necessária mudança de foco na implantação do federalismo cooperativo no Brasil: da definição das competências legislativas para o desenho de formas conjuntas de execução administrativa-. *In*: SOUZA NETO, Cláudio P. de; SARMENTO, Daniel; BINENBOJM, Gustavo (orgs.). *Vinte Anos da Constituição Federal de 1988*. Rio de Janeiro: Lumen Juris, 2009, p. 635-660.

———. Da proteção dos recursos hídricos na Alemanha. *Anuário dos Cursos de Pós-Graduação em Direito da UFPE*, n. 14, Recife, p. 9-45, 2004.

MAGALHÃES, Marco Túlio Reis. Comentários sobre as relações constitucionais do meio ambiente nos vinte anos da Constituição Federal. *Interesse Público*, n. 57, Belo Horizonte: Fórum, set./out. 2009, p. 115-133.

MELLO, Marcos Bernardes de. Função social da propriedade. *In*: *Anais da XX Conferência Nacional dos Advogados* (Natal, nov. 2008) – Vol. I. Org.: TIMM, Aline M. Costa. Brasília: OAB/Conselho Federal, 2009, p. 139-152.

MUKAI, Toshio. *Direito Urbano-Ambiental brasileiro*. 2. ed. São Paulo: Dialética, 2002.

PINTO, Victor Carvalho. *Plano diretor e direito de propriedade*. São Paulo: RT, 2005.

PONTES DE MIRANDA, F. C. *Comentários à Constituição de 1967; com a Emenda n. 1, de 1969* – Tomo VI. 3. ed. Rio de Janeiro: Forense, 1987, p. 368.

SARLET, Ingo W.; FENSTERSEIFER, Tiago. A tutela do ambiente e o papel do Poder Judiciário à luz da Constituição de 1988. *Interesse Público*, n. 50, Belo Horizonte: Fórum, jul./ago. 2008, p. 17-43.

SILVA, José Afonso da. *Direito Urbanístico brasileiro*. 2. ed. São Paulo: Malheiros, 1995.

SUNDFELD Carlos Ari. *Direito Administrativo ordenador*. São Paulo: Malheiros, 1997.

TAVARES, André Ramos. *Curso de Direito Constitucional*. 2. ed. São Paulo: Saraiva, 2003.

Impressão:
Evangraf
Rua Waldomiro Schapke, 77 - P. Alegre, RS
Fone: (51) 3336.2466 - Fax: (51) 3336.0422
E-mail: evangraf.adm@terra.com.br